KB231492

현명한
이기주의

현명한 이기주의

디지털 시대의 새로운 가치관

요리후지 가츠히로 지음
노재현 옮김

참솔

* 이 책에서 괄호 안의 작은 글씨는 옮긴이 주입니다.

DNA는 아무것도 알지 못하며, 무엇에도 신경쓰지 않는다.
DNA는 단지 존재할 뿐이며,
우리는 그가 연주하는 음악에 맞춰 춤추고 있는 것이다.
R.도킨스, 『유전자의 강』 중에서

자연스럽게 행동하려고 하면
오히려 더 부자연스러워지고 만다는 것은 누구나 알고 있다.
그와 마찬가지로 자기 이익만을 추구하는 사람은 결국 실패할 운명이다.
R.H.프랭크『오디세우스의 쇠사슬』중에서

우리의 행동이 생활환경에 의해 통제되고 형상에 구애받고 있다면
그것은 기계적인 것인 동시에 철저히 조건지워진 것이라는 뜻입니다.
그리고 우리의 행동이 조건지워진 대로 따르는 반응일 뿐이라면
그것은 과연 도덕적일까요.
당신의 행위가 공포나 보답에 기초한 것이라면 그것은 정당한 것일까요.
J.크리슈나무르티『자기로부터의 혁명』중에서

디지털 시대의 가치관을 찾아

『현명한 이기주의』는 오랜 작업 끝에 완성한 책이라 소중히 생각해오던 터에, 이제 한국의 독자들까지 만나게 되니 더할 나위 없이 기쁘다.

일본의 문명은 몇천 년, 몇만 년 전에 유라시아 대륙과 한반도를 거친 것이다. 어디까지나 평화적이고 문화적인 흐름에 의해서였다. 일시적으로 일본의 문화나 관습이 전해진 적도 있었지만 그것은 무력을 앞세운 「강제」였지, 진정한 문화의 전파는 아니었다. 지난날에 대해 늘 부끄러움을 느끼는 나는 앞으로 한·일 양국이 서적과 예술 등 문화의 교류를 통하여 보다 친밀한 관계로 발전하기를 희망한다.

이 책은 이기주의의 긍정적인 측면을 담고 있다. 도전적이고 역설적인 사상을 발전시킨 형태라고 할 수 있다. 인간이 이룩한 거의 모든 종교, 이를테면 기독교와 불교·유교·도교 등은 한결같이 이기주의를 배제하고 있다. 그러나 이기주의와 대립하는 멸사봉공조차 그 본질은 실은 개인의 행복 추구에 있다.

역사를 통해 보면, 이기주의가 일반화된 문화나 시대는 늘 그렇지 않았던 때보다 훨씬 더 자유롭고 민주적이며 풍요로운 경제생활을 영위하였다. 이기주의라는 일종의 부도덕을 용인함으로써 인간이 보다 행복해졌다는 사실은 매우 흥미로운 일이 아닐 수 없다.

하지만 지금까지 이타주의를 드러내는 방법은 예의나 도덕, 봉사 등의 형태로 다듬어진 데 반해, 이기주의를 일컫는 표현은 그다지 세련되지 못했다. 늘 「좋지 않은 것」으로 치부될 뿐이었으니까.

그러나 이기주의야말로 심도 있게 연구하고 당당하게 누릴 가치가 있는 도덕관이다. 특히 현대에 와서는. 다만 「현명한 이기주의」와 「어리석은 이기주의」를 구분하고, 자신과 공동체의 이익을 위해 현명하게 행동하는 긴 안목을 가져야 한다.

이 책은 디지털 시대라는 새로운 패러다임과, 이에 부합하지 못하는 기존의 가치관 사이에서 혼란스러운 요즈음, 선악과 관련한 인간의 심리분석과 범죄, 형벌 등의 고찰을 통해 문화와 조응하는 새 도덕관을 생각해 보고자 기획한 결과물이다.

이 문제를 한번이라도 고민해 본 적이 있는 사람이라면, 한번쯤 "이기주의자!"라는 말을 들은 경험이 있는 이라면, 우선 당신의 행복을 위해 이 책의 첫장을 넘겨볼 것을 권한다. 마음을 다해.

2001년 2월

頼藤和寛

7. 현명한 이기주의를 향하여

주류 가치관에 대한 「거대한 반역」

1

동네 비디오 가게마다 〈글래디에이터(검투사)〉란 영화가 인기다. 주말에 가면 예닐곱 개나 되는 대여용 테이프의 상자가 모두 거꾸로 꽂혀 있다. 다 빌려갔다는 표시다.

〈글래디에이터〉는 리들리 스콧 감독이 만들었다. 나는 그를 〈에일리언〉의 감독으로 기억한다. 에일리언 류의 영화를 좋아하는 나를 두고 아내는 「만화적, 유아적 인간」이라고 놀리지만 좋은 건 어쩔 수 없지 않은가. 〈내 친구의 집은 어디인가〉 〈흐르는 강물처럼〉 〈잉글리시 페이션트〉 등이 썩 훌륭한 영화라는 건 확실하지만, 그래도 나는 영화를 보면서까지 심각해질 필요는 없다고 우기는 쪽이다.

그래서 아내의 경멸(?)을 무릅쓰고 〈LA 컨피덴셜〉이나 〈에너미 오브 스테이트〉, 그리고 이소룡의 옛 영화들이나 〈대부〉 〈원스 어폰 어 타임 인 아메리카〉를 찾는다. 한물 간 영화들은 대여기간을 넘겨도 연체료를 덜 문다는 장점도 있다.

〈지 아이(GI) 제인〉은 리들리 스콧 감독이 1997년에 만든 평범한 오락영화로 데미 무어의 남성적인 연기가 돋보였다. 평범한 오락영화라지만 그래도 리들리 스콧이 만든 영화이다. 힘과 긴장감이 넘치고, 적당한 음모도 섞어놓았다. 그래서인지 서울에서만 45만 명 이상의 관객을 동원했다. 이 글을 읽는 독자 중에도 그 영화를 본 사람이 많을 것이다. GI는 미군에 대한 통칭이고「제인」은 보통의 평범한 여성을 일컫는, 우리로 치면「순이」정도에 해당하는 단어일 터이다.

미 해군의 특수부대인 네이비 씰은 남자들도 60% 정도가 탈락할 만큼 혹독한 훈련으로 유명하다. 재선을 노리는 여성 상원의원 드헤이븐은 해군과 비밀리에 협상해 정보장교로 일하던 여성 해군중위 조던 오닐을 네이비 씰에 입대하도록 꾸민다.

상원의원과 해군은 오닐 중위가 무사히 훈련을 이겨내면 3년 이내에 군의 모든 남녀차별을 철폐하기로 약속한다. 드헤이븐 의원으로서는 오닐이 훈련을 통과하면 자신의 정치적 업적(차별 철폐)을 이루게 되고, 통과하지 못해도 여성을 위한 자신의 노력이 부각되니 이래저래 남는 장사이다. 해군의 입장에서도 여성이 특수부대와는 맞지 않는다는 점을 증명할 좋은 기회다.

물론 관객이나 비디오 테이프 대여객들은 오닐이 훈련을 통과하리라는 확신에 가까운 기대를 안고 이 영화를 택할 것이고, 역시 그 기대는 한치도 어긋나지 않는다. 조던 오닐 역의 데미 무어는 우여곡절 끝에 역경을 딛고 네이비 씰 훈련을 최초로 통과한 여성으로 기록되고, 마지막에는 그토록 자신을 못마땅하게 여기고 괴롭히던 선임 훈련교관 얼 게일과도 화해한다.

훈련과정을 모두 마친 수료식 날, 게일 교관은 자신이 옛날에 받았던 무공훈장과 함께 시집 한 권을 오닐 중위에게 선물한다. 영화의 거의 끝부분이다. 오닐이 시집을 펼치자 게일이 즐겨 읽던 시 한 편이 눈에 들어온다.

나는 자신을 동정하는
야생동물을 보지 못했다.
동사(凍死)해 나무에서 떨어지는
새조차도 자신을
동정하지 않는다.

어느 휴일 나는 〈지 아이 제인〉을 집에서 겨드랑이에 베개까지 괴고 비스듬히 누워서 보았다. 그러다 자막에 이 시가 등장하는 순간 나도 모르게 벌떡 일어나 자세를 고쳐 앉았다. 시 구절에서 무언가 섬뜩하고 심상치 않은 느낌을 받았던 것이다. 물론 시나리오 작가가 이 시를 택한 것은 자신을 냉정하게 객체화해 가며 훈련을 이겨낸 오닐 중위에게 냉혈한에 가깝게 여겨지던 게일 교관이 자신의 애송시를 선물함으로써 이뤄지는 군인들만의 「교감」을 상징하고 싶었기 때문일 것이다.

영국 출신의 작가 로렌스(D.H.Lawrence, 1885~1930)는 『채털리 부인의 사랑』『무지개』 같은 소설로 유명하지만 1천여 편의 시를 발표한 시인이기도 하다. 게일 교관이 선물한 책은 바로 로렌스의 시집이었다. 위의 시구는 그 로렌스의 「자기연민(self-pity)」이라는 짧은 시의 전문이다.

그런데, 도대체 나는 이 시구에서 무엇을 느꼈길래 퍼질러 누워 있다가 벌떡 일어났던 것일까. 신문사의 동료기자나 작가로 활동하는 후배에게 이 시를 보여준 적이 있다. "섬뜩하다" "우리 내면의 무언가를 건드린다"라는 반응이 있었고, "왠지 쿨(cool)하다"라는 말도 들었다.

짐작컨대 존재의 깊은 곳이나 생명의 아득한 시원(始原)을 짚는 구석이 이 시구에 있지 않을까 싶다. 그래서 로렌스가 위대한지도 모르겠고…….

작은 새는 왜 얼어죽었을까. 몸을 지탱하기엔 너무 늙었거나 심한 상처, 또는 큰병을 얻었을까. 살던 곳의 기후가 갑자기 변한 것일까. 그렇다고 해도 죽어가는 자신을 동정하지 않는다는 건 무슨 뜻일까. 「유전자 운반체」나 「생존기계」로서의 자신의 사명을 다했기 때문일까. 자신의 의도와 상관없이 진행되는 자연법칙에 말없이 순응했기 때문일까.

사람을, 아니 나를 이 새에 대입하고 감정이입을 해보면 어떨까. 내가 그 새의 입장이라면 무슨 생각을 하고 어떻게 대처할까. 억울할까. 발버둥치며 저항을 계속할까. 아니면 깨끗이 포기할까. 무럭무럭 자랄 후손들과 종교가 안내하는 하늘나라의 평안을 상상하며 지상에서의 온갖 꿈과 미혹됨을 스스럼없이 접을까.

2

　여러분이 집어든 『현명한 이기주의』라는 책을 1년여에 걸쳐 번역하면서 나는 문득문득 로렌스의 시를 떠올려야 했다.

　사는 게 무언지에 대해 철학서 집필자에서부터 유행가 작곡가에 이르기까지 온갖 사람들이 나름의 해석을 내놓고 있지만, 이 책의 지은이 요리후지 가츠히로 교수는 거의 망설이지 않고 유보하지도 않으면서 도도하게 자기 류의 논리를 펼친다. 게다가 자신의 전공인 정신분석학을 비롯해 철학, 생물학, 역사학, 교육학, 심리학, 사회학 등이 이룬 다양한 학문적 성과를 자유자재로 활용해 가며 주장을 펴고 있어 대단한 설득력을 갖추고 있다.

　로렌스의 시에 나오는 「새」에 관해서라면 요리후지는 이 책에서 얘기한 「DNA의 명령」을 들어, 간단하고 쿨하게 설명해 낼 것이다.

　여하튼 지은이는 우리 존재와 살아가는 방식, 사회부조리, 선과 악, 양심, 도덕, 정의 등 기존의 주류 가치관에 대항해 「거대한 반역」을 꾀하고 있다는 점에서 매우 흥미로운 책이다. 자신과 타인의 관계, 존재의 밑바닥, 개인과 집단의 관계, 대인전략 등 정답을 알 수 없는 삶의 어느 각도에서든 신선한 자극을 듬뿍 제공할 것으로 자신한다.

　책 전체를 관통하는 무신론적인 소신이나, 강한 힘은 있지만 이과 출신 특유의 지나치게 명쾌하고 단정적인 논리 전개에 어쩔 수 없이 거부감이 드는 사람도 있을 것이다. 나 역시 그런 감정을 전혀 느끼지 않은 것은 아니다. 그렇더라도 이 책의 가치가 손상되지는 않는다. 공감과 마찬가지로 거부감 역시 여러 가지 자기 성찰이나 상념의 열쇠 내지 통로 역할을 한다는 점에서 그것 나름대로 독후감으로서의 가치는 충분하다.

지은이는 "이 세상에서 숨쉬며 살고 있는 착한 사람, 악한 사람이라는 매우 흥미 있는 「생물」에 대해 거침없이 있는 그대로 분석해보려는 목적으로" 이 책을 쓰게 됐다고 한다. "대단히 이성적이고 과학적이면서 약간은 세속적인 도덕관을 재확립하는 일을 목표로 삼았다"는 것이다. 책의 원래 제목이 『현명한 이기주의를 권함』일 정도로 자신만만하다. 「포스트모럴리즘 선언」이라는 부제도 붙어 있다. 포스트모럴리즘은 패러다임이 변한 이 시대에 지은이가 기존의 가치관을 대신해 확립하자고 주장하는 「초(超)윤리」를 가리키는 말일 게다.

제목에서 암시하듯 지은이는 인간을 포함한 모든 생물은 원래부터 이기적이라는 전제에서 이 책을 출발한다. 이기적인 본성에 충실하되, 어리석은 이기주의가 아닌 「현명한」 이기주의를 선택해야 한다고 권유한다. 자신이 이기적이라는 사실을 부정하는 것은 쓸데없는 짓, 심지어 위선이라고까지 지은이는 말한다.

도둑놈이나 살인범은 물론, 신앙심 깊은 종교인, 남에게 헌신적인 이타주의자들도 예외없이 이기주의의 변형된 형태일 뿐이라고 요리후지 교수는 보고 있다. 요즘 유행하는 말로 하면 「그 남자(여자)의 사는 법」이라고나 할까. "겉보기에 이기적인 사람의 배후에는 이기성밖에 없다. 겉보기에 이타적인 사람의 배후에도 역시 이기성밖에 없다. 결국 우리들은 각자 저마다의 방식으로 이기적이다"라는 게 지은이의 신념이다.

따라서 그가 보는 세상은 「다양한 유형의 이기적 존재가 우글거리는 곳」이다. 우리 각자는 자신이 이기적이라는 사실을 애써 부인하지 말고 보다 합리적이고 제대로 된, 나아가 타인과 사회에 기여하는 이기주의자가 되자는 것이 지은이 주장의 핵심이다.

때문에 이 책은 매우 냉소적인 느낌으로 읽히기도 하고, 때로 시니컬함을 넘어 통쾌하고 유쾌한 기분까지 들게 한다. 그만큼 책의 곳곳에서 기존의 통념과 가치관, 상식을 여지없이 뒤집어버린다. 사회정의에 대해서도 그는 "실제 정의의 이면을 들여다보면 아주 치사한 동기가 숨어 있다는 것을 알아야 한다. 정의는 약자를 이지메하는 데도 아주 실용적이다"라고 삐딱한(?) 시각을 조금도 감추지 않는다.

그러나 어디까지나 이 책 전체의 기조는 지독할 정도로 냉정하고 현세적이며 현실적이다.

범죄나 부도덕에 대해서도 「결국은 행위자가 손해 본다」는 결론에 다다르고 있다. 반대로 남에게 베풀기만 하고 손해만 보는 「무작정 착한」 사람들에게도 경고한다. "정이나 양심에 호소하는 감상주의도 우습기 짝이 없다. 최종적으로는 폭력장치가 모든 것을 말한다. 다양한 규칙으로 스스로 양손을 묶은 착한 승부사들은 규칙을 무시하는 악인들로부터 「봉」 취급을 당한다"라고.

다시 새의 이야기로 돌아가 보자. 지은이는 유명한 동물행동학자 리처드 도킨스의 저서를 인용해 인간세계도 「선심파」와 「사기꾼」, 그리고 「나이스파」로 나눌 수 있다고 주장한다.

어떤 종류의 새는 주기적으로 두피에 기생하는 진드기를 제거해야 한다. 이 새의 무리에서 선심파는 진드기를 제거해 달라는 남의 부탁을 조건없이 들어주는 유형이다. 반대로 사기꾼(또는 이기파)은 남에게 부탁만 하지 막상 자신은 베풀지 않는 유형이다. 나이스파(또는 원한파)는 처음에는 누구의 부탁이든 들어주지만, 다음부터는 자기에게 보답을 하지 않는 새의 부탁은 무시하고 꾸준히 보답하는 새에게만 자신도 진드기잡기 작업을 해주는 유형이다.

과학적으로도 이 나이스파가 번성할 확률이 가장 높다는 것이 증명되었다고 한다. 이른바 팃포탯(Tit-for-Tat:앙갚음)으로 불리는 유명한 생존전략이다. 요리후지는 도킨스의 주장과 그 이후의 연구결과들을 바탕으로 하여 최적의 대인전략, 나아가「사는 방법」에 대해 종횡무진으로 자기 주장을 펼친다. 그 결론은 "어떤 초월적인 경지도 믿지 말고, 희망적이고 자위적인 공상도 하지 말 것이며, 있는 그대로의 세계에서 생존하기 위해서는「현명한 이기주의」를 택할 수밖에 없다"는 것이다.

또한 지은이는 이기주의에도 분명히 등급이 있다고 주장한다. 거칠게 줄여 말하자면 범죄자는 짧은 안목의 이기주의자이고 성자는 긴 안목의 이기주의자이다. 연애라는 호르몬 작용(따라서 가부를 논할 성질의 행위가 아니므로)을 제외하면, 남의 호감을 얻는 모든 이기주의는 주위에 바람직한 무언가를 퍼뜨리기 때문에 환영을 받게 된다.

반면 범죄는 일시적인 경제성의 면에서만 본다면 대단히 효율적인 행위이지만(예를 들어「살인은 행위 자체로만 보면 싫은 상대를 한순간에 지상에서 없애버린다는 점에서 최고로 효율적」이라고 요리후지 교수는 말한다), 전체의 이익을 위해 어느 정도의 불편함과 불쾌감을 참고 지내는 절대다수 사회구성원의 증오를 사기 때문에 결국 외부로부터 처벌을 받거나 스스로의 심리기제로 인해 징벌을 자초하는 등 손해를 보게 된다.

정직도 두 가지로 구분한다. 거짓말을 「못하는」 사람과 「안하는」 사람이 있다는 것이다. 지은이가 권유하는 것은 「거짓말을 할 줄도 알지만 세상을 살아가는 자기 정책·전략상 일부러 거짓말을 삼가는」 태도이다. 진드기잡기 게임에서 보자면 「나이스파」가 되라는 말이다. 물론 아무 근거도 없이 이런 전략을 권하는 것은 아니다. 그는 몇몇 의미 있는 시뮬레이션과 범죄심리학, 사회학, 교육학 면에서의 다양한 근거들을 두루 제시하고 있다.

지은이는 특히 「타고난 악〔性惡〕」에 대해서는 "기생충이나 인간쓰레기의 응석을 받아주어 그들이 성공하고 번성하게 해서는 곤란하다"고까지 주장하고 있다.

"결국 「저 사람과는 공정한 교섭을 하는 수밖에 없다. 어설프게 사기치려 했다가는 호된 보복을 당할 것이다」라고 한 수 위로 여기게 하는 동시에, 「그러나 내가 확실히 성의표시를 하면 결코 신뢰를 저버리지 않을 사람이다」라는 신용을 얻어야 한다"는 것이 요리후지 교수가 권하는 「현명한 이기주의」의 요체이자 최고의 경쟁력을 발휘하는 삶의 태도이다.

그러나 그는 독자에게 자신의 생각을 강요하지는 않는다. 단지 "자, 내 생각은 이런데, 그렇다면 당신은 이 아마겟돈 같은 세상에서 도대체 어떤 태도를 취할 것인가"라고 예리하게 질문한다. 이제 그에 대한 대답은 우리 각자의 몫이다.

옮긴이 개인적으로는 지은이의 주장 중 상당 부분에 공감한다. 그러나 여전히 남는 문제가 있다는 점을 고백하고 싶다. 우선 지은이의 주장이 너무나 명쾌해서 오히려 부담스럽다. 다분히 불가지론(不可知論)적인 경향이 내게 있기 때문일지는 모르겠다. 한 인간의 내면이나 그것의 확장인 세상에는 어떤 「회색지대」 또는 「안개지대」가 있다고 생각해 왔다. 삶의 이치를 전부 깨우친 양 나대는 사람을 덜 떨어진 사람쯤으로 치부해온 습관 때문인지도 모르겠다.

짧은 이야기를 하나 들어 이 책과 지은이에 대한 나의 감상 중 일단을 말해보고 싶다. 오래 전『샘터』류의 잡지에 실렸던 동화 같은 슬픈 이야기다.

……옛날 알프스 산맥의 기슭에 있는 한 마을에 소년과 소녀가 살고 있었다. 둘은 자라면서 서로 사랑하게 되었다. 씩씩한 청년과 아름다운 처녀로 성장한 둘은 구태여 말을 꺼낼 필요도 없이 곧 결혼해 부부가 될 것이라고 확신하게 되었다.

어느날 청년이 무슨 일 때문인가 알프스 산의 높은 곳까지 오르게 되었다. 처녀는 걱정했지만 「별일 없겠지」 하고 기다렸다. 저녁이 되어도 청년은 돌아오지 않았다. 다음날도 마찬가지였다. 그 다음날도. 일년, 이년이 지나도 마찬가지였다.

그러나 처녀는 날마다 산 정상에서 흘러 내려오는 개울가에 나가 청년만 생각하고, 또 돌아오기를 기다렸다. 마을의 다른 청년들이 결혼을 청해도 일절 거부했다. 그러는 사이에 처녀의 얼굴에는 주름이 지고 살

결도 시들어갔다.

그래도 처녀는 날마다 개울가로 나갔다. 청년이 사라진 지 50여 년이 지난 어느날. 꼬부랑 할머니가 된 처녀는 그날도 하염없이 개울가에 앉아 있었다. 그때 커다란 얼음덩이 속에 묻혀 시체 하나가 떠내려왔다. 청년이었다.

처녀는 나뭇가지로 얼음을 당겨 개울가로 끌어내 온몸으로 보듬어 녹였다. 이윽고 옛날의 모습 그대로인 청년의 차디차게 얼어붙은 얼굴이 드러나자 할머니가 된 처녀는 오래오래 그 몸을 끌어안고 자기 얼굴을 부벼대며 슬프게 울었다…….

만약 이 이야기가 실화라면, 요리후지 가츠히로 교수는 처녀의 행동을 「극단적인 이기주의」 중의 하나로 해석할 것 같다. 수백 년이 지나서도 가슴아픈 미담, 변치 않는 사랑의 이야기로 전해져 내려오니 처녀의 이기주의(잠재의식에서 의도했건 아니했건 간에)는 어찌 보면 보답을 얻은 셈이다. 아니면 이 책에도 나오듯, 「인간 유전자와 뇌 사이의 거리가 너무 먼 탓」이라는 설명으로 지은이는 풀이할지도 모른다.

철저한 가치상대주의적 입장에서 선악이나 이데올로기, 심지어 사랑까지도 피안(彼岸)에서 논의해 보고자 시도한 것이 이 책의 무서운 점이자 왠지 마뜩찮은(나 개인적으로는) 면이기도 하다. 역설적으로는 바로 그런 요소 때문에 지구력을 요구하는 번역과정 내내 지루한 줄 모르고 즐겁게 작업할 수 있었지만.

그러나 번역 작업은 (주로 나의 게으름 때문에) 생각보다 순탄치 않았고, 특히 몸 담고 있는 신문사의 논설위원실에서 정치부로 일터를 옮긴 올해 초부터는 일주일에 단 하루 주어지는 휴일만이 작업을 조금이나마 진척시킬 수 있는 유일한 시간이었기에 마음고생도 적지 않았다. 짧은 일본어 실력으로 지은이의 의도를 제대로 옮겨놓았는지도 사실 걱정이다. 독자 여러분의 큰 이해와 애정어린 질타를 바랄 뿐이다.

책이 나오기까지 나의 게으름을 십분 이해해 주면서도 한편으로 번역자를 요령 있게 「조지는」 갖가지 비책과 노하우(?)로, 자칫하면 더 늦어질 뻔한 출간 일정을 앞당겨준 도서출판 참솔의 김혜숙 사장님에게 죄송함과 감사함을 동시에 전한다. 또 우정 시간을 내어 마지막 교정지를 꼼꼼히 읽어준 사회학 전문번역가 이상률 선생님에게도 고마운 마음을 표시하고 싶다.

그런데, 도대체 D.H.로렌스의 얼어죽은 새는 왜 자신을 동정하지 않았을까?

2001년 3월 3일
겨울휴가 마지막 날에
노 재 현

시작하는 글

이 책은 세상에서 숨쉬며 살고 있는 착한 사람, 악한 사람이라는 매우 흥미있는 「생물」에 대해 거침없이 있는 그대로 분석해 보려는 목적으로 쓰게 됐다. 가능한 한 거리낌없이 내 멋대로 쓸 작정이다. 그래서 혹시 격조 높은 이론서나 사상서를 기대하는 독자들에게는 실망을 줄지도 모른다.

약 1백 년 전쯤의 철학자 프리드리히 니체는 『선악의 피안(彼岸)』을 썼다. 이 책과 자매작인 『도덕의 계보』를 통해 니체는 기존의 도덕에 대해 비판적인 시각을 드러냈다. 그러나 이 책 『현명한 이기주의』는 거꾸로 도덕을 재평가하려고 시도한 것이므로 굳이 이름붙이자면 「선악의 차안(此岸)」이라 해야 마땅할 것이다. 다만 기성도덕을 재평가하되, 약간 래디컬(극단적)한 시각으로 평가하려고 한다. 「약간 래디컬」하다는 게 좀 수상쩍지만 말이다.

나는 고교 시절부터 니체의 열성적인 추종자였다. 이 니체란 사람의 저서는 생각보다는 난해하지 않다. 칸트나 헤겔 같은 철학자와 비교하면 경구나 금언이 많기는 하지만 문장의 의미를 이해하느라

진땀 빼는 일은 거의 없다. 난해해 보이는 이유를 굳이 찾자면 니체를 만나기 이전의 어린 시절부터 우리에게 주입된 고정관념이 니체로 인해 뿌리째 흔들리는 데 대한 저항감 때문일 것이다. 물론 이는 일종의 쾌감으로 연결되기도 하지만.『짜라투스트라는 이렇게 말했다』같은 문학작품만은 표현 하나하나가 무엇을 상징하는지를 생각하며 읽지 않으면 자칫 곡해할 우려가 있지만 그외의 저서들은 그다지 에둘러 어렵게 쓴 글이 아니다.

그건 그렇다 치고, 이 책도 문장이나 표현은 평이하지만 내용면에서는 세간에서 통하는 상식을 뒤집어엎는 부분이 많기 때문에 어렵게 느껴질지도 모른다. 그러나 이는 전달하려는 의미가 난해해서가 아니다. 이제까지 사회나 문화가 우리에게 믿게 만든 것들을 무조건적인 전제로 받아들이지 않고, 확실한 것들만을 재료로 삼아 새롭게 논리를 세워보려 했기 때문이다. R.데카르트의 방법론적 회의라든가 E.훗설의 현상학적 환원 같은 것을 연상하면 될 것이다(나도 모르게 어려운 말을 써버렸군).

서두에 이런 말을 일부러 꺼내는 것은, 이 책이 선악이나 도덕을 주제로 삼고 있기 때문이다. 일반적으로 도덕이나 선악에 관해 생각하면서 그 자명성이나 정당성을 당연한 것으로 믿고 있다면 이미 도덕이나 선악을 논할 자격이 없다고 단언해도 좋다. 비유하자면 자신이 나폴레옹이라고 굳게 믿는 과대망상증 환자에게 "당신이 진짜 나폴레옹입니까?"라고 묻는 것과 마찬가지다.

대부분의 사람은 「전쟁은 나쁘다」든가 「왕따시키는 일은 용서할 수 없다」고 믿는다. 거기까지는 별 상관없다 치더라도 「왜 나쁘지?」

「왜 용서할 수 없지요?」라고 되물으면, 처음엔 「사람들을 불행하게 하니까」라거나 「인권을 무시하는 일이니까」라고 모범생다운 평범한 이유들을 나열한다. 한 걸음 더 나아가 「사람을 불행하게 만드는 일을 왜 하면 안 되지요?」 「인권을 무시하면 왜 용서받지 못하지?」라고 다그치면, 마지막에는 「그런 문제라면 헌법이나 성경에 그렇게 씌어 있어」라든가 「어쨌든 나쁜 건 나쁜 거야」라는 식으로 합리적이지 못한 그저 권위에 기댄 논증이나 단순한 신앙고백으로 귀착하고 만다.

즉 그들은 근본적인 이유는 이해하지 못한 채 그 시대의 문화나 교육이 마련해 준 것을 그대로 받아들여 믿고 있는 것에 지나지 않는다. 스스로 깊이 파고들어서 음미한 적이 없는 것이다. 그렇기 때문에 근본 이유에 대해 추궁당하면 최후에는 그 시대의 공인된 인식을 마치 주문외듯이 반복할 수밖에 없는 것이다. 그런 수준의 사람에게 도덕이나 선악을 고찰해 보라고 해봤자 임시변통적인 진부한 결론밖에 나올 게 없다. 그래서는 안 된다.

「전쟁은 좋지 않을지 모르지만 혹시 좋을지도 모른다」 「왕따는 용서할 수 없다고 하지만, 세상이 그렇게 규정한 것에 불과할지도 모른다」라는 입장, 말하자면 자유로운 정신(니체의 용어를 빌리자면 das freie Geist)에 의거하지 않으면 도덕이나 선악의 본질과 의미는 애매모호한 채로 남게 될 것이다.

물론 나는 이 책에서 니체처럼 가치전도를 꾀하지는 않는다. 무엇보다 내게는 그런 일을 벌일 만한 동기가 없다. 다만, 일체의 가치를 통째로 받아들이지는 않겠다는 자세만은 유지하려고 한다.

왜냐하면 이건 집필의 목적 중 하나이기도 한데, 지금까지의 도덕·윤리·선악·정사(正邪)를 조목조목 따져보고 나서 정통성·신비성·절대성 없이도 성립하는 행동규범을 재구성해 보고 싶기 때문이다.

「이렇게 하는 게 좋다. 하지만 그렇게 하기 싫다면 마음대로 해라. 나는 상관 않겠다」라든가 「이렇게 살아야 한다. 그러면 이런 확률로 이러이러한 이득이 돌아온다」 등등, 확실한 근거를 갖춘 규범으로 개조하고 싶은 것이다. 「이제까지의 것은 전부 틀렸다」는 식으로 가치관의 대혁명을 의도한 게 아니고, 「이제까지는 모든 것을 무조건 받아들여 옥석(玉石)이 마구 뒤섞여 있으니까 어디 한번 체로 걸러보자」는 정도이다. 말하자면 가치관의 개정작업 같은 것이다. 니체와는 한참 다르다.

그렇다고 칸트의 정언명법(定言命法)처럼 무조건 받아들여야 한다는 것도 아니다. 칸트의 탁월성은 도덕(실천이성)에는 그 어떤 합리적 근거도 없다는 것을 인정했다는 점에 있다. 다만, 그 시대에는 「그러니까 휴지를 함부로 버리지 맙시다」 정도로는 심정적으로 와닿지 않았고 「그러니까 밤하늘의 별을 대하듯 무조건 우러러 찬양합시다」라고 결론을 맺을 수밖에 없었다. 칸트에 앞선 D.흄 같은 이는 거의 진심으로 신을 믿지 않았지만, 죽을 때까지 그 사실이 세상에 알려지지 않게 하려고 애썼을 정도였다.

그런 점에서 우리가 사는 시대는 한결 입장이 유리하다.

하나는 관련영역의 연구나 정보가 풍부하다는 점 때문이다. 또 하나는 무라하치부(村八分:옛날 일본에서 마을의 법도를 어긴 사람을 합의하에 마을에서 내쫓던 관행)나 종교재판이 없는 덕분에 사회적 제재가 어려워져서(물론 현대에도 터부가 있긴 하지만 가치가 다양화한 덕분에 빠져나가기 쉬워졌다) 두려워할 게 적어졌다는 점이다. 믿지 않는 한 어떤 정신적인 권위도 눈치볼 것 없고, 거의 방약무인(傍若無人)이라 해도 좋을 이런 사고환경을 활용하지 않을 이유가 없다.

그런 탓에 현대에는 일부 가치붕괴나 목적상실, 그리고 그런 틈새를 파고든 괴상한 사상이나 종파 같은 부작용이 발생했다. 이런 폐해로부터 자기를 지키기 위해서라도 가치관의 재검토가 필요하다. 그것도 무조건적이고 비합리적이며 신격화된 「새로운 가치」에 의해서가 아니라, 대단히 이성적이고 과학적이면서 약간은 「세속적」인 도덕관을 재확립하는 일을 목표로 하고 싶다.

그런 일을 한번 저질러보고 싶다. 혹자는 「도둑질은 나쁘다」든가 「불륜은 안 돼」라는 종래의 수신 도덕을 패러다임만 바꿔 보강할 뿐 아니냐고 생각하는 사람도 있을 것이다. 그러나 그렇지는 않을 테니 마음놓으시길.

이 책은 그 어떤 계율이나 종파는 물론 심지어 지금 국시처럼 되어 있는 민주주의, 평화주의, 인권사상에도 승복하지 않는다는 정신으로 썼다. 자유, 평등, 박애, 인명존중에도 승복하지 않는 정신인 만큼 당연히 파시즘이나 악마주의도 배격한다는 것은 말할 나위도 없다.

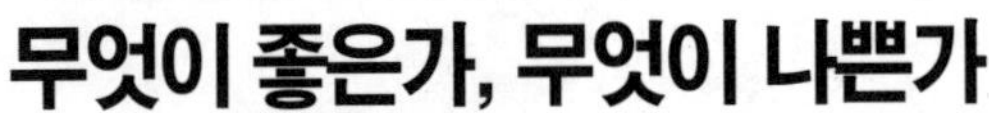

1

무엇이 좋은가, 무엇이 나쁜가

인간세상에서 완전한 이타주의는 금방 자멸하며,
완전한 이기주의는 주위로부터 배척당하고,
적당한 이타주의는 환영은 받겠지만 남의 봉이 되기 쉽고,
따라서 적당한 이기주의만이 성공한다.

본문 중에서

우리 사회에서 믿고 있는 것들

사실 우리는 여러 가지 것들을 딱히 이렇다 할 근거도 없이 믿고 있다. 사람이 실없어서 그런지, 아니면 솔직해서 그런지 몰라도 우선 나 자신부터가 그렇다.

예를 들면 나는 「미국은 존재한다」고 믿는다. 그러나 태어나서 지금까지 미국에는 한번도 가본 적이 없다. 간접정보 때문에 믿고 있는 것이다. 남들이 모두 미국은 있다고 하고, 거기에서 방대한 영상이나 물자, 정보가 보내져 오고, 친구나 아내, 자식들이 다녀와서는 "미국은 확실히 있다"고 말하는 데다 세계지도에까지 그려져 있기 때문이다.

설마 온 세상이 총출동해서 나를 속이려 들 리는 없을 테고, 게다가 미국이 실재하지 않는 가공의 나라라고 해도 내가 특별히 부자유스러울 것은 없으니까 말이다. 있든 없든 상관없으므로 감정적으로 중립이니까 판단이 잘못되지도 않았을 것이다. 공평한 눈으로 보니 역시 미국은 있는 것 같군, 하는 정도다. 뭐, 없더라도 별 상관없지만.

이런 내 말이 농담처럼 들릴지 모르겠다. 그러나 미국 대신에 「저세상」이나 「사후 세계」를 대입해 보라. 상황은 달라진다. 「반드시 있으면 좋겠다」든가 「결코 있어서는 안 된다」 등 각자의 입장이나 희망사항에 따라 판단이나 신념도 왜곡된다. 누군가에게 입장을 물으면 「있으면 좋겠다」고 대답한다. 죽음과 동시에 모든 게 완전히 끝나버린다면 너무하니까.

그러나 다른 누군가는, 인간이 세상을 진지하게 열심히 살려면 「단 한번의 기회(一期一會)뿐」이라는 생의 일회성을 중시해야 하므로 「내세는 없는 것이 좋다」라고 생각할 수도 있다.

이런 이유 때문에 나는 내세가 미국처럼 확실하게 존재한다고는 믿지 못한다. 그렇지만 절대 존재하지 않는다고 말할 근거도 희박하다. 아마 「한번 더 기회가 주어진다」고 믿기를 원하는 사람은 믿는 게 좋고, 배수의 진을 치고 싶은 사람은 「죽으면 그뿐」이라고 생각하는 게 나을 것이다. 내 생각은, 있으면 좋겠다에서부터, 역시 없나보다까지 두루 걸쳐 있는 편이지만.

미국이나 저 세상의 존재 여부는 신중히 다뤄야 할 인식론적, 존재론적 문제다. 나아가 「인명존중」이나 「약자를 집단적으로 괴롭히는 것은 악이다」와 같은 가치론은 아무리 우리가 어릴 때부터 주입받은 관념일지라도 아무 의심없이 그대로 받아들일 사안이 아니다. 「지구는 둥글다」는 명제는 여러 가지 합리적인 근거가 제시되기 때문에 납득할 수 있다.

그러나 「거짓말은 나쁘다」 「약속을 지키는 것은 멋진 일이다」 같은 가치론적 명제까지 확실한 근거 없이 믿어버리면 곤란하다. 일상생활에서는 거짓말을 해서 이익을 보는 경우도 있고, 약속을 안 지키길 다행이다 싶은 경험도 겪게 되는데 말이다.

어쩌면 도덕 같은 건 지키지 않는 게 이익이 아닐까 하는 발상도 충분히 있을 수 있다. 「장소가 바뀌면 물건도 변한다」는 말이 있다. 세계 곳곳의 문화가 담고 있는 덕목이나 가치관들은 한결같지 않다. 어떤 문화는 「원수를 사랑하라」 하고, 다른 문화는 「적을 죽여 없애라」고 한다. 다들 자기 편한 대로 결정해 놓았으니까, 절대적인 권위라는 건 없으므로 각자 좋은 대로 사는 게 좋다는 정도로 해두는 편이 낫지 않을까.

문화는 상대적이고 자의적인가

이런 발상을 문화상대주의라고 한다. 15세기쯤부터 탐험가, 박물학자, 문화인류학자 들이 세계 곳곳의 풍속이나 기습(奇襲) 등 다양한 이질문화를 채집해 왔는데, 처음에는 이들을 야만이라든가 무지몽매하다고 얕잡아보았다.

그러다 20세기에 들어서면서부터 「그것은 그것대로 하나의 완결된 문화이므로 서구문화와 대등한 가치가 있다」는 립서비스가 나오기 시작했다. 즉 적어도 겉으로는 「미개지의 풍속이나 세계관은 저 차원의 것이므로 언젠가는 서구 합리주의 문화 단계로 진보해야 할 미발달 단계」라는 말은 하지 못하게 됐다(마음속으로는 아직도 그렇게 생각하고 있는 게 뻔히 보이는 데도). 그렇다면 사람의 머리를 사냥하는 부족이나 증권거래소가 동등하게 평가받아야 한다는 「겉치레 선언」이 되는 셈이다.

그렇더라도 「이 문화가 절대적이니까 그외의 문화들은 전부 모조품이라고 말할 근거는 없다」는 것을 인정했다는 점에서 진보라고 말할 수 있다. 이를테면 상대성원리 같은 것으로, 각각의 관점에 동등한 자격이 주어진 것이다. 그러나 결과적으로 절대적 기준을 포기한 셈이어서, 어느 누구도 자기가 마음속으로 믿고 있는 것 역시 권위나 규범성을 지니지 못한다는 데 유념하지 않으면 안 된다.

종교처럼 본질적으로 배타적이고 관용과는 거리가 먼 하위문화까지도 다른 종파와 대동단결할 마음이 생겨 「의미도 있고 목표나 도달점이 같으니 사이좋게 지내고 공동성명도 냅시다」고 말한다. 모두가 정당하다는 것은 뒤집어 말하면 누구도 절대 진리와는 거리가 멀고, 도토리 키재기 격이라는 뜻이 된다.

확실히 나는 이러한 것을 믿고 있다. 그러나 혹시 내 멋대로 믿고 있는 것은 아닐까. 내가 믿고 있는 것은 우연히 내가 소속하게 된 사회집단의 문화에 의해 마인드컨트롤 당한 데 불과하다는 「신념의 발생 경위」가 많은 지식인들의 예로 명백해지지 않았는가.

공부하는 사람이 늘어나면 당연히 세계사나 자기 나라 역사에 대해서도 해박해지기 마련이다. 그러면 바로 몇십 년 전까지만 해도 「귀축미영(鬼畜米英：2차 대전 당시 일제가 적국인 미국과 영국을 낮추어 부른 말)」이라든가 「배우와 문필가는 천한 직업」이라던 말을 다들 진심으로 믿었다는 사실을 알게 된다. 더 옛날에는 「기리스테 고멘(에도 시대의 일본에서 무사는 태도가 불손한 평민을 칼로 쳐죽여도 무죄로 인정받던 풍습)」같은 풍속까지도 있었다.

이런 사실들을 알게 되면, 제대로 된 지식층이라면 사고방식이나 믿는 방식, 즉 가치관과 세계관은 시대에 따라 변하기 마련이라는 사실을 인정하지 않을 수 없다. 따라서 역사의 흐름 속에서 그 무엇도 확실한 것은 없게 된다. 부득이「현재 우리가 믿고 있는 것은 일시적인 시대정신에 따른 것에 불과할지 모른다」는 회의적인 반성을 할 수밖에 없다. 이런 것을 역사상대주의라고 한다.

결국 우리는 사물에 대해 알면 알수록 자신의 신념과 가치관이 공시적이든 통시적이든 절대적 타당성을 보증받지 못한다는 점을 인정할 수밖에 없다. 이래서는 도대체 의욕이 생기지 않는다.

어떻게 해서든 동시대의 생각, 그리고 자신이 속한 문화의 절대적인 타당성을 확인하고 싶어진다. 그러나 그러려면 맹신이나 광신 같은 방법밖에 없다는 생각도 든다. 아니면 깊이 생각할 필요없이 현재 통용되는 사고방식을 무비판적으로 절대시하면 어떨까. 그것도 이상하다. 어떻게 20~21세기의 일본은 옳고 6세기의 사모아나 24세기의 이탈리아는 틀리다고 할 수 있는가.

확실히 문화는 다양하며, 내용 중에는 일부 모순되고 정반대되는 것들도 있다. 「아니, 남자가 일을 하다니」하고 놀라던 시대나 문화도 있었다. 그러나 이런 면에서 과거의 문화인류학자들이 다소 실수한 것도 있다. 인류학의 현지조사에 문제가 있었다는 사실이 최근 밝혀지기 시작한 것이다. 무엇보다 현지의 정보제공자나 통역에 일종의 편향이 있었다고 한다. 개중에는 인류학자에게 적당히 거짓말을 한 정보제공자도 있었는데, 물론 학자는 그것을 정말로 믿고 보고서를 작성했던 것이다.

어떤 평화로운 원시마을에 어느날 갑자기 붉은 머리에 파란 눈의 인류학자가 찾아온 상황을 상상해 보라. 부족 가운데는 반드시 유능한 재주꾼이 있어서 금방 낯선 언어를 익히고 멀리서 온 손님에게 접근하는 이가 있을 것이다. 그 재주꾼이 상대가 알고 싶어하는 (정확히는 「기대하는」) 정보를 하나하나 제공하는 것은 전혀 이상할 게 없다. 일본도 패전 직후에는 점령군에 접근하던 「몽골계」 토미, 짐, 메어리 들이 있었다. 그런 사람이 일본인의 대표도 아닌 만큼 일본문화에 대해 해박할 이유도 없었던 것이다.

어쨌든 그런 정보제공자를 확보하면 인류학자는 자기가 그곳에서 보고 싶은 것은 무엇이든 「발견」할 수 있었다. 연구결론이 「가을단풍은 어디나 똑같더라」가 아니라 「지구상에는 물구나무를 서서 걷는 문화도 있더라」는 것이라면, 인류학 입장에서 딱 맞아떨어지므로 그런 유의 차이점만 강조된 것이다. 당연히 공통점을 찾는 일은 소홀해졌다. 유명한 마거릿 미드 여사의 연구결과마저 그후 D.프리먼 등에 의해 속속 정정되고 있다.

대체로 「어느 곳의 남성이든(마음으로는) 처녀를 존중한다」는 식으로 문화상대론과는 부합하지 않는 결과들이 도출되고 있다. 물론 「남자는 힘도 없고 게을러서 도대체 노동과는 어울리지 않아」라는 문화도 확실히 존재한다. 그러나 성별에 의한 역할 분담이라는 가족구조, 생산구조는 어느 문화에든 공통적으로 있고 그 속에 가끔 여성이 생산을 담당하고 남성이 화장을 한다든가 우물가에서 수다를 떠는 문화가 있을 뿐이다. 놓치지 말아야 할 사실은 이런 문화는 매우 드물다는 사실이다. 대다수 사회에서는 남자가 벌고 여자는 가정을 지킨다.

보다 중요한 것은, 스스로 공동체를 붕괴하려는 가치관을 가진 문화로 이뤄진 사회는 단 한 곳도 없다는 점이다.

도둑질을 권장한 사회는 있었다. 예를 들어 스파르타에서는 능숙하게 훔치거나 들켜도 절대로 자백하지 않는 것을 미덕으로 여겼다. 남의 여우를 훔쳐 옷 속에 숨긴 채 심문당하다가 여우가 배를 물어뜯었는데도 끝끝내 참은 소년의 일화가 전해 내려오고 있을 정도이다. 그러나 그렇더라도 자기 가족이나 부족 내부에서 서로에게 손해를 끼치는 일을 장려한 문화는 없었다. 아니, 없었다기보다는 그런 문화는 일족의 번영에 불리하기 때문에 일찌감치 전부 망했다고 보는 게 정확할지 모른다.

요컨대 문화는 상대적이지도 않지만 그렇다고 자의적이지도 않다. 문화는 그 사회가 처한 역사적, 생태학적 정황을 반영한다. 그럴 만한 성립조건, 유지조건으로부터 벗어날 수 없는 한계가 있다.

우리들 생물은 어떤 행태나 기능을 갖추어도 좋다는 「자유」를 지닌 반면 그로 인해 최소한 멸종하지는 말아야 한다는 한계도 갖고 있다. 어쩌면 진화에는 C.다윈이나 T.헉슬리가 말한 「최적자(最適者)의 번영」이나 일본학자 이마니시의 「사이좋게 살아가기」, 기무라의 「운좋은 자의 살아남기」보다는 「부적격자 솎아내기」라는 냉정한 네거티브적 요인이 끊임없이 작용하는지도 모른다. 이는 유전자나 개체뿐 아니라 집단에도 적용될 수 있다. 사실 집단선택, 즉 군(群)도태설이나 종(種)도태설은 윈 에드워드나 R.애들리 시대까지는 통용되었지만 그후에는 인기없는 학설이 됐다.

원래 다윈은 도태당하는 단위를 「개체」라고 판단했지만 최근에는 유전자가 그 단위로 여겨진다. 사회다윈주의가 유행하던 시절의 발상과는 정반대로 종족이나 국가에 도움이 되기 때문에 진화가 일어나는 것은 아니며, 집단과 잘 들어맞지 않는다고 해서 도태당하는 것도 아니다. 그러나 최소한 집단에게 일정 정도 이상으로 불리한 풍속은 집단 자체의 존속을 위태롭게 만들므로 문화로서 살아남을 수 없다.

문화라는 것은 「어떤 풍속이나 신앙체계를 만들어내는 것도 자유이지만 그로 인해 집단이 자멸하는 것도 자유」라는 냉엄한 자연법칙에서 살아남은 것이기도 하다.

예를 들면 「스코치프」라는 러시아의 이단 기독교파는 성(性)을 완전히 부정하는 교리를 갖고 있었기 때문에 남성들이 성기를 잘라버릴 정도로 열심이기는 했지만 당연히 소멸하고 말았다. 인사하는 대신 상대의 목을 조르는 문화를 가진 사회집단이 현재 존재하지 않는 것도 당연하다.

따라서 현재까지 지속되는 어떤 문화도 상대적이지도, 자의적이지도 않다. 유효한 구석이 있거나, 최소한 치명적이지는 않기 때문에 오늘날까지 전해져 온 것이다.

아마 한 집단에 있어서 생태학적으로 합목적적이고 합리적인 문화가 성립하고, 그것이 역사적으로 전승돼 왔을 것이다. 때문에 부분적으로는 더 이상 보탬이 되지 못하는 것도 있겠지만, 그것이 치명적이지만 않다면 과거에만 유효했던 것들도 살아남는다(우리의 유전자도 태반은 아무 역할도 하지 않는, 이른바 「지퍼 유전자」라고 한다).

결국 문화나 가치관의 내용물은 적어도 우리가 살아남는 데 해로운 것은 아니란 얘기다. 예를 들어 「인간은 살아 있을 가치가 없다」는 관념이 혹시 이치에 맞는 합리적 판단이라고 해도 우리 사회에서 우세한 관념은 되지 못한다. 「자살은 최고의 미덕」이라는 가치문화를 받드는 사회집단이 나타난다고 해서 이상할 것은 없지만 그런 집단이 오래 존속할 리는 없지 않은가.

규칙─법과 윤리의 참모습

이런 이유로 인간 사회집단은 각자 생태학적 혹은 역사학적인 사정에 따라 나름대로 행동규범을 만들어왔다.

그 중에서도 특히 확실히 해둘 필요가 있는 내용은 규칙으로 제정했으며, 근대 이후에는 법으로 성문화했다. 일일이 구체적으로 제정하기 어려운 사회관계의 「호흡」이나 양식에 해당하는 것들은 도덕, 윤리, 도의, 인륜, 도리, 불문율 같은 것이 된다. 굳이 순서를 따지자면 집단 내부에서 합의된 규범 같은 것이 법학에서 말하는 자연법으로서 성립되는 게 아닐까 싶다. 그 뒤를 도덕, 의리 같은 집단내 에토스가 받쳐주고 있다고 볼 수 있다.

집단 내부에서 합의를 이루려면 장기적으로든 확률적으로든 무언가 이득이 없으면 안 된다. 역사적으로 보면, 아득한 옛날에는 소규모 집단 내부에서 살아남거나 심리적 안정을 얻기 위해 합의된 사항이지만 시대가 바뀜에 따라 지배계급이 지배를 정당화하기 위해, 또 근대 이후에는 사회사상이나 이데올로기에 추파도 던져가면서 성립해 왔다고 볼 수 있다. 이른바 편향가능성이 생기는 것이다.

그러나 적어도 구성원 전원이 받아들이지 못하는 것은 아니었을 것이다. 모두에게 맞지 않는 규칙이었다면, 예를 들어 튀고 싶어하는 어떤 사람이 나서서 "폐지하라"고 외치면 동조자들이 벌떼처럼 달려들어 폐지했을 테니까. 그런 역사적 도태과정을 극복하고 유지되는 것이라면 나름대로 까닭이 있음에 틀림없다.

대다수 구성원에게, 장기적으로, 그리고 확률적으로 유익하다는 세 가지 조건이 충족된 규칙이라고 해서 반드시 개인적 욕망이나 이해관계와 일치하는 것은 아니다. 오히려 「마땅히 해야 한다」는 식의 규칙은 우리 개개인의 본성과는 맞지 않는 것들이 대부분이다. 이유는 간단하다. 본성과 일치하는 것을 굳이 규칙으로 강제할 필요는 없기 때문이다. 그런 것은 마음 내키는 대로 행동해도 저절로 나타나기 마련이니까.

대개의 계율이나 율법은 「우리가 저지르기 쉬운 부주의를 미리 금지한다」는 형식을 갖추고 있다. 같은 의미에서 전 세계의 금지 규칙들을 모으면 「인간이란 존재는 악마가 씌면 어떤 짓을 하고 싶어하나」에 대한 목록집이 될 것이다. 두터운 육법전서도 인간이나 인간집단이 이런 금지사항 없이는 살아갈 수 없는 존재라는 것을 웅변으로 증명한다.

결국 규칙, 규범, 도덕률의 태반은 금지하는 규칙들에서 나온 것이고, 그 때문에 우리에게도 자연스러운 욕구를 억제해야 할 의무가 부여된 것이다.

구성원 전체가 이를 철저히 지키도록 만드는 것은 대단히 어렵다. 예를 들어 「남을 위해 행동하라」는 도덕률은 우리 본성과는 상반되기 때문에 완벽히 정착시키기 어렵다. 만일 완벽하게 정착시켰을 경우에는 거꾸로 구성원들이 생명을 유지해 나가기 어려우므로 이 역시 곤란하다. 이론적으로는 모두가 완전히 이타적으로 변하면 이해득실은 누구나 똑같게 된다. 그러나 이것은 진화론적으로 안정된 상태가 못된다. 왜냐하면 누군가가 집단을 배신하고 이기적으로 변한다면 그 사람만 갑자기 남들보다 유리해지므로 당연히 그와 같은 행동 패턴이 늘어나기 때문이다.

그렇다면 어떻게 해야 좋을까. 구성원의 성장기를 이용해서 「완전한 정착」을 목표로 계율이나 규범에 대한 학습과 세뇌를 하는 방법이 있다. 세뇌라고 하지만 옛날 중공군이 하던 식의 난폭한 것은 아니고, 사회 전체가 같은 것을 믿고 서로 확인해 가며 교육하는 것이므로 「자연스럽게 물들어가는 과정」이다.

그럴 경우 평균적인 감성을 가진 구성원이라면 단계적으로 규범을 몸에 익히면서 본래의 이기적 속성도 완전히 압살당하지는 않을 것이므로 비교적 양호한 상태가 된다. 불쌍한 쪽은 규범을 정착시키지 못한 구성원과 너무 정착시켜 버린 구성원이지만, 이 양극단은 소수에 불과하므로 집단 전체의 유지, 번영에는 별 지장을 주지 못한다.

그렇다면 도대체 어디 있는 누가 이런 조작과 교육을 계획하고 실행하는 것일까. 「사회가 한다」고 하지만 그런 집합명사에는 실체가 없다. 일단 「어른이 한다」면 타당한 말이 된다. 그러나 어른도 원래는 어린이였으므로 차라리 「대대로 전달한다」고 해야겠다.

이것이 문화원형으로서의 윤리고 도덕이고 규칙이며 법이다. 대부분 생태학적, 역사적 필요에 따라 생긴 합리적인 것들이다. 물론 시대가 변하면서 상황이 바뀌어 비합리적인 것도 있다. 사회 존속에 지장을 준다면 그런 비합리적인 요소는 폐지되겠지만, 단지 「시대에 뒤떨어진」 정도라면 다소 삐걱거리더라도 그냥 남는다.

이데올로기란 무엇인가

이런 식으로 사회구성원들이 믿고 받아들이는 신념이나 윤리 중 하나가 이데올로기다. 이데올로기라면 일상의 대화나 매스컴 등에서 단지 「정치적 신조」라는 뜻으로 쓰이고 있지만, 엄밀히 말하면 칼 마르크스가 『독일 이데올로기』와 『경제학 비판』에서 사용한 의미로 쓰여야 할 것이다.

즉 계급(보다 넓은 의미로는 이익집단)의 입장과 이해관계를 정당화할 때 동원하는, 사물을 보는 방법이 보다 널리 보급된 것으로 생각하면 될 듯하다. 당파적 입장이나 논리 정도로 해석해도 된다. 주술사도, 왕족이나 귀족도, 자본가도, 프롤레타리아도, 자칭 「중류」도 제각각 이데올로기를 만들어낸다. 당연히 입장과 이해에 따라 일정한 편향성이 생기는 데도 불구하고 보편 타당하다고 주장하면서 대중에 침투하므로 「허위의식」이라고 부를 만한 구석도 있다. 자기들이 믿고 싶을 뿐인 내용이면서도 세상에 널리 퍼뜨려서 마치 객관적인 진리나 도리인 것처럼 생각하게 만드는 관념형태라고 할 수 있다.

이데올로기에는 넓은 의미로는 제도와 법, 종교, 사상, 상식, 세계관, 학문도 포함된다. 마르크스가 말하는 「상부구조」 전체다. 마르크스 이후에는 스탈린이 「언어는 이데올로기의 한 형태인가 아닌가」라는 논쟁에서 "언어는 별개로 해두자. 적군(赤軍)도 백군(白軍)도 같은 러시아어를 쓰지 않는가"라고 결론을 낸 적이 있다. 결국 언어도 형식을 제외한, 안에 담긴 사고 내용은 넓은 의미에서 이데올로기일 가능성이 있다는 뜻이다. 우리가 생각하고 믿는 것 중 태반은 옛날 누군가가 자기 편의에 따라 만들어놓은 것에서 비롯되었는지도 모른다.

아— 싫다, 싫어.

도덕이나 윤리도 물론 이데올로기인 만큼 아마도 옛날 지배층이 자기들 멋대로 만들었을 가능성이 크다. 우리는 속임수가 긴 결과물로서의 도덕에 얽매여 있는지도 모른다.

이런 것의 대표적 사례가 종교이다. 마르크스는 가차없이 「종교는 민중의 아편」이라고 잘라 말했다.

그도 그럴 것이, 현세에서는 욕심없이 재산을 경멸하며 살아야 한다고, 대중이 믿게 만들면 지배자들은 발 뻗고 편히 잘 수 있다. 남에게 베풀기를 권장하고 성직자를 숭배하게 만들면 성주들 역시 편안하다. 신자들도 항상 마음이 편할 것이고 죽은 뒤의 「약속어음」까지 보장받으니 기쁠 수밖에. 자신들이 비난받을 경우 「법난(法難)」이라든가 「사탄의 공격」 「탄압」이라고 외치며 대항할 수 있으니 상황이 어떻게 변하든 자기들만은 정당하다고 믿을 수 있다. 이래서 「믿는 자는 구원을 얻는다」기보다 「믿는 자는 구속받는다」. 이것은 다른 경쟁 종파 어디에서도 불만을 토로할 여지가 없다.

비슷한 일이 도덕이나 윤리에서도 일어난다. 예를 들어 「누구에게든 친절하라」는 덕목이 포함된 도덕을 믿는 신자는, 주변에 봉사함으로써 물질적으로는 손해를 보지만 기분은 좋다. 덕분에 상대방도 이익을 본다. 둘 다 기뻐하는 한 혁명이나 반란 같은 불온한 움직임은 일어나지 않을 것이므로 지배층도 편안해진다.

확실히 기존 종교, 특히 오래된 큰 종파의 교리에는 통속적인 도덕률이 다수 포함되어 있다. 종교와 도덕은 과거 수천 년 동안 사이 좋게 지내온 것이다. 유대교나 이슬람교는 민족 고유의 율법과 풍속을 집대성한 것 이상의 그 무엇도 아니면서, 「왜 지켜야 하지?」라는 의문에 대한 답으로 「지고한 유일신과의 계약」을 설정해 놓았을 뿐이라고 생각할 수 있다.

따라서 결과적으로는 현실세계의 도덕이나 생활지침 같은 사회질서 유지기능을 적당히 포함시킨 종파만이 확대, 유지를 허용받은 것은 아닐까. 그렇지 않다면 모두 음란사교로 취급받아 지지를 얻지 못하거나 아예 망했을 것이다. 지칠 줄 모르고 끊임없이 나타나긴 하지만(아! 혹시 여러분도 지금 오움진리교 사건을 연상하고 있는가).

그럼 「도덕도 민중의 아편」이란 말인가?

아니 의외로 그럴지도 모른다. 「아편」이라는 것은 정말로 절묘한 비유다. 우선 그것을 요구하는 것이 다름아닌 민중이란 것(이것을 즉시 망각하는 것은 항상 「민중의 편」에 서기를 자청하는 많은 불온 서적의 나쁜 버릇이다), 원하는 것을 줌으로써 준 쪽에게 모종의 현세적인 메리트가 발생한다는 것, 받을수록 더욱 보수적이 되어 「이제 그것 없이는 마음의 안정을 얻을 수가 없다」는 것, 받은 것에 복종하면 쉽게 안도감·귀속감·자존심 등의 쾌감을 보증받을 수 있다는 것 등 일맥 상통하는 면이 많다.

아무튼 우리들 인간은 기본적으로 정신적 불안정을 내포하고 있으며 그것을 안심시키는 초월적인 신념이나 일일 행동 지침을, 마치 아편 중독자가 아편을 구하려고 혈안이 된 것처럼 항상 갈구하고 있다.

사회나 문화는 그 광범위한 요구에 완벽하게 부응할 수 없다. 이리하여 다양한 종교와 도덕이 전파된다. 그것은 가뭄에 내리는 단비처럼 우리들의 정신 속으로 깊숙이 빨려 들어간다.

보편적 가치와 도덕 감각과 행동생태학

그러나 도덕 감정이나 윤리 감각 전체가 문화에서 유래한 것이라고만 생각할 수는 없다.

모든 사회나 문화가 갖고 있는 규칙·규범의 기본구조에는 우연이라고만 할 수 없는 공통점이 있다. 그런 공통점들은 집단운영이나 계층질서 유지 같은 필요성과 목적이 혼합돼 있기 때문에 문화로서 인위적으로 정교하게 만들어져 온 것처럼 보이기도 한다. 간단히 설명하면, 어떤 문화든 인간집단을 통합할 필요 때문에 생긴 것이므로 서로 엇비슷할 수밖에 없다는 것이다.

「비슷하다」고는 하지만 한 무리의 인간들을 통합하기 위한 문화를 구성원들이 하나부터 열까지 스스로 지혜를 짜내 만들었다고는 생각할 수 없다. 모든 문화에 걸쳐 보편적으로 인정받는 규범이라면 동시에 생물학적인 이유도 깔려 있다고 볼 수 있다.

예를 들어 동족살해나 근친상간을 금기시하는 규범을 단지 사람들이 생각해서 규칙으로 만든 것이라고 보기는 어렵다. 그런 규범이 사회성도 갖추지 못한 동물에게도 나타나는 행동경향이라면 더욱 그렇다. 동물들은 대체로 동족살해나 근친교배를 꺼린다. 그렇다고 그 동물들이 멋진 문화를 갖고 있는 것도 아니고, 새끼를 그렇게 교육하는 것도 아니다. 거꾸로 그런 금기에서 벗어나는 편이 더 나아보이기도 한다(식인풍습이나 남매간 혼인풍습 같은 것은 일부 지역에서 생태학적 또는 경제적 필요성 때문에 형성된 것으로 보인다. M.해리스의 『문화유물론』을 참조할 것).

누구든 자기 내부에 자리잡은 규범 전부를 형식면이든 내용면이든 처음부터 끝까지 일일이 배운 기억은 없을 것이다. 물론 어릴 적부터 나쁜 짓 하면 벌받고 착한 일을 하면 상이나 칭찬을 받는다. 그러나 규범 전부를 체험하거나 보고 듣지 않더라도 나름대로 해야 한다거나 하면 안 된다는 식의 도덕적 판단능력을 갖추게 된다. 오히려 어린 시절에 나쁜 짓은 거의 하지 않고 꾸중듣는 일도 적었던

사람일수록 성장해서도 도덕적으로 탄탄해지는 경우가 많아 보인다
(플라톤이나 공자, 스피노자, 칸트가 어린 시절 못 말리는 악동이었
다는 소리는 들은 적이 없다).

　사회학습설이 주장하는 것처럼「도덕적 신념은 개인의 상벌(賞罰)
체험뿐 아니라 보고 듣는 것 같은 간접정보를 통해서도 형성된다」
고 한다면 책이나 매스컴을 끊임없이 접하는 현대 어린이가 옛날
어린이보다 더 도덕적이어야 할 텐데 현실은 그렇지 않다. 어쨌든
도덕 감각의 많고 적음은 성장기의 체험이나 정보의 질·양과 반드
시 일치하지는 않는다.

　이는 언어를 배우는 과정과 비슷하다. 대부분의 어린이는 문법을
배우기 전에 이미 모국어를 능숙하게 구사한다. 그렇다면 N.촘스키
가 주장한 것처럼, 무언가 어머니 뱃속에서부터 타고나는 기능구조
가 있다고 전제하지 않고는 설명하기 어려운 구석이 너무 많다. 게
다가 같은 논리로 보자면 매우 비슷한 양육·훈련·교육환경에서
자랐더라도 자기 안에 규범을 세우고 정착시키는 정도에는 커다란
개인차가 있다는 경험적 사실도 무시할 수 없다.

　최근 들어 어린아이가 매우 이른 시기부터 원초적인 도덕 감각을
갖기 시작한다는 사실이 관찰이나 실험을 통해 밝혀지고 있다. 예를
들면 4, 5세가 되면 이미 관습적 규범과 감각적 선악을 구별할 수 있
다고 한다(E.튜리엘, J.G.스메타나 등의 일련의 연구). 불과 두 살
밖에 안 된 아기가 남이 고통받는 것을 보고 동요한 사례도 보고됐
다. 아무리 생각해도 부모가 두 살배기에게「남의 입장이 되어 생각
할 줄도 알아야 한다」거나 도덕에 대해 가르쳤기 때문이라고 보기

는 어렵다. 그뿐 아니라, 매우 부도덕하고 반교육적인 부모 밑에서 자란 아이라도 그 중 일부는 남을 생각하는 도덕률을 갖추고 있다. 도대체 어떻게 된 일일까.

보통은 따로 교육시키지 않더라도 불합리하거나 공정치 못한 것에 대한 혐오감이 자연스럽게 싹튼다. 이런 감정은 어른이 되어도 마음 한가운데에 남아 있는 것 같다. 심지어 교도소의 죄수들조차 공정한 처사에 대해서는 자기에게 불리한 처사라도 비록 떨떠름해 할지언정 순응한다(물론 소수의 예외는 항상 있는 법이지만).

요컨대 우리 모두에게는 「도덕 감각」이 DNA에든 신경회로에든 마치 붙박이장처럼 장치돼 있는 것 같다(그 강도에는 개인차가 있겠지만). 신기하게도 이 도덕 감각에 맞는 원칙은 우리 스스로 납득하고, 그렇지 않은 것에 대해서는 정서적으로 반발하게 된다. 이 때문에 모든 인간문화에는 공통된 규범원리의 기본구조로 보이는 무언가가 내재해 있다고 볼 수 있다.

이것이 자연법의 기초이자 도리(道理)의 근거이다. 우리는 이에 위배되는 행동을 보면 더 생각할 것도 없이 「옳지 않다」고 느끼는 것이다. 그런 행동을 자연범죄라고 부르지만 사회학자들에게는 인기가 없는 개념이다(그들은 무엇이든 간에 사회나 문화의 산물이라고 믿고 싶어한다. 물론 사회학의 기본 입장에 비추어보면 무리는 아니지만).

사람들은 특히 자신의 이해득실이 걸려 있지 않은 상황에서는 권선징악(勸善懲惡)의 원리에 따라 사태가 진행되는 것을 좋아하고 또 납득한다. 여기에는 행동생태학적인, 다시 말해 진화과정의 산물로서의 원인이나 이유가 반드시 있을 것이다. 그렇지 않다면 전 세계의 다양한 문화에서 제각기 자란 사람들이 권선징악에 대해 이토록 광범한 공감대를 형성하고 있을 리 없고, 헐리우드 영화가 세계 도처에서 받아들여질 리도 없지 않은가.

물론 대중이 공감하고 동의하는 것은 제도나 법의 시각에서 본 죄형법정주의식 권선징악이 아니다. 좀더 감정적인 권선징악이다. 로빈후드나 영화 〈대부〉의 돈 콜레오네도 법적으로는 범죄자이지만 「좋은 놈」이라든가 「멋진 사나이」로서 어느 문화에서든 심정적으로 사랑받고 있지 않은가.

금지된 악과 본래의 악

이쯤에서 단순한 제도로서의 룰과 근본적인 선악과의 차이점을 짚어보고 넘어갈 필요가 있다. 이 둘은 겹치는 부분이 매우 많지만 본질적으로 다르다고 생각하는 것이 좋다.

확실히 둘은 얼핏보면 비슷해 보인다. 「살인하지 말지어다」라는 계율은 규칙이면서 동시에 인륜이기도 하다. 그러나 규칙 면에서는 「서로 눈에 띄는 대로 상대를 죽이다가는 집단 전체가 혼란에 빠져 약해지므로 금지한다(그러므로 적을 죽이는 행위는 오히려 권장한다)」는 것인데 비해 인륜 면에서는 「이익이 되고 안 되고를 떠나 모든 살인행위를 억제한다(그러므로 평화시든 전시든, 상대가 누구든 간에 살인은 마음에 꺼림칙함을 남긴다)」고 말할 수 있다.

　제도적 규칙과 근본적 선악은 우선 출발점도 목적도 다르다. 제도로서의 규칙이나 법은 원래 인간이 만든 규칙이며, 집단운영이나 이해관계 조정이 그 목적이다. T. 홉스는 저서 『리바이어던』에서 이러한 공인된 규칙을 모두가 합의해 지키지 않을 경우, 「모든 사람이 서로에게 늑대」가 되어 결국 크든 작든 모두 손해를 보게 된다는 점을 지적했다.

　요컨대 규칙의 존재 근거는 사회적인 이익에 있으며, 따라서 아무리 좋은 것이라 해도 이에 부합하지 않는 규칙은 만들어지지도 않을 뿐더러 혹시 만들어지더라도 지속성을 갖지 못한다. 「적을 사랑하라」는 멋들어진 덕목이지만 그렇다고 해서 축구나 럭비, 미식축구의 규칙에 「공을 잡으면 상대팀에게 패스해라」는 규정이 들어 있다면 게임 자체가 성립되지 않을 것이다.

　이와는 달리 도덕 감각은 옛날 어디에 살던 누군가가 작성하거나 편집해 놓은 것이 아니다. 그 목적은 자기 억제나 원만한 개인생활에 있다.

　그렇기 때문에 법과 정의감, 규칙과 도덕 감각은 때에 따라 모순되기도 한다. 왜냐하면 한쪽은 인위적 제도에 의한 금지규칙이고, 다른 한쪽은 자연스러운 인정이나 정서이기 때문이다.

　예를 들면 과거의 치안유지법이나 반전사상, 또는 모리 오가이(森鷗外 : 1862~1922. 일본 메이지 시대에 활약한 작가 겸 의사)의 작품 『고라이슈(高瀬舟)』 내용과 비슷한 안락사 살인 같은 것을 연상해 보라. 법조인이나 관리들은 법률을 떠받들어야 유리하기 때문에 끝까지 법은 「존엄」하다고 우기겠지만, 글쎄 수도승이나 신도들이 소속 종파의 교리를 절대시하는 것과 똑같지 않을까. 우리 같은 서민이 보기에는 그 절반쯤은 필요악에 불과하다.

법학에서는 악을 「금지된 악(mala prohibita)」과 「본래의 악(mala in se)」 두 가지로 나눈다. 전자는 죄형법정주의 같은 것으로 「금지된 일을 하면 죄이며, 악이다」는 규정이다. 따라서 법이나 규칙에 명시돼 있지 않은 행위는 법적으로 죄라고 할 수 없다. 이와 달리 후자인 본래 악은 「법이나 규칙에 어떻게 규정돼 있든간에 선험적으로 악한 것은 악한 것이다」는 본질적인 악을 의미한다. 어쩐지 고리타분한 지식을 자랑하는 느낌도 들고 하니 가까운 예를 들어 설명하겠다.

A소년은 13세의 중학생이지만 벌써부터 담배를 피우고 본드도 흡입하며, 가끔 힘이 약한 동급생을 협박해 금품을 빼앗기도 한다. 부모나 교사와의 약속도 자주 어긴다. 물론 불순한 이성교제도 하는 모양이다. 그런데 이 중에서 본래의 악을 지적한다면 협박·금품 갈취와 약속 불이행뿐이다. 왜냐하면 나머지 행위는 규칙을 어겼는지는 몰라도 A소년 말대로 「아무에게도 해를 끼치지 않은」 행위고, 같이 일을 저지른 친구들이 있더라도 전원 합의하에 했을 것이기 때문이다.

그뿐 아니라 공갈 협박을 하고 미성년자 흡연금지법·유기용제(有機溶劑) 남용방지법(아쉽게도 불순이성교제 금지법은 아직 제정되지 않았다)을 어겼다 하더라도 A소년은 14세 미만의 형사 미성년자이므로 범죄가 되지 않는다. 그러고 보니 도쿄대 법학부 출신 소설가 미시마 유키오(三島由起夫)의 『오후의 예항(曳航)』에서 주인

공 소년이 14세가 되는 생일 이전에 어머니의 정부를 독살하려고 계획하는 장면이 떠오른다.

같은 나이의 B소년은 학교생활 면에서는 흠잡을 데가 없는 평범한 아이다. 법은 물론 교칙조차 한번도 어긴 적이 없다. 성적도 나쁘지 않다. 그러나 B소년은 자주 거짓말을 해서 부모나 친구의 믿음을 저버리기도 하고 애완용 고양이를 학대하는 데 재미를 느끼고 있다. 이 경우 B소년은 금지된 악은 전혀 저지르지 않았지만 본래의 악은 저지르고 있는 것이다.

그렇다면 본래 악의 본질은 무엇일까. 아마도 법이나 규칙에 저촉되는지 여부를 떠나 「자기의 이기적·감정적 동기에 기초해 남의 몸과 마음이나 소유물에 손해를 끼치는 일을 아무렇지도 않게 여기는 경향」 정도로 생각하면 될 것 같다. 이처럼 문화 차이를 초월하는 악을 「자연범죄」라고 부른다.

이탈리아학파의 갈로파로 같은 학자가 중요시했지만 현대에는 별로 인기가 없다. 최근의 범죄학자들은 거의가 사회학자 출신이어서 보편적인 자연범죄를 인정하기보다는 「악이나 범죄는 그 사회나 문화가 그렇게 규정하고 있을 뿐이다」라는 입장에 치우치는 경향이 있다.

그러나 여기에는 무리가 있다. 문화 이전에 원래 생물집단인 입장에서 보면, 자기 기분에 따라 동료들을 하나하나 살상하는 행위 따위가 환영받는 일은 생각할 수도 없다. 역시 멋대로 남에게 해를 끼치는 일은 문화 이전에 생태학적으로 「본래의 악」에 해당한다. 공갈 협박·약속 불이행·배신행위도 여기에 속한다. 그러나 담배·본드·불순이성교제는 이와 다르다. 물론 양식 있는 주변 사람들에게 다소 불쾌감을 준다는 점에서는 이 역시 해를 끼치는 일이라고 볼 수 있지만.

못된 관리나 찰거머리 같은 합법적인 고리대금업자는 본래의 악에는 해당되지만 금지된 악은 아니며, 마음 착한 창녀나 선량한 포르노 업자는 단지 금지된 악을 저지를 뿐 본래의 악과는 거리가 멀다. 나자렛 예수가 자주 창녀나 거지 편을 들어주면서 기성 권력층을 혐오한 것도 바로 여기에 있는 듯하다. 즉 본래의 악을 행한 사람을 악인이라 한다면 검찰청에도 악인이 있으며, 반대로 감옥에도 선인이 있게 된다.

이 정도면 참 유쾌한 시각이 아닌가.

인간은 원래 이기적인가

이번에는 「이기적」이란 말을 키워드로 삼아보자.

본래의 악은 몇 가지 부대조건이 따라붙기는 하지만, 결국 「자기 욕구나 이익을 추구하기 위해서라면 남이 해를 입어도 상관없다」는 태도에서 출발한다. 즉 이기주의가 행동으로 나타난 것이다.

본래의 악에는 두 가지 요소가 있는데, 하나는 동기의 이기성이고 다른 하나는 결과적인 타자 침해성이다. 보통은 이 두 요소가 합쳐지지 않으면 이기주의로 간주하지 않는다.

단지 「남의 심신이나 소유물에 손해를 끼쳤다」 뿐이라면 과실이나 사고로 그랬을 수도 있으므로 법적인 책임은 질지 몰라도 도덕적인 책임까지 추궁당하지는 않는다. 「일이 잘못돼서」 그렇게 되었을 뿐 의도적이지 않은 과실이므로 「이기적」이라고 낙인찍을 수는 없다.

또 「자기 욕구나 이익을 추구하기 위해」 한 일이라도 그로 인해 다른 사람이 기뻐한다면 이기적이라고 비난할 수 없다. 나중에 자세히 다루겠지만 이것이야말로 이 세상에서 성공하기 위한 기본적인 처세술이다.

물론 인간뿐 아니라 모든 생물은 기본적으로 이기적이다(이는 「원죄」라기보다는 요즘 식으로 표현해 「도킨스의 원리」라고 불러야 할 것이다). 원래 현명하게 이기적이기 위해서는 적당히 이타적이지 않으면 안 된다. 왜냐하면 주위의 동종생물이나 부족 사람들을 괴롭히는 이기주의로는 이기주의의 최종목표인 자신(또는 유전자)의 최대이익을 끌어내기 어렵기 때문이다.

이기주의는 한 사회에서 남의 이기주의를 크게 저해하지 않는 범위내에서만 허용된다. 사회구성원 개개인이 자기의 이해관계에 가장 큰 관심을 쏟는 것까지 금지할 수는 없다. 설령 금지한다고 해도 그런 관심을 완전히 없앨 수는 없을 뿐더러, 완전히 없애는 것은 오히려 상황을 악화시킬 뿐이다. 그럴 경우 오히려 개개인에게 "자기 목숨을 유지하고 생활하는 책임을 져달라"고 거꾸로 호소해야 할 것이기 때문이다.

따라서 적당히 이기적임은 대단히 중요하다. 그러나 이런 주장은 결코 법이나 도덕 같은 규범에는 포함되지 않는다. 「적당히 이기적이어야 한다」 같은 규범을 들어본 적이 있는가. 이런 것을 구태여 규범화할 필요도 없이 우리들 대부분은 자연스럽게 적당한 이기주의자가 되기 때문이다.

여기서 「적당히」라는 말의 의미가 중요해진다.

「내 것은 내 것이고 네 것도 내 것」이라는 식으로 철저하게 자기 잇속만 차리는 사람이 당연히 유리하지 않을까. 그러나 실제로 성공한 사람 대다수는 그처럼 단순하고 노골적인 이기주의자가 아니다. 눈앞의 이익에만 매달리는 욕심쟁이는 기껏 잘돼야 이름 없는 작은 부자 정도에 그치고 만다. 특히 「대중의 시대」인 현대에는 절반쯤은 진심으로 「고객 여러분의 만족과 사랑」을 지향하는 장사꾼이라야 성공한다. 단 「고객 여러분의 만족과 사랑만」을 지향해서는 손해만 본다는 것은 두말할 것도 없다.

요약하면, 인간세상에서 완전한 이타주의는 금방 자멸하며, 완전한 이기주의는 주위로부터 배척당하고, 적당한 이타주의는 환영은 받겠지만 남의 봉이 되기 쉽고, 따라서 적당한 이기주의만이 성공한다. 왜 그런지는 차차 자세히 설명하겠다.

어떻든 사회는 우리에게 다소 심하다 싶을 정도의 이기주의는 억제하고 이타주의는 고취하도록 조장한다. 그럼에도 불구하고(그렇기 때문에 라고 해야 할지도 모르지만) 우리들 중 태반은 적당한 이기주의로 스스로를 자리매김한다. 또 그러는 편이 집단을 위해서건 개인을 위해서건 의외로 바람직한 일일지도 모른다.

2

선악의 문제와 그것의 사회화

「전부 용서하라. 언제나 진실을 말하라. 남이 원하면 주어라.

너를 박해하는 사람을 위해 기도하라. 오른뺨을 맞거든 왼뺨을 내밀어라」라는

도덕적 이상론을 받아들였을 때 기뻐할 사람은, 물론 주위의 이기적인 자들이다.

「많이 보시할수록 공덕을 쌓는다」는 말을 믿는 호인은 그 교단의 「밥」이 될 것이다.

「부모를 극진히 모시고 형제를 도와라」고 믿는 사람은

부모형제로부터 신뢰받고 감사의 말을 듣고 스스로도 자랑스러운 기분을 느낄 것이다.

그러나 그뿐이다. 조금 무형의 보상을 받는 대신

에너지와 돈을 수탈당하는 것에 지나지 않는다.

본문 중에서

가정교육의 역설이란

모든 것이 교육이나 환경에 의해 형성된다고 믿는 「사회화」 지상주의에 따르면, 우리들의 정서나 윤리관은 모두 사회와 문화가 교화시킨 덕분이다. 무엇이 선이고 악인지에 대한 판단도 사회로부터 하나하나 배웠다는 얘기가 된다(개인적으로 그런 가르침을 받은 기억이 없다고 해도 선악 판단 전부를 스스로 생각해 낸 것은 아마 아닐 테니까).

사실이 어떻든간에, 상식·양식·양심·염치 같은 사회상식도 어딘가에서 온 것인 만큼 그것들이 사회에 의해 우리들 내면에 심어지는 과정을 사회화(socialization)라고 부른다. 내면에 심는 방법으로는 상벌, 조건부여, 학습과 습득, 모방과 본받기, 교육, 주위에의 동조, 풍속이나 가풍의 영향, 그밖에 다른 것들이 있으며, 마치 물감이 스며들듯 마음과 뇌에 자리잡는 것으로 생각된다.

여기서 문제는, 교육이나 환경을 만능이라고 생각하는 사람들이 모든 어린이의 마음이나 뇌가 전부 균질하고 똑같다고 암묵적으로 전제한다는 점이다. 출발점에서는 모두가 도토리 키재기 식으로 비숫비슷한 가운데 동일한 출발선에서 「준비, 땅!」 하면 일제히 발달을 시작한다는 믿음이다. 때문에 어른이 되면 성향이 서로 달라져서 핀에서부터 송곳에 이르기까지 모양이 제각각인 까닭은 전부 주변으로부터의 영향이라는, 발달과정상의 문제일 뿐이라는 논리다.

이러한 사고방식과 부합하지 않는 증거로서 **가정교육의 역설**을 소개한다.

우리는 보통 버릇없는 아이들을 보면 「가정교육을 못 받았구나」라든가 「재네 부모 얼굴을 좀 보고 싶다」고 생각한다. 거꾸로 예의범절이 바른 아이를 보면 「가정교육이 잘된 아이」라며 양친의 인품 덕분으로 돌린다.

그러나 예의범절이나 태도에 관한 가정교육의 강도가 아이에게 그대로 반영되느냐 하면, 실제로는 이상할 정도로 절대 그렇지 않다. 물론 옛날처럼 오가사와라류(小笠原流 : 일본식 전통 예의범절의 한 유파) 가문이라거나 스파르타 식 무예가문에서부터 뒷골목의 공동주택, 다리 밑 판잣집 가정에 이르기까지 출신 가정에 특색이 있다면 아이의 행동거지도 그와 강한 연관을 갖기 마련이다. 그러나 일억 인구 전부가 중산층이 된 현대에, 비슷한 거대 주택단지내 핵가정에서 자란 아이들간에도 행동이나 언어 사용의 세련도에는 매우 큰 차이를 보인다.

게다가(이 부분이 매우 중요하다) 아이가 몸에 익힌 태도의 양호 · 불량 여부와 가정교육에 대한 부모의 열성도는 자주 반비례한다. 태도가 불량한 아이일수록 부모로부터 많은 꾸지람과 타이름을 받은 데 비해, 양호한 아이는 그다지 요란한 가정교육을 받지 않는다. 마치 가정교육을 열성적으로 할수록 효과가 나쁘게 나타나는 것처럼 보일 지경이다.

이 역설은 단지 예의범절뿐 아니라 공부·위생습관이나 그밖의 행동 일반에도 그대로 적용된다. 공부 안하는 아이일수록 부모가 틈만 나면 공부하라고 잔소리하며, 몸을 항상 깨끗이 하는 아이에게는 부모가 양치질·세수·목욕에 대해 이래라저래라 하지 않는다. 못된 아이일수록 부모가 「남을 괴롭히지 마라, 거짓말하지 마라, 성실하라」고 질책하고 주의를 주는 데 비해, 성실한 아이들은 그런 꾸지람을 들은 적조차 없다. 이런 현상을 「가정교육의 역설」이라고 이름붙여 두자.

이같은 설명에 대해 「부모가 너무 다그치니까 더 반발하는 것 아닌가」 또는 「너무 공부만 강조하니까 공부가 싫어졌을 것이다」는 전통적인 환경론적 해석이 나올 법하다. 그러나 이는 실제 현장을 관찰해 보면 빗나간 주장임이 드러난다. 생각해 보라. 공부 안하는 아이를 그대로 방치하면 더 안하게 되고, 못된 아이의 못된 짓을 눈감아주면 더욱 불량해지는 게 현실 아닌가(믿기지 않는다면 직접 실험해 보라).

그렇기 때문에 어린이의 발달은 「이렇게 양육했으니 이렇게 됐다」고 도식적으로 설명하기는 어렵다. 「이렇게 양육했는데도 뜻대로 되지 않았다」가 많으며, 아예 「이런 아이로 자란 것은 아이가 원래 그랬기 때문」일 가능성마저 있다.

예를 들어 「과잉보호로 키웠기 때문에 자립심이 없어졌다」고 생각하는 사람이 많지만, 사실은 「아이가 원래 여리고 약했기 때문에 부모가 과잉보호하지 않을 수 없었다」는 경우도 틀림없이 있다. 가정교육의 역설이 진행되는 과정은 「이렇게 양육했지만 역효과가 났다」가 아니라, 「아이가 원래 이랬기 때문에 부모로서도 이러이러하게 대처할 수밖에 없었다」는 경우가 대부분이다.

이렇게 보면 가정교육과 마찬가지로 사회화도 일방적으로 사회나 부모가 조작하고 세뇌하는 대로 진행되는 것은 아니다.

어린이의 능동모델

그렇지만 사회화가 문화나 환경과 전혀 관계 없을 수는 없다. 관계 있는 게 당연하다. 어떻게 보더라도 사회화란 자기가 나고 자란 사회에서 통용되는 규범과 상식을 몸에 익히는 과정이기 때문이다. 다만 이제까지 막연하게 믿어온 것처럼 「사회가 주로 부모나 교사를 통해 어린이에게 주입한다」는 일방적인 과정은 아니라는 것뿐이다.

실제로 지난 20여 년 동안 영유아 발달과정에서의 자율성·능동성에 초점을 맞춘 연구조사가 붐을 이루었다. 이전에는 어린이라면 「마치 진흙으로 반죽하듯 일방적으로 주변환경에 의해 모양이 만들어진다」는 이미지(아동의 수동모델)가 지배적이었지만, 현재는 「신생아 때 모친의 모성행동에까지 절반 가량 영향을 미친다」든가 아예 더 나아가 「조작한다」고 추정하기도 한다. 이런 인식이 더 진실에 가까워 보인다.

아주 닮은 성격과 배경을 지닌 두 여성이 각자 비슷한 유형의 남편과 함께 비슷한 주거환경에서 살고 있다고 가정하자. 그들 사이에서 아이가 태어났다. 과거의 학설처럼 모친의 육아방식은 아이의 성향과 관계없이 모친 본인과 가족관계로 결정된다고 하면 두 여성은 같은 모성행동을 보여야 할 것이다. 게다가 모친의 육아방식에 따라 아이의 성향이 결정된다면 두 아이도 닮은 꼴로 성장해야 마땅하다. 그러나 현실은 모두 경험으로 느끼겠지만 대체로 그렇지 않다.

왜냐하면 두 아이는 태어날 때부터 다르기 때문이다. 이런 말을 하면「태어날 때부터 차이가 있다는 말을 함부로 하다니!」라고 비난하는 평등(해야 한다)주의자가 있을지 모르지만, 원래 선천적인 차이는 자연현상에 속한다. 이는「어떠해야 한다」는 희망사항과는 별개이며, 본래부터 합리적인 것과는 거리가 멀다. 다윈의 진화론이란 것도 각자가 출생 때부터 여러 점에서 다르다는 것을 전제하지 않으면 성립하지 않는다. 게다가「선천적으로 다르다」는 것은 무슨 이론이나 도리가 아니라 단지 현실일 뿐이다. 혹시 미심쩍다면 부근에 있는 산부인과병원 분만실에라도 들러보시길.

아기의 성향이 다르면 그를 대하는 모친의 반응에도 차이가 날 수밖에 없다. 계속 울어대는 아기와 조용한 아기가 있다면 돌보는 사람의 태도도 각각 달라지는 게 당연하다. 양육자가 어떤 대응태도를 취할지는 아기에 따라 달라진다. 태도가 달라지면 아기도 그에 대해 다른 반응을 형성하게 되는 것이다(이 대목에 와서야 겨우 환경론이 먹혀든다). 이 과정이 상호 증폭적이라면 장차 아이 고유의 성향으로 발전할 것이다.

예를 들어 원래 조용한 아기를 조용하게 돌본다면(그렇게 대할 수밖에 없겠지만) 아기는 점점 조용하고 차분한 아이로 자랄 것이다. 역으로 상호 소거(消去)적 과정이라면 한쪽으로 쏠리지 않고 평균적인 수준으로 귀착할 것이다.

한편 환경요인이 얼마나 중요한가를 이해하는 데는 다음 예가 좋은 시사점이 된다.

아동정신과 의사인 S.체스 여사는 지금으로부터 약 50년 전「아동은 태어날 때 모두 같다」는 당시 미국 심리학계의 통설에 의문을 품었다. 그녀는 동료와 함께 수십 년에 걸친 영유아 추적연구에 착수했다. 이를「뉴욕추적연구(NYLS)」라 하는데 아동 기질연구의 금자탑으로 불린다. 그녀는 이 연구를 통해 부모·자식 관계는 어느 한쪽의 일방적 영향력이 아니라 조합(fit)에 의해 규정된다는 관점을 채택했다. 또 NYLS는, 아기는 태어나면서부터「순한 아이」「까다로운 아이」「천천히 적응하는 아이」「그밖의 아이」로 구분할 수 있으며, 이런 기본적인 개성은 오래도록 지속된다고 밝혀놓았다.

이때「까다로운 아이」, 즉 부모 입장에서 보면「다루기 힘든 아이」가 문제일 텐데, 이런 아이는 뉴욕 같은 대도시에서는 모친의 속을 썩이고 모자관계도 불안정해지기 쉽다. 당연히 발달상의 불이익도 받을 가능성이 크다. 그러나 다른 연구자가 아프리카 부족을 상대로 조사한 데 따르면, 각종 재해로 인해 피난이나 이동이 잦은 사회에서는「까다로운 아이」의 생존율이 상대적으로 높게 나타나 관심을 끌었다.

아마도 시도 때도 없이 짜증나게 울어대고 떼쓰고 소란 피우는 「까다로운 아이」가 근대적 대도시에서는 엄마를 피곤하게 할 뿐인데 비해, 미개부족에서는 눈에 잘 띄어 이동할 때 깜빡 잊혀지는 일이 적기 때문이 아닌가 싶다. 같은 까다로운 아이라도 태어난 환경의 차이에 따라 길흉이 엇갈리는 것이다.

이를 한번 더 뒤집어 생각해 보면, 같은 환경에서 태어나 자라더라도 주변환경 중 어떤 것에 반응하고 어떤 것을 흡수하며, 어떤 것을 행동의 계기로 삼는가는 아이의 자질에 따라 천차만별이라는 말이 된다. 부모가 귀가시간을 지키라고 성화하는 것도 일종의 양육환경이라고 할 때, 그 말대로 일찍 귀가하는 아이가 있는가 하면 멋대로 늦게 들어오거나 무단 외박하는 아이도 있기 마련이다.

초등학교 시절이 지나면 아이 스스로 주체적으로 환경을 선택해나가는 비율이 높아진다. 예를 들어 수업을 마친 뒤 도서관에 갈 것인지, 곧바로 집에 갈 것인지, 전자오락실에 들를 것인지를 거의 스스로가 선택한다. 그러면 이번에는 스스로 선택한 환경에 자기가 영향을 받게 된다.

영유아기 전반에 이미 싹트기 시작한 원초적 윤리 감각·도덕 감정은 타고난 자질과 강한 연관성이 있다. J.케이건은 많은 영유아들을 관찰한 결과 한 살 반에서 두 살 정도면 이미 원시적인 도덕 감각의 징후가 엿보인다는 것을 확인했다. 똑같은 가정, 똑같은 가풍 속에서 자랐더라도 형제들이 갖는 도덕 감정은 용모나 키가 서로 다른 것만큼의 차이(개체차)와 유사성(혈연적 동류성)을 띤다는 사실도 잘 알려져 있다.

이에 비해 규범에 관한 지식이나 가치관처럼 유아기 이후 익히게 되는 도덕학습은 주위 사람이나 문화적 환경으로부터 영향받는 비율이 크기 마련이다. 요리에 비유하자면 도덕 감정은 재료이고 도덕학습, 즉 사회화는 조리법이라 할 수 있다. 물론 양자는 서로 연관돼 있다.

이제까지 「열악한 환경에서 자란 탓에 훌륭한 사람이 될 수 없다」는 환경결정론만 강조돼 왔지만, 이는 동시에 그런 열악한 환경을 조성한 혈육으로부터 비슷한 자질을 이어받았기 때문이라고 추정할 근거가 된다. 또 자질의 전달이나 유전은 확률의 문제이므로 열악한 환경에서도 드물게는 훌륭한 인물이 나온다는 사실을 무리없이 설명할 수 있다(환경결정론으로는 설명되지 않는다). 물론 좋은 환경에서 변변치 못한 인물이 배출되는 현상도 더 이상 수수께끼가 아니다.

그러나 열악한 환경에서 영웅이나 성인군자가 나오는 「진흙탕에 핀 연꽃」 현상도, 가정 밖의 사회나 문화에 좋은 모델이나 건설적인 정보가 없다면 자기 연마 과정에서부터 애를 먹을 것이다. 환경이 비록 전부는 아니지만 대단히 다양한 정보와 기회를 포함하고 있음은 틀림없다. 그 속에서 성장하고 생활하는 아이의 수용능력과 선택 여하에 따라 아주 강력한 영향을 끼치는 것도 확실하다. 20세기 아동관에 문제가 있다면 그것은 **아이**들을 일률적으로 **균질·균등**하다고 전제한 점이라고 생각한다.

양육환경이 우리의 모습을 좌우하는 것은 분명하다. 다만 확률적으로 그렇다. 집단을 놓고 보면 환경이 열악할수록 아이가 자라면서 문제가 점점 많아진다. 이는 많은 연구를 통해 확인된 사실이다.

그러나 그 정도에는 개인차가 있다. 어려운 환경에서 저항력을 발휘하는 아이가 있는가 하면 맥없이 환경에 지고 마는 아이도 있다. 반대로 좋은 환경에서 자랐더라도 그 행운을 제 것으로 소화하는 데도 역시 개인차가 있다. 게다가 어려운 환경이라 하더라도 좋은 정보나 경험·모범이 전혀 없는 것은 아니며, 역으로 좋은 환경이라 해도 사고나 유혹으로부터 완전히 단절된 환경은 없다.

행운인지 불행인지 현대사회는 모든 아이들에게 있을 수 있는 모든 정보나 경험을 접할 기회를 제공하고 있다(주로 매스컴에 의한 간접정보이지만 교통수단의 발달 덕분에 직접경험의 기회도 많아졌다). 거의 모든 아이는 방대한 양의 비슷한 정보를 받아들이며 자란다. 아마도 아이들은 자기 특질에 맞는 정보를 대단히 선택적으로 흡수하며 자라는 것으로 생각된다.

게다가 전 인구가 중산층화·도시화·핵가족화 된 탓에 옛날처럼 산촌의 농가나 도회의 상가, 전통 있는 구가(舊家) 따위의 양육환경에 따른 차이도 없다. 패전 이전이라면 아이의 학력도 집안의 문화적·경제적 조건에 따라 결정되겠지만 지금은 대체로 아이의 자질에 따라 결정된다.

옛날이 환경에 의해 결정되는 시대였다면, 현대는 의외로 「소질이나 개인차에 좌우되는 시대」일지 모른다. 이것이야말로 역설이자 상식을 뒤엎는 사실 아닌가.

결국 우리는 「잘 적응함」에서부터 「적응 곤란」까지 흡수효율의 차이를 태어날 때부터 지니고 있는 것이다. 이에 비해 무엇을 몸에 익히고 흡수할지의 「무엇」 부분은 거의 환경으로부터 제공받는다.

도덕성의 발달—공정성과 배려의 원리

사회화 중에서도 「도덕성 발달」은 선과 악을 고찰한 다음 단계의 핵심적인 주제 중 하나이다. 이에 관해서는 J.피아제와 L.콜버그의 연구로 이야기를 시작해야 한다.

피아제는 굳이 설명할 필요도 없을 만큼 유명한 스위스의 발달심리학자로 주로 자기 주변 아이들을 대상으로 실험과 관찰을 반복하여 독자적인 발달이론을 세운 이다. 인간의 인지(認知)구조는 발육과 환경 간의 상호작용에 의해 단계적으로 발전한다는, 지금은 누구도 부인 못하는 발달관을 확립한 학자이다.

그는 또 자연스러운 감정상태로서의 도덕 감정과 나중 단계의 규범의식을 구별하였으며, 특히 규칙에 대한 이해 정도의 발달에 관해서는 인지발달 측면에서 관심을 가졌던 것 같다.

간단히 말하자면 「아이는 결과론적인 선악 판단에서 동기론적인 선악 판단으로 관점을 심화시킨다」는 원칙을 확인한 것이다. 이는 당연할 수밖에 없다. 깊이 따질 것도 없이, 결과를 놓고 선악을 판단하는 일은 인간의 내면에 대한 고도의 인지능력을 필요로 하지 않으므로 어린애도 할 수 있다. 이에 비해서 눈에 보이는 결과에 현혹되지 않고 행위자의 내면적 동기 등을 함께 고려하는 것은 상당히 성장한 뒤가 아니면 무리다.

조금 단순화해서 예를 들어보겠다.

지병을 앓던 부인이 발작을 일으켜 쓰러졌다는 전화를 받은 남편이 치료약을 자동차에 싣고 과속으로 달렸다. 교차로에서도 신호를 무시하고 달리다 갑자기 차도로 뛰어든 노인을 치어 숨지게 하고 말았다.

그렇다면 이는 어느 만큼 나쁜 행위일까. 아이가 어릴수록 「아주 나쁜 행동」이라고 판단한다. 「경찰 순찰차에 쫓겨 정신없이 달리던 자동차가 횡단보도의 노인을 치어 숨지게 한 것과 똑같이 나쁘다」고 판단한다. 어쨌든 결과가 둘 다 끔찍하니까. 남의 집에 들어가서 강도질을 하다 재수없이 동전 몇푼밖에 빼앗지 못한 범인보다 더 나쁜 사람으로 생각한다.

그러나 아이가 성장함에 따라 눈에 보이지 않는 요소, 그러니까 이 남편의 동기의 정당성이나 피해자의 잘못 등에 관해 정상참작을 할 수 있게 된다. 만일 도우려던 사람이 부인이 아니라면(예를 들어 친구라든가 담당 환자) 더 참작할 여지가 생긴다. 역시 도덕성도 「발달」하는 모양이다.

그런데 여기서 한 가지 다른 의문이 생긴다. 발달하는 것은 도덕성인가, 아니면 상황판단에 포함시키는 요소의 범위인가. 원래 도덕성이란 것은 발달하지 않으며, 단지 지혜가 쌓임에 따라 여러 정황·배경을 더 많이 인식하고 추론하게 되는 것은 아닐까. 발달하는 것은 인지능력이지 도덕성 자체는 원시적인 상태 그대로일 수 있다는 말이다.

이번에는 콜버그의 도덕성 발달이론으로 옮겨가자.

콜버그는 피아제로부터 도덕성 발달보다는 인지능력의 단계적 발달이론 면에서 깊이 영향받았다. 그는 피아제가 「감각운동기」「전(前)조작기」「구체적 조작기」「형식 조작기」로 발달 단계를 구분한 것을 응용해, 도덕성은 「관습 이전 단계」「관습 단계」「관습 이후 단계」로 발달한다고 생각했다(각각의 단계는 다시 둘로 나뉘어 총 6단계가 되며, 여기에 「종교적 경지」를 추가하면 7단계가 된다).

「관습 이전 단계」는 한마디로 말해, 불쾌·유쾌함이나 자기 이해에 따라 선악을 판단하는 단계다. 「기쁘니까 선, 싫으니까 악」이라는 식이다. 관습 이전 단계는 다시 「복종과 벌을 지향」하는 1단계와 「소박한 자기중심 지향」의 2단계로 나뉜다.

「관습 단계」가 되면 자기가 속한 문화에서 중시하는 가치를 무비판적으로 수용해 판단한다. 「남을 돕는 것은 착한 행동이라고 성경에 씌어 있어」「그런 일은 법을 어기는 짓이니까 나빠」 등 한마디로 말해 「모범생 논리」에 이르게 된다. 여기에도 「착한 아이 지향」(3단계)과 「권위·질서유지 지향」(4단계)의 두 단계가 있다(이들은 아마 가정교육이나 학교교육의 결과일 것이다).

마지막으로 콜버그의 독자적 발상이기도 한 「관습 이후 단계」가 되면 개인적 감정이나 사회풍속을 초월한 인류원리에 의거해 판단을 내린다. 이 단계는 다시 「계약·준법 지향」(5단계)과 「양심·원리 지향」(6단계)으로 나뉜다.

예를 들면 양심에 따라 병역을 거부한다거나, 절대평화주의자가 반전 데모를 벌이다 경찰에게 두들겨 맞으면서도 대항하지 않는 비폭력주의 같은 것이다. 물론 단지 겁쟁이인 탓에 그렇게 행동했을 수도 있다. 그러나 조난중에 남을 돕기 위해 자신을 희생하거나 사회적 불평등에 항의하는 표시로 분신자살하는 것처럼 이해관계나 전통에 비추어 설명할 수 없는 원칙주의도 있는 것이다(콜버그의 이론은 원래 실제 행동보다는 도덕 판단의 형식면을 중점적으로 파고든 것이다).

그렇다면 과연 어떤 원리가 보편적·초월적인 것일까. 인명존중, 자유, 평등 같은 것도 있지만 콜버그 자신은 「공정의 원리」를 가장 중요시했다.

그러나 여기에도 피아제의 이론과 똑같은 의문이 남는다. 도덕성 자체의 발달이 아니라 도덕 판단의 내용을 표현하는 수사(修辭)나 논리구조의 발달 단계를 설명한 데 지나지 않을 가능성 말이다. 만일 그렇다면 콜버그가 주장하고 몇 차례의 현장조사를 통해 뒷받침된 도덕성 발달의 통문화성(通文化性：어느 나라, 어느 문화에서든 같은 발달 단계를 거침)은 원래부터 결론이 뻔한 명제였다는 말이 된다.

발달의 내용이나 방향에 대해서도 「콜버그 자신이 속한 유대교 문화의 가치관을 반영하고 있다」든가 「가치판단에 대한 가치판단이므로 과학의 본령에 어긋난다」(나중 단계가 전단계보다 고상하고 질 높다는 전제를 깔고 있으니까) 등 이런저런 비판이 제기되고 있다. 콜버그는 이에 대해 「서구문화 중심주의는 아니다」고 반론을 폈으며, 나아가 「과학에서 가치관을 다루는 게 뭐가 나쁜가」고 얼굴 붉히며 반박하기도 했다.

좀더 타당하고, 콜버그도 어느 정도 받아들인 유명한 반론은 여성 연구자인 C.길리건이 주장한 이론이다. 그녀는 콜버그의 발달이론의 토대는 원리나 공평, 공정성에 무게를 두는 남성중심 논리를 반영하고 있다고 지적했다. 실제 도덕성은 남에 대한 배려나 정서적 공감 같은 대인적 측면이 더 중요하지 않느냐고 따진 것이다. 「이 방면이라면 여성도 지지 않는다」고 자신했기 때문일까. 이후 커다란 분쟁까지는 아니지만 엎치락뒤치락 논란을 벌인 끝에 「도덕성 발달에는 두 개의 차원이 있다」고 결론지었다. 하나는 콜버그가 말한 「공정원리」고 다른 하나는 길리건이 주장한 「배려원리」로, 이 두 인자가 조합돼 작용한다는 견해다.

이외에도 R.호건은 도덕성을 「사회화」「공감성」「자율성」의 세 요소가 합쳐진 것으로 보았지만 이 중 사회화는 공정원리, 공감성은 배려원리와 유사하다. N.아이젠버그의 향(向)사회성 도덕 연구도 「사회화 · 인지 · 상황」의 지적 요소와 함께 「공감 · 타자 이해 · 동정」이라는 정서 요인도 주목한다. 어쩐지 도덕성의 발달은 「머리와 마음」의 이인삼각 경기 같다. 대다수 연구결과는, 최고의 발달 단계에서는 양자를 구분하기 힘들 만큼 통합돼 있다고 주장한다. 일단은 해피엔딩이니까 좋아 보인다.

다만, 섭섭한 일인지 당연한 일인지 모르겠지만, 「관습 이후 단계」라는 지식인 취향의 경지에 도달하는 사람은 일반인 중 일부에 지나지 않는다.

어떻게 몸에 익히는가

왜 그런지 정확히 이해하긴 어렵지만, 장어덮밥에 보통·상품·특상품이 있듯이 도덕성도 단계적으로 품질이 높은 쪽으로 발달하는 것 같다.

단지 지혜가 많아진 것을 반영할 뿐이라고만 보기 어렵다. 나이가 들수록 행동을 자제할 줄 알고 매너도 좋아지는 것은 여러 가지 규칙을 몸에 익히기 때문으로 생각된다. 또한 성장할수록(최소한 사춘기에 들어갈 때까지는) 감시·감독을 받지 않고서도 자율적으로 행동을 통제하는 비율이 점점 높아진다. 좀더 정확히 말하면 내적 규범 정착 면에서의 개인차도 점점 커지기 마련이지만.

문제는 도대체 어떤 이유로 많은 아이들이 「해야 한다」「하지 말아야 한다」를 몸에 익히며, 일부 아이들은 익히지 못하는가에 있다. 이미 영유아 시기의 원초적 도덕 감각이나 그 이후 「가정교육의 역설」까지 소개했으므로 무엇이든 문화·환경·양육·모자관계·교육에 의해 결정된다고 생각하지는 못할 것이다. 그렇더라도 모든 규칙을 아이들이 각자 발명했을 리는 없으므로 역시 **사회나 문화도 작용한 것으로 보아야 한다.**

하지만 같은 부모나 같은 주변환경이 작용하더라도 지나칠 정도로 잘 받아들이는 아이가 있는가 하면 중간 정도의 아이, 좀처럼 받아들이지 못하는 아이도 있는 법이다.

갓난아기는 세상물정을 전혀 모르고 태어난다는 의미에서는 「백지」에 가깝다. 그런데 이 백지란 것이 수상한 물건이어서, 「가지각

색의 아기」는 동시에 「가지각색의 백지」이기도 하다.

이제까지의 환경결정론은 백지의 품질에 관해 마치 규격품처럼 간주했다. 그러나 실제로는 아트지나 켄트지 · 미농지 · 갱지 · 퍼트룬지 · 화장지부터 셀로판지까지 다양한 종류가 있다. 당연히 사회 · 문화나 부모 · 교사가 다루기 쉬운 지질(紙質)이 있는가 하면 지나치게 잘 받아들이는 탓에 글자가 번지거나 구깃구깃해지는 지질, 잉크가 잘 안 먹어서 글씨 쓰기가 어려운 지질도 있다.

그렇다면 사회는 어떤 방법으로 세상의 규칙을 다양한 백지들에게 옮겨 사회화하는 것일까.

가장 간단한 방법은 조건을 부여하는 것이다. 가정교육이나 지도 · 감독이란 것도 결국은 상벌, 즉 노골적인 사탕과 채찍, 세련된 사탕과 채찍, 잘 드러나지 않는 사탕과 채찍을 사용해 아이를 조작하는 것이다. 아니, 어른들의 세계도 어떤 형태로든 사탕과 채찍으로 서로 조작하고 조작당하며 돌아가는 면이 있다.

사탕에 맛들여 어떤 습관을 정착시키는 현상을 「정(正)적 강화」라 하며, 채찍을 맞아보고 질리거나 포기하거나 채찍맞을 일을 피하는 현상을 「부(負)적 강화」라 한다. 정 · 부를 막론하고 강화현상이 없어져서 조건이 해소(실제로는 「억제」지만)되는 것을 「소거」라 한다. 여기서는 반응이 억제되든 완전히 해소되든 둘 다 「소거」로 표현하기로 하자. 따라서 엄밀히 말해 「부적 강화」가 초래한 현상이라 하더라도 그때까지 갖고 있던 습관이나 행동을 억제하는 것이라면 「소거」로 바꿔 표현할 수 있다. 그러니까 사탕은 강화, 채찍이나 「해봤자 소용없다」는 소거로 이어지는 것이다.

아이가 사회나 문화, 가정에서 「착하다」고 여겨지는 반응을 보이면 주변에서는 보통 그 반응을 강화한다. 문자 그대로 왕사탕을 사주는 것에서부터 칭찬하고, 껴안고, 엄마의 표정이 부드러워지는 것까지 온갖 강화 수단이 동원된다. 반대로 아이에게 「바람직하지 않다」고 여겨지는 반응이 나타나면 이를 소거하는 방향으로 반응한다. 채찍을 휘두르거나, 엉덩이를 치고, 큰소리 내고, 타이르고, 얼굴을 찡그리고, 호감을 거두어들인다.

물론 주변에서 강화 또는 소거한다고는 하지만 상대방이 있는 상황이므로 상대가 그 정도로는 강화되지 않거나 소거되지 않는 까다로운 인물이라면 학습효율은 기대하기 어렵다.

어머니가 기뻐하면 자기도 무척 기뻐진다든가, 아버지의 얼굴이 어두워지는 것만 봐도 긴장한다든가, 남의 눈을 많이 의식하는 과민한 아이라면 강화나 소거는 매우 효율적으로 정착할 것이다.

너무 효과적으로 강화·소거되어 뇌 속에 깊이 스며든 나머지 부모나 남의 눈이 없더라도 반쯤은 조건반사적으로 행동할 수 있다. 착한 일을 하면 절로 기분이 좋아지고, 나쁜 일은 생각만 해도 두려움을 느끼는 것이다. 이렇게 되면 어쩌다 나쁜 일을 저질렀다거나 좋은 일을 하려다 실패한 뒤에는 스스로를 책망하는 감정이 북받쳐 오른다. 이른바 양심 또는 정신분석학에서 말하는 「초자아」가 뿌리 내린 탓이다.

사실 세상에는 사전이나 성경을 뒤지다가 얼핏 「성기」나 「간음」이라는 글자만 봐도 가슴이 두근거리고 괴로워하는 섬세한 사람이 있는가 하면, 밤길 가던 여성을 밀고 때리고 목을 조르는 와중에도 발기가 가능한 조잡한 인간도 있다. 인간이란 존재는 이처럼 다양하고도 폭넓다.

즉시강화와 지연강화를 통하여

이밖에도 실험심리학의 개념으로 선악을 고찰할 때 참고가 되는 것으로 「즉시강화」와 「지연강화」가 있다.

즉시강화는 무언가를 하면 그 즉시 좋은 일이 생긴다(또는 싫은 일을 피할 수 있다)는 보상체험 탓에 그런 행동을 몸에 익혀가는 것을 말한다. 반대로 그 즉시 「뜨거운 맛」을 보았다면 그런 행동은 억제하기 마련인데, 이를 「즉시소거」라고 이름붙여 두자.

이에 비해 무언가를 해도 그 즉시 좋은 일이 생기지는 않지만 한참 지나서 보상체험이 찾아오는 경우, 그렇더라도 그 행동을 몸에 익혀가는 것을 지연강화라 한다. 어떤 행동을 저질렀을 때 당장은 괜찮지만 한참 후에 싫은 일(지연된 벌체험)을 겪게 되므로 그런 행동을 꺼리는 것은 「지연소거」라 부르기로 한다.

행동의 도덕적 통제를 이해하는 데는, 즉시강화 · 즉시소거 · 지연강화 · 지연소거 등 네 요소가 열쇠가 된다.

일반적으로 선행은 그 자체로는 즐겁지 않은 데 비해 악행은 눈앞의 쾌락을 좇은 결과인 경우가 많다. 그러므로 악은 즉시강화에 의한 것이 많고, 선을 행하는 데는 지연강화가 관계하는 게 아닌가 생각된다. 그러고 보니 「지금 당장 즐거우면 된다, 인생은 굵고 짧게 사는 거야, 뒷일은 알 필요 없어」는 악인의 대사로 딱 맞고, 「아냐, 뒷날을 생각해서 무엇이든 선우후락(先憂後樂)해야 해, 적선지가(積善之家)에 필유여경(必有余慶)이라지 않는가」라는 불교 냄새 짙은 이 말은 선남선녀의 특징이라고 생각되지 않는가.

즉시강화나 즉시소거는 보통 하등동물에도 성립하는 학습(조건부여)의 동기다. 무슨 일이든 즉시 보상받거나 뜨거운 맛을 본다면 다소 엉성한 중추신경계라도 맛들이거나 행동을 꺼리는 정도는 할 수 있다. 자기가 한 행동과 결과에 따른 상벌이 시간적·공간적으로 가깝다면 머릿속에서 연결하기도 쉽다(조건반사학에서는 「제시에 대한 연합형성」이라고 부른다). 당연히 사람도 영유아 시절부터 가능하며, 심지어 신생아도 가능하다는 사실이 실험을 통해 확인됐다. 개나 고양이의 용변훈련도 잘못한 즉시 대소변에 코를 대게 하거나 야단치지 않으면 훈련효과가 좋지 않은 법이다.

그러나 저지른 행동과 그 결과로서 상벌체험 간의 시간적 간격이 길어지면 맛들이거나 회피하는 학습도 곤란해진다. 지연된 보상과 지연된 벌에 의해 행동을 형성, 유지, 억제하려면 일정 정도 이상의 복잡하고 차원 높은 뇌기능이 필요하다.

1년 뒤에 해외여행 가려고, 또는 6개월 뒤 오디오세트를 사기 위해 매달 돈을 아껴 저축하는 금욕주의는 초등학생 이상이 아니면 무리고, 개중에는 평생 그런 생각조차 못하는 사람도 있다. 쥐는 반응과 상벌의 간격이 30초 이상 되면 우선 「연결」이 불가능해진다. 이에 비하면 마권을 사 당첨되고, 현찰로 바꿔 한잔 하기까지 1시간 이상 걸리는데도 경마에 푹 빠지곤 하는 인간은 그래도 나은 부류에 속한다고 해야 할까.

그러고 보니 도가 지나친 도박에서부터 마약·빚·불륜·배임 등 종종 생활파탄이나 범죄의 원인이 되는 쾌락추구 행동 대부분이 「당장은 즐겁지만 나중에 반드시 계산서가 날아드는」 부류에 속한다. 뒷일까지 고려하는 고등인종으로서는 도저히 흉내낼 수 없는 찰나적 삶이라 할 수 있다. 이런 불량행동은 모두 지연된 벌을 이미지로 떠올리지 못하는 근시안적 단세포 인간이 범하기 쉬운 오류들이다.

인간의 행동을 좌우하는 상벌의 종류는 발달 단계에 따라 점차 다양해진다. 즉물적인 것에서 관념적인 것으로, 사랑받는 것에서 존경받는 것으로, 일시적 쾌감에서 지속적인 것으로, 기쁨에서 자랑스러움으로 등, 보상의 수준도 세련된 것으로 바뀐다.

벌도 이에 발맞춰 아픔에서 부끄러움, 꾸지람에서 따돌림, 공박당하는 것에서 경멸당하는 것 식으로 한층 미묘하고 신체 감각 수준 이상의 고통에 반응하는 쪽으로 변한다. 어린애라면 꼬집어주는 정도면 벌이 되겠지만 어른이 되면 꼬집는 것은 물론, 비꼬아 말해 주거나 체면을 깎아내리는 것도 훌륭한 벌이 된다(별로 통하지 않는 인간들도 있긴 하지만).

나아가 자신의 상·벌, 성공·실패 체험뿐 아니라 남의 것도 관찰해 배우는 학습양식도 있다(사회학습). 유치원 이후에는 남들이 동경하는 연예인이나 멋진 스포츠 선수가 되고 싶어하는 아이가 매우 많아진다. 또 친구가 못된 짓을 하다 혼나는 것을 보고 자기는 그런 짓을 삼가는 「타산지석」 반응을 보이는 현명한 아이도 생긴다.

그렇다면, 만일 초등학생이 길에서 주운 지갑을 파출소에 갖다주었다면 그런 정직한 행동은 도대체 어떻게 해서 형성된 것일까.

지갑을 잃어버린 사람이 나타나지 않으면 규정에 따라 6개월 뒤에는 지갑 속에 든 현금을 챙길 수 있으므로 지연강화라고 해야 하는가, 아니면 주운 물건을 찾아주고 칭찬받는 친구를 보고 배운 사회학습인가. 「습득물은 파출소에 전달합시다」라는 부모나 교사의 말에 교화된 결과인가(왜 그 말에 따라야 하는지는 아직 수수께끼지만).

이를 고찰하는 데는 몇 가지 출발점이 있다. 첫째, 주운 사람 전부가 파출소에 갖다주지는 않는다. 둘째, 파출소에 가는 아이 전부가 누군가의 행동을 보고 따라한 것이라고 보기는 어렵다. 세째, 파출소에 전달하는 아이든 그냥 자기 주머니에 챙겨버리는 아이든 간에 부모나 교사 또는 다른 경로를 통해 「주운 물건은 주인에게 돌려줍시다」라고 교육받은 적이 있다. 마지막으로, 6개월 뒤 칭찬받을 것을 생각해서 지갑을 파출소에 갖다주는 아이는 아마 거의 없을 것이라는 추측이다.

그렇다. 이 모든 것을 감안해 보면 「지연강화」「사회학습」「가정교육」 중 어느 것도 직접적인 원인이라고 보기 어려우며, 무언가 「즉시강화」나 「즉시소거」가 작용한 것이 확실하다.

여기서, 주운 물건을 돌려주려고 하는 시점에 이미 마음속에는 「나는 올바른 일을 하고 있다」는 자부심에 의한 즉시강화 과정과 내 것으로 만들려는 유혹에 넘어갔을 경우 꺼림칙한 기분을 예상한 즉시소거 과정이 동시에 작용해 선행을 택했을 것이라는 추론은 어렵지 않다.

　지갑을 잃어버린 사람이 어려움을 겪을 것을 상상해 동정심이 일었다면 파출소에 들름으로써 내면의 만족을 얻을 수 있다. 지갑을 자기 것으로 챙겼을 때의 자기 혐오감이라는 「벌」을 피하고 싶다면 즉시소거가 작용해 그런 행동을 억제할 수 있다. 반대로 지갑을 챙기고 마는 아이는 이 둘 다가 약하기 때문에 눈앞의 즉물적인 욕망을 극복하지 못하는 것이다.

　그렇다면 내년을 위해 매달 절약해서 저금하는 행위는 지연강화라기보다는, 매달 절약하고 저금할 때마다 「내년에 찾아올 목표성취의 이미지」를 되새김으로써 주관적으로 즉시강화되는 것이라고 풀이할 수 있다.

　그렇지 않다면 「몇년 후의 수확」이 목표인 지연강화의 효과를 한 번도 경험하지 못한 많은 사람들까지 묵묵히 욕망을 억제하는 현상을 설명할 길이 없다. 「손꼽아 기다린다」는 말도 있듯, 우리가 욕망을 억제하는 일은 장래에 느낄 만족감을 그때그때 상상 속에서 즐거움으로 삼는 즉시강화에 의해 유지 가능하다.

　폭포 밑에 서서 물살을 맞고 있노라면 초능력이 생기지 않을까, 단식을 하면 언젠가 사바세계의 고통에서 벗어나지 않을까 하는 기대가 있기 때문에 더욱 열심히 수행하는 것이다. 어쨌든 금욕 자체를 보상이나 강화로 삼는다면 그건 마조히즘적인 변태행위에 지나지 않는다.

　한걸음 더 나아가면, 지연강화나 지연소거로 보이는 현상도 사실은 시공을 초월해 사태추이를 명확하게 이미지화할 줄 아는 사람에

게는 즉시강화나 즉시소거로서 작용한다. 이는 「이미지강화」라고
불러도 될 것이다.

그 증거로, 지연강화·지연소거처럼 보이는 행동을 많이 하는 사
람은 상상력의 범위가 대단히 넓다(몇달 뒤에 찾아올 겨울에 대비
해 먹이와 피하지방을 축적하는 동물의 행동은 지연강화나 이미지
강화라기보다는 본능에 따른 것으로 보인다). 유아보다는 조금 자
란 어린이나 성인일수록 몇년 혹은 몇십 년 후의 성과나 재앙을 예
상해 현재의 자기를 규제할 수 있는 것도 상상력의 사정거리가 늘
어났기 때문임에 틀림없다.

예를 들어 먼 장래에 노인이 됐을 때를 생각해서 저축하는 사람이
나 자신들이 묻힐 묘지를 미리 사두는 부부는 「어차피 다가올 미래」
를 상상해 대비한 것이다.

경제 관념이 발달한 성인일수록 과거 어려웠던 시절을 염두에 두
기 때문에 지금 갖고 있는 돈을 낭비하지 않고 계획적으로 지출을
조정한다. 이런 부류의 사람들은 신중한 상상력 덕분에 「지금, 여
기」의 욕망에 휘둘리지 않고 견실한 생활설계를 실천하므로 무모한
유흥·빚·낭비·도박 따위에 손대지 않는다. 또 비행이나 범죄에
물들지 않고 일생을 보낸다.

이처럼 인지·행동면의 발달은 고려할 조건의 범위가 확대되는
측면과 더불어 시간적·공간적으로 상상과 공감의 대상이 확대되는
측면도 포함하고 있다. 물론 두 측면은 매우 밀접하며 불가분의 관
계다.

상상력과 공감성을 통하여

그런데 도덕성 발달이 유쾌·불쾌함이나 이해득실을 따지는 단계에서 전통이나 관습을 주문처럼 외는 모범생적인 교조주의 단계로 옮겨간다면, 그 다음의 「공정」과 「배려」의 통합 단계로 올라가기 위해서는 어떤 요소가 필요할까. 이제까지 조금씩 언급한 상상력이나 공감성이 결정적인 열쇠는 아닐까.

확실히 제1, 제2단계까지는 자기 외에 남의 입장이나 기분을 살피지 않고, 「길고 넓은 시각」으로 사물을 보지 않아도 발달할 수 있다. 제1단계의 유쾌·불쾌 같은 것은 단순한 강화·소거 조건부여만으로 충분하고, 제2단계의 「관습 따르기」도 조건반사 같은 것으로 설명이 가능하다. 말하자면 「남을 돕는 것은 칭찬받으니까 좋은 일이다」 「남을 돕는 것은 좋은 일이라고 정해져 있다」 정도는 동물 수준의 가치관에 지나지 않는다. 그 이상의 발달 단계에 이르려면 무언가 인간다운 요소가 첨가되지 않으면 안 된다. 그것이 바로 상상력과 공감성일 수 있다.

상상력은 「지금, 여기, 눈앞」 이외의 것을 머리에 떠올릴 수 있는 능력이다. 따라서 과거나 자기가 태어나기 전의 역사, 장래나 자기가 죽은 후의 미래를 이모저모 생각하는 것도 상상이며, 눈앞에 있지만 오감으로는 알 수 없고 추측해야만 하는 남의 마음, 우주의 끝, 신불(神佛)·신비, 그밖의 다른 여러 공상의 산물들에 생각을 쏟는 것도 상상이다. 뭉뚱그려 말하면 「과거, 미래, 눈에 보이지 않는 것」을 생각하고 묘사하는 능력이라고 해두면 될 것이다.

이것은 갓난아이나 유아에게는 미숙한 상태지만 그후 급속히 발달해 사춘기 때 절정에 이른다. 어른들 대부분은 이미 실생활에서 경험이 축적돼 있기 때문에 너무 황당무계한 상상은 억제한다. 따라서 상상력 전체로 보면 어른이 오히려 사춘기보다 못하다(즉 상상의 내용은 약간 시니컬한 속성이 있기 때문에 리얼리티를 갖춘 다른 것에 의해 견제당한다).

공감성은 자기 이외의 존재, 특히 생물, 그 중에서도 동족인 다른 사람의 내면을 마치 마음이 연결돼 있는 것처럼 「함께 느끼는」 정서이다. 남이 즐거워하면 나도 즐거워지고, 동물이 괴로워하면 나도 고통을 느끼는 식으로 자연스럽게 감정이입해 버리는 경향이다. 이 능력은 상상력보다는 다소 빨리 절정에 달하는 듯하다. 대체로 초등학교 시절이 지나면 지적 발달 덕분에 터무니없는 무차별적인 공감은 제한된다.

가령 누이동생이 "오빠, 그렇게 책상을 치면 책상이 아프잖아"라고 말하면 오빠는 "바보야, 책상에는 신경이 없어서 안 아파"라고 반박할 것이다.

이같은 발달심리학은 물론 개인차를 배제한 것이다. 현실적으로는 아무리 나이가 들어도 상상력이 넘쳐나는 사람이 있는가 하면 어린 시절부터 줄곧 공감성이 결여된 사람도 있다. 보통 「사람은 누구나 비슷하다」거나 「어린애는 모두 거기서 거기」라고들 말하지만 이는 「모든 인간은 심장이 왼쪽에 있다」는 말 이상으로 틀린 말이다.

상상력과 공감성은 전혀 무관한 정신활동이 아니다. 둘 다 감각

정보를 초월한 심상 형성을 기초로 하기 때문이다(말이 좀 어려워졌지만, 둘 다 그다지 즉물적이지 않다는 정도로 생각하면 된다).

예를 들어, 철저한 기독교신자로 원리주의자인 한 남자가 「성경의 한 글자 한 문장은 모두 역사적 사실」이라고 믿는다고 하자.

그에 의하면 지구는 몇천 년 전에 신에 의해 창조된 것이다. 따라서 어떤 공룡 화석이 1억 년 전의 지층에서 발견되었다는 학계의 보고는 믿을 수 없을 것이다. 여기서 그는 「화석은 약 4천 년 전에 하느님이 현대 과학자가 1억 년 전 것으로 측정하도록 특정 지층을 만드신 후 그 속에 거대한 파충류의 화석을 섞어놓은 결과다」라는 식으로 반론할 것이다. 이는 대단한 상상력의 산물이긴 해도 최소한 논리적인 반박이라고 보기는 어렵다.

「동위원소의 반감기(半減期)를 이용해 계산하면 이 지층과 화석은 아무리 짧게 잡아도 8천만 년 전의 것이다」라는 과학적인 입장이 오히려 즉물적이어서 대단한 상상력을 필요로 하지 않는다.

또다른 예로 한 여자아이가 "어머, 불쌍해라. 저기 주사맞는 아이, 엄청 아픈가봐"라고 공감을 표시했다고 하자.

이 경우 즉물적으로 엄밀히 말하면 주사맞는 아이는 단지 「눈썹을 찡그리며 몸부림치고」 있을 뿐이다. 여자아이는 "아니에요, 나중에 개한테 물어보니까 아팠다고 말하던데요"라고 반론을 펼 것이다. 그러나 이것도 정확하고 객관적으로 말하면 「아·팠·다」라고 발음한 것에 불과하므로 아이의 내면적 체험을 직접 이해할 단서는 못된다. 유감스럽지만, 눈썹을 찡그리고 몸부림치고 아프다고 말하더라도 마음속으로는 「아, 기분좋다」고 느끼는 변태가 드물게는 있을 수 있다.

말하자면 상상력과 공감성은 일종의 논리적 비약을 전제로 한다. 그런데도 성장함에 따라 정확히 실상을 짚는 경우가 많아지는 것은 역시 경험 축적 덕분이다. 어린아이가 말한다. "그 할머니 이상해요. 할아버지가 얼마전 돌아가셨는데도 아까 우리가 찾아갔을 때 방긋방긋 웃고 있었잖아요. 슬프지도 않은가봐요." 그러면 아버지가 타이른다. "그게 아니란다. 우리가 위로차 방문하니까 우리를 걱정시키지 않으려고 일부러 애써 명랑한 척 한 것이란다. 틀림없이 우리가 돌아온 다음에는 다시 침울해지고, 매일 밤 우실 거다."

그러나 상상력과 공감성에는 차이점이 있다. 상상력은 주로 인지적 기능인 데 비해 공감성은 정서적 기능이다. 상상력의 대상은 모든 사물(나아가 존재하지 않는 것까지)이지만 공감성은 대부분 타인에 대한 감각이다.

이처럼 양자는 어느 정도 독립적이기 때문에, 상상력은 매우 풍부하지만 공감성은 지독히 결핍된 상태도 있을 수 있다.

예를 들면, "저런 지경이 됐으니 무척 힘들겠군. 지금쯤 틀림없이 위 점막도 헐기 시작했을 거야(이것은 대단한 상상력). 후후후. 그래 좀더 고통은 겪어봐라. 고소하다(전혀 공감하지 않음)" 같은 상태. 반대로 공감성만 비대하고 상상력은 빈곤한 사람도 있다. "아유, 불쌍해라. TV 쇼 출연자들이 전부 저 여자 탤런트만 괴롭히고 있네(여자 탤런트가 왜 그 프로그램에 출연했는지 배경이나 이유에 대한 상상·추측을 하지 못하고 화면에 나타난 것만 보고 공감하고 있음)."

　결국 공감성이 결여된 상상력은 선이 되기 어려우며, 상상력이 없는 공감성은 결과적으로 빗나간 선의에 그치기 쉽다.

발달이라는 신화—무조건 바람직한가

　이런 식으로 보면 도덕성 발달은 어떤 경우든 바람직한 것으로 여겨질 것이다. 우리에게는 무슨 일에서건 「발달」은 좋은 것이라고 생각해 버리는 경향이 있다. 신체발육도, 언어발달도, 기술진보도, 문명발전도 모두가 보다 나은 방향으로 상승하는 것이라는 암묵적인 전제를 깔고 있다. 물론 그렇게 생각해도 문제 없는 경우도 있지만.

　그렇다면 도덕성의 발달은 무조건 바람직한 것일까. 여기서 주의해야 할 것은 그것이 누구에게, 또는 무엇에게 「좋은」 것이냐 하는 문제다.

　만약 우리가 점점 도덕적으로 된다고 할 때 그것은 누구에게, 무엇에게 이로울까. 온건파 논객이라면 「본인과 사회 양쪽 모두에 바람직하다」고 설명할 것이다. 본인과 사회의 이해관계가 일치한다면 이 말이 맞다. 그러나 이런 낙천적인 예정조화설이 간과하고 있는 것은, 양자의 이해관계가 상반되는 경우가 결코 적지 않다는 현실이다.

　과거 최고의 도덕원리로 여겨졌던 「멸사봉공」은 문자 그대로 개인을 희생해 공익에 이바지한다는 뜻이다. 이때 개인이 얻을 수 있는 것은 기껏해야 자기 만족감이나 센티멘털한 비장감 정도이지만 주위나 국가사회는 확실한 구체적 이익을 챙길 수 있다. 이 정도는 아니더라도, 가령 「효도」는 부모 입장에서는 물심양면으로 이익이 되지만 자식으로서는 기껏해야 심정적인 만족감 정도나 돌아온다.

과거에는 「멸사봉공」이나 「효도」가, 현대에는 「회사를 위해」 「가족을 위해」 「조직을 위해」 등과 같은 것들이 우리를 움직이고 있다면, 인간은 자기 만족이나 심정적 만족을 위해 상당히 구체적인 손해를 각오한다는 슬픈 현실에 놓여 있지 않은가.

그렇다. 어떤 사람의 도덕성이 발달한다는 것은 주위에 이익이 되고 국가에도 무난하고 이로우며, 본인도 자존심이나 자기 도취를 확보하는 대가로 이해되므로 누구에게나 박수받는 일이다. 그러나 이는 당사자가 기꺼이 동의한 가운데 사회로부터 이용·착취당하는 것에 다름아니다. 좀더 노골적으로 표현하면 도덕성이 발달하면 할수록 세상으로부터 집중공격을 당해 먹이감이 될 가능성이 커지는 것이다.

「전부 용서하라. 언제나 진실을 말하라. 남이 원하면 주어라. 너를 박해하는 사람을 위해 기도하라. 오른뺨을 맞거든 왼뺨을 내밀어라」라는 도덕적 이상론을 받아들였을 때 기뻐할 사람은, 물론 주위의 이기적인 자들이다. 「많이 보시할수록 공덕을 쌓는다」는 말을 믿는 호인은 그 교단의 「밥」이 될 것이다. 「부모를 극진히 모시고 형제를 도와라」고 믿는 사람은 부모형제로부터 신뢰받고 감사의 말을 듣고 스스로도 자랑스러운 기분을 느낄 것이다. 그러나 그뿐이다. 조금 무형의 보상을 받는 대신 에너지와 돈을 수탈당하는 것에 지나지 않는다.

그러고 보면 악인일수록 자기는 제쳐두고 상대에게만 도덕을 기대한다. 「흠, 네가 그렇게 도덕적이라면 나를 냉정하게 박대하지는 않겠구나」는 식이다. 도덕적이란 것은 말하자면 「오리가 파를 등에 짊어지고(오리찜을 하려는데 오리가 파를 짊어지고 온다는 뜻. 이용해 먹기에 안성맞춤)」 세상을 사는 것이나 마찬가지다.

결국 도덕을 권장하는 것은 주위의 부도덕한 인간들을 살찌우는 결과도 초래한다. 확실히 부도덕한 부류가 어느 시대건 살아남는 것은 희생양, 즉 선량한 사람들 덕분인지도 모른다.

극단적으로 이타적인 태도나 극단적으로 이기적인 태도가 둘 다 바람직하지 않은 것처럼, 너무 도덕적인 것은 지나친 부도덕과 마찬가지로 세상에 적응하는 데 실패하기 쉽다. 뿐만 아니라 결과적으로 공익에 반하는 길로 빠질 수 있다. 그런데도 도덕성은 발달시켜야만 하는 것일까.

최소한 이는 공정하지 못하다. 어느 한쪽만 남을 배려하는 게 좋을 리 없다. 교활한 사람은 이익을 얻고 도덕에 손발 묶인 사람은 바보가 된다면 그 자체가 반도덕적 현상이다. 가장 높은 수준의 도덕이라면 그런 부조리를 용납하는 형태는 아닐 것이다.

「어떤 사람의 도덕은 다른 사람의 악을 조장한다」는 역설을 어떻게 해결해야 좋을까. 이에 대해서도 차츰 검토해 나갈 작정이다.

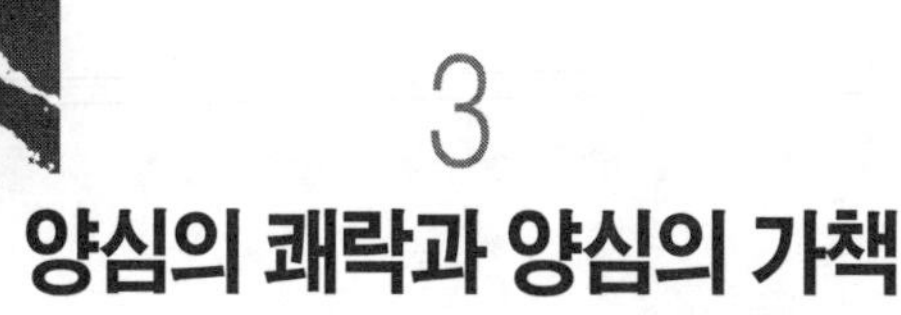

3
양심의 쾌락과 양심의 가책

양심의 가책은 가끔씩 느껴야 정상이다.
그것이 건전한 초자아를 갖추었다는 증거이고,
자기 인지가 부정확해지지도 않으며,
규범 · 가치관 면에서도 세상에서 통용되는 범위를 벗어나
극단으로 달리지 않는 길이다.

본문 중에서

환경에 따라 성격이 달라질까

여기서는, 왜 일부 사람들은 적응 가능한 범위를 초월하여 선인이 되는가 하는 문제를 다루겠다. 쉽게 말하자면, 손해를 보고 세상 사는 데 지장도 받으면서, 길에 침 뱉는 일이나 아무 데서나 소변 보는 것은 말할 것도 없고 사소한 거짓말까지도, 나쁜 일이라면 도대체 조금도 하지 못하는 도덕적인 인간은 어떻게 형성되는 것일까 하는 문제다.

흥미로운 것은 동서고금을 막론하고 인간집단이 일정 규모 이상이 되면 반드시 한쪽 극단에 선인으로 불리는 사람들이 나타나고, 또 반대편 극단에는 못 말리는 악인이 출현한다는 사실이다. 선하고 악한 정도를 기준으로 하면 인간은 정규분포(쉽게 말해 종 모양으로, 양극단은 소수이고 한가운데의 그저그런 사람들이 최대다수) 형태를 나타낸다. 하긴, 키·체중·근력·지능지수에서 분노하는 정도에 이르기까지 모든 생물에서 측정 가능한 것은 전부 「종형(鐘形)분포」, 즉 벨 커브(bell curve)를 나타내지만.

선이나 도덕이 가정·사회의 가르침을 몸에 익혀가는 사회화의 결과라면 지나치게 사회화된 사람이 소수, 그저그런 사람이 다수, 사회화에 실패한 사람이 소수라는 이야기가 된다.

그러나 앞에서 소개한 「가정교육의 역설」을 감안하면, 주위에서 너무 열심히 가르쳤기 때문에 아이가 과잉사회화 됐다고 보기는 어렵다. 열심히 가르치지 않아도 「선한 아이」가 되는 경우도 있는 것이다. 게다가 아주 일찍 비행을 저지르는 몇몇 아이를 제외하면 대다수 불량아동은 사춘기 이후에 본성을 드러낸다. 그때까지 접한 양육·교제·교육에 의한 사회화 기회나 정보는 「보통 아이」를 대상으로 한 것으로 균등하고 공통적이며 다양·방대한 것이었다.

반대로 품행이 반듯한 성인군자 같은 사람도 사춘기 이후에 그런 특징이 두드러지게 나타나지만, 그렇다고 해서 자란 환경이 주위의 속물들과 전혀 달랐던 것은 아니다. 옛날과 달라서 특히 도시의 중산층 자녀들(부모가 유달리 이상한 사람만 아니라면)은 사춘기가 될 때까지 접촉하는 외부 정보의 질이나 양이 다양·방대하기 때문에 거의 균질화돼 있다고 볼 수 있다. 그럼에도 불구하고 어느 사이엔가 「선한 아이」 「나쁜 아이」 「보통 아이」로 갈라지는 것이다.

요즘 아이들이라면 거의 전부가 〈호빵맨〉이나 〈드래곤 볼〉 같은 만화영화를 보며 자란다. 모두 착한 사람이 활약하다가 최후에 악인을 물리치고 행복한 결말을 맺는다는 줄거리다. 그러고 보면 2차대전 이전의 옛날이야기나 전후의 〈홍공작(紅孔雀)〉〈피리 동자〉 같은 라디오 드라마, 영화들도 기본적으로 권선징악으로 짜여져 있다. 그런데도 불구하고 사춘기 이후에는 호빵맨처럼 착한 사람에서부터 호빵맨 흉내내기에 실패한 사람, 심지어 세균맨(호빵맨 만화에 나오는 악인)을 닮은 사람까지 나타난다.

온갖 정보를 똑같이 접했음에도 불구하고 결과가 다른 것은 어떤 모델을 골라 학습했느냐 하는 주체의 「선택」 문제이기도 하다. 아니, 보다 안타까운 것은 모두가 호빵맨을 닮고 싶어하지만 실제로 닮는 아이가 있는가 하면 아무리 해도 안 되는 아이도 있다는 사실일는지 모른다.

사회화 효율의 차이 때문에 같은 사회나 문화, 비슷한 가정인데도 제각각 다른 사회화 결과를 초래하는 것은 아닐까. 규범이나 가치관 교육을 빠짐없이 받는다 하더라도 그것을 고루 받아들여 정착시키는 자질이 있는가 하면 표면에 살짝 도금만 하는 자질도 있다. 애초부터 받아들이길 거부하는 성질부터 너무 열중한 나머지 세뇌되고 마는 성질까지 있다.

사회화 효율은 조건부여가 용이한 정도와 관련이 있다.

유명한 I.파블로프는 조건반사를 연구하던 중 개에게는 「조건부여는 쉽지만 소거하기 곤란한(금방 받아들이는) 유형」 「조건부여도 쉽지만 빨리 소거되는(금방 잊어버리는) 유형」 「조건부여는 어렵지만 일단 받아들이면 소거하기 곤란한(끈질긴) 유형」 「조건부여도 어렵지만 일단 받아들이고 나서도 금방 소거되는(전혀 받아들이지 못하는) 유형」이 있다는 데 흥미를 느꼈다.

사람도 비슷해서, 예를 들면 엄마들은 "아무리 타일러도 통 말을 듣지 않아요"라거나 "그렇게 혼나고도 하룻밤 자고나면 또 마찬가지예요" "한번 빠져들면 헤어나질 못해요" 등으로 자기 아이를 평가한다.

그러나 조건부여가 용이한 정도, 즉 컨디셔너빌리티(condition-ability)에는 여러 가지 측면이 있다. 특히 인간에게는 먹이와 벨소리만 조건부여의 항목일 수 없다. 참는 훈련, 자기 주장을 펴는 훈련, 위험을 피하는 훈련, 상대가 나를 받아들이도록 하는 훈련, 언어구사 훈련 등 다양한 사회학습 측면이 있다. 이 모두에서 높은 학습효율을 나타내는 팔방미인 우등생도 있지만, 위험 회피는 곧잘 하면서도 자기 주장을 펴는 방법은 좀처럼 익히지 못하는 식으로 들쭉날쭉인 아이가 압도적으로 많기 마련이다. 이것이 비슷해 보이는 아이들이 어른이 되면 제각각 다른 성격을 나타내는 원인 중 하나임에 틀림없다.

예를 들면 공부는 잘하는데 말주변이 없는 A청년과 붙임성이 좋아 인기가 높지만 위험을 감지하는 능력이 부족해서 하는 일마다 실패하는 B청년이 있다고 하자.

그렇게 된 원인에 대해, A는 자랄 때 엄마가 교육에 열성이었지만 언어환경만은 제대로 갖춰주지 못했고, B는 사람 사귀는 방법은 열심히 가르쳤지만 「위험하단다」「조심해야 돼」는 전혀 가르치지 않았기 때문이라는 식으로 양육환경 탓으로 돌리는 것은 어처구니 없는 일이다.

그보다는 A는 유독 남과 대화하는 면에서의 학습효율이 처졌고, B는 위험 회피의 조건부여가 잘 되지 않는 기질을 지녔기 때문이라고 해석하는 것이 훨씬 실제 현상에 부합한다. 똑같은 가정, 같은 부모 밑에서 자랐고 나이차도 별로 안 나는 데다 한 핏줄, 동성일지라도 A와 B 정도의 차이는 얼마든지 나타날 수 있기 때문이다.

착한 아이가 바라는 보상

그렇다면 아이의 내부에서 특히 도덕성·내적 규범·준법성 등의 정착에 관여하는 요인은 어떤 것들일까. 다시 말해 어떤 아기가 장래에 「인간말종」 아니면 「멋진 선인」이 될 가능성이 높은 것일까.

이 점을 검토하려면 먼저, 도덕이나 규범은 본래 거의 예외없이 지시나 명령 형태로 내면화한 것임을 주목하지 않으면 안 된다. 많은 경우 「무조건 따르라」고 강제하는 형식이다. 이는 부족사회의 규칙이나 모세의 십계명부터 칸트 시대 이후도 마찬가지다. 아마 "왜 그런 것을 지켜야 하지?"라는 말대꾸를 들으면 곤란해 지기 때문일 것이다.

요즘에도 예를 들면 사창가를 드나들다 잡혀온 중학생이 "아무한테도 피해를 주지 않았는데 왜 죄가 되나요. 이런 건 개인의 자유 아닙니까?"라고 물고 늘어지면 말문 막힌 경찰관이 "이 바보야, 옛날부터 나쁜 짓은 나쁜 짓이야"라고 무조건 꾸짖고 보는 장면을 심심치 않게 볼 수 있지 않은가.

즉 부모나 윗사람·교사·연장자가 이렇다 할 설명 없이 주입하는 대로 순종하는 아이일수록 규범이 잘 정착한다. 말하자면 「순진하고 착한 아이」인 것이다. 따라서 선량한 사람은 도덕적인 동시에, 대체로 예절 바르고 전통을 지키며 관습·윗사람·연장자 등을 의심없이 따르는 경향을 띤다(순종적이거나 지배하기 쉽거나 「죄 없는 어린 양」이라고 불러도 되겠다).

일부 독창적인 천재를 제외하면 학자·전문가도 기존의 학설을 순진하게 흡수하는 사람이 많으므로 그들 역시 자랄 때 순진하고 착한 아이였을 것이다. 그렇기 때문에 성인이 되어서도 권위에 약하고 정설로 통하는 것은 의심하려 들지 않는다. 고학력자 대다수가 그렇다. 지시사항이나 교과서·참고서를 의심하거나 따지지 않고 통째로 받아들이지 않으면 잇따른 시험들을 도저히 통과할 수 없는 구조이니까.

무조건적인 지시라고는 하지만, 암묵적으로는 「순종하면 이러이러한 보답이 있고 순종하지 않으면 이러이러한 벌이 있다」는 채찍과 당근이 조건으로 제시돼 있다. 하긴 「거짓말하지 마라. 그러나 거짓말해도 별 탈 없고, 정직해도 그뿐이다」라고 한다면 상대방의 뇌 속에까지 침투시키는 것은 도저히 무리다. 대체로 「잘 따르면 귀여움받고 따르지 않으면 경친다」는 조건 딸린 명령구조가 뒷받침돼 있다.

칸트는 이러한 심리학적 사실이 마음에 들지 않았던 듯 철학적인 수사를 동원해 어떻게든 감춰보려고 『실천이성비판』을 저술했다. 아마도 그 자신 품행이 훌륭하고 순수한 사람이었기 때문에, 도덕이 순수하지 못한 교환조건이 딸린 명법(命法)이라고는 도저히 생각하기 싫었던 것 같다.

순종한 데 따른 「당근」을 통해 강화하기 쉬운 아이와 순종하지 않았을 때의 「채찍」에 민감한 아이는 발달과정에서 규범이나 규칙을 뇌 속에 잘 침투시킬 것이다. 그렇다면 순종했을 때의 당근이란 구체적으로 어떤 것일까.

보통, 아이가 어른의 말을 잘 듣고 순종할 때 받는 보상은 부모나 주위에서 아이를 감싸주고, 사랑하고, 칭찬하고, 기뻐하고, 신뢰하는 대인적 이익이다. 부모가 설마 서커스단의 조련사처럼 아이가 착한 일을 할 때마다 얼음사탕이나 물고기를 주지는 않을 것이다.

여기서 문제가 생긴다. 서커스단의 동물이든 아이든 얼음사탕이나 물고기로 고픈 배를 채운다는 점에서는 똑같이 「사탕」으로 작용하지만, 「감싼다」거나 「칭찬한다」에 이르러서는 아이에 따라 흡족해하는 정도가 다르다. 개체에 따른 강화치(强化値)의 차이가 큰 것이다.

어떤 아이는 어른들로부터 감싸지고 사랑받으려는 필요성을 강하게 느끼기 때문에 「착한 아이」가 된다. 다른 아이는 부모가 자기를 감싸거나 꺼려하는 데 구애받지 않고 마음대로 행동하는 것이 좋다고 생각하기 때문에 「틀에 박힌 착한 아이」로 자라지 않는다. 부모가 아이의 태도나 행동 경향에 따라 차별대우하지 않는 이상적인 인간형일수록 아이는 타고난 기질대로 발달한다.

특히 부모나 교사로부터 인정·평가받기를 열망하는 아이일수록 더욱 「착한 아이」가 되지 않을 수 없다. 이런 경향을 정신과의사 R. 크로닌저는 보상의존성(reward dependency)이라고 명명했다. 여기서 말하는 보상은 즉물적 이익이나 관능적 쾌락이 아니라 주위 사람으로부터 친밀하고 호의적인 애착반응을 얻는 것을 말한다.

크로닌저에 따르면 보상의존성이 높은 사람은 「남의 정서적 지지나 친밀함을 매우 필요로 하며, 대인적 신호에 민감하고 인간관계의 힘에 잘 반응」하는 데 비해 낮은 사람은 「남의 일에 관여하지 않고 자기 기분을 드러내지 않으며 혼자 있는 것에 만족한다. 혼자 행동하며 실질적이고 자기 결정적인 기질이다. 야심도 없고 남을 기쁘게 하는 데도 흥미가 없다」고 설명한다.

보상의존성이 높을수록 주위에 신경을 많이 쓰며 상대의 기분에도 민감하다. 독선적이고 완고한 도덕가를 제외하면 일반적으로 선인으로 불리는 사람들은 주위나 세상에 대한 겸양과 배려가 많은 유형이다. 그들이 매우 필요로 하는 「친밀함과 양호한 관계 유지」는 훌륭한 보상, 즉 「사탕」으로 기능한다. 「착한 아이」가 되지 못하는 순간 그들은 주변으로부터 호감을 잃어버릴 수 있다. 따라서 평생 신경써가며 선인으로 남아 있지 않으면 안 된다.

드물게는 친밀함과 양호한 관계 유지를 절실히 원하는데도 이를 확보하는 데 필요한 붙임성이나 도덕성 훈련이 부족한 사람도 있다. 이 경우는 발달기에 매우 굴절된 인격이 형성되기 쉽다. 언제나 부모나 윗사람의 안색을 살피며 신경을 쓰지만 표정에서부터 하는 일 하나하나가 도대체 어색하기 짝이 없다. 도무지 매력을 주지 못한다. 이들은 남들이 사랑하고 감싸주길 절실히 바라지만 그렇게 되기 위한 교환조건을 갖추지 못했다. 이것이야말로 비극이다. 인상이 좋고 요령만 있다면 다소 성질 나쁜 사람이라도 간단히 사랑받을 수 있는데 말이다. 하느님이나 부처님이 있다면 이런 일이 벌어지진 않을 텐데.

아이에 따라서는 어른 말씀을 잘 듣고 순종해도 당연하다는 듯 칭찬해 주지 않으면 주목을 끌기 위해 아예 「나쁜 짓」을 해버리려는 모험주의자도 있다. 이것이 아이가 불량해지는 동기를 주의환기

(attention-getting)로 보는 입장이다.

그러나 아이의 나쁜 짓을 보고 기뻐하거나 칭찬하는 정신나간 부모가 아닌 한, 나쁜 짓을 주목한 이후에는 꾸지람과 벌, 혐오가 따른다. 부모의 주목은 바라지만 꾸지람·벌·혐오는 감당하기 힘들므로 제대로 된 아이라면 주목은 받되 꾸지람은 받지 않는 다른 고차원의 방법을 강구할 것이다.

예를 들면 몸이 아프다(주목받고 보살핌도 받는다), 남을 웃긴다(주목받고 주위 사람들도 즐거워한다)든가, 재능을 타고난 아이라면 뛰어난 재주를 가끔씩 선보이는 일(주목받고 칭찬과 기대를 모은다)도 가능할 것이다. 이런 해결책도 찾지 못하고「친밀함과 양호한 관계 유지」도 포기한 채 꾸지람과 혐오 같은 부작용을 각오하고 무작정 주목만 끌고자 한다면 계속「나쁜 아이」가 될 수밖에 없다. 이것 역시 좀 가여운 경우다.

벌에 대한 두려움과 도덕성의 발달

그러나 규범을 잘 받아들이고 못하고는 당근에 의한 보상효과에만 좌우되는 것은 아니다. 규칙이나 계율은 원래 그것을 어길 경우를 대비해 마련한 벌칙을 통해 구성원을 통제한다. 도덕이나 법률이 음울하고 딱딱한 인상을 주는 것도 지키지 않을 경우에 가해지는 채찍과 관계 있다.

채찍이, 주변 사람들이 나에 대한 호감과 애정을 거둬들이는 것이

라면 이야기는 앞서 말한 보상의존성 문제로 돌아간다. 그러나 보
상의존성이 낮은 사람에게 이런 채찍은 별 효과가 없다. 좀더 적극
적인 방법, 즉 주위로부터 경멸·적의·혐오·공격을 받는 채찍이
라면 대부분의 사람들은 두려움을 느껴 어떻게든 그런 상황을 피하
려고 노력할 것이다. 도덕적인 인간이 되든가 최소한 부도덕하지는
않은 생활을 강요받게 된다.

좀더 노골적으로 「거짓말을 하면 염라대왕이 혀를 뽑아버린다」
「업보로 고통스러운 인간계에 다시 태어난다」「재림한 하느님한테
형벌을 받는다」라고 경고하거나 미래로 상정된 「심판의 날」을 심리
적 위협수단으로 이용할 수 있다. 상상력이 있는 순진한 사회구성
원이라면 두려움을 느껴 일상행동을 조심하지 않을 수 없다. 채찍
이나 벌 같은 불쾌한 일을 회피하려는 「부적 강화」를 통해 도덕성이
정착하는 것이다.

그렇다면 당연히 불쾌한 일에 민감한 아이일수록 이를 피하려 할
것이고, 한번 꾸지람을 듣거나 거부당한 행동은 억제할 것이다. 아
니, 그럴 가능성을 미리 예상하고 애초부터 좋지 않은 일을 하지 않
으려 애쓸 것이다. 나아가 좋지 않은 일을 머리에 떠올리는 것조차
겁낼 수도 있다. 무엇보다 「하늘에 계신 주님」은 모든 것을 꿰뚫어
보고 계실 테니까. 이런 유형의 아이는 말하자면 어느 정도의 상상
력은 갖추고 있지만 기본적으로 겁을 잘 내고 소심하며 신중한 성
격의 소유자이다.

사회 또는 부모가 금지한 것을 행하면 현세에서든 내세에서든 유
형 무형의 벌을 받을 확률이 높아지니까, 그런 불쾌감에 민감한 「벌

회피형」 아이일수록 공인된 규범과 가치관에 순종하는 방향으로 조건부여가 이루어진다.

그러고 보면 확실히 어른 중에서도 도덕가는 소심하고 겁 많고 간이 작은 데 비해 무뢰한은 뻔뻔스럽고 대담하다. 도덕가라서 소심하고 순진해졌다기보다는 원래 겁이 많기 때문에 주어진 틀이나 길을 벗어나지 못하게 됐다고 보아야 할 것이다. 또 무뢰한으로 살다보니 뻔뻔하고 대담해졌다는 인과관계도 어느 정도는 생각할 수 있지만, 이 경우엔 최초로 무뢰한이 된 시점에 대해 설명할 수 없다. 역시 원래 거친 성격이었던 탓에 심리적인 위협도 통하지 않았고, 주어진 틀이나 길이 뇌에 잘 스며들지 않았다고 보는 편이 솔직한 해석이다.

구식 성교육(순결교육이라고 불렀던)을 생각해 보자. 슬라이드나 비디오를 보여주며 "성병이나 임신은 이렇게 무서운 거예요"라고 가르치면 학급 인원 중 몇명은 벌써 덜덜 떨면서 포크댄스 시간에 이성의 손조차 잡지 않으려 한다. 그런 아이들은 원래 소심해서 그냥 내버려두어도 나쁜 짓을 하지 않는다. 반대로 아무리 슬라이드로 성병의 무서움을 일깨우고 비디오로 낙태수술 장면을 보여주어도 "괜찮아, 그런 건 남의 일이야"라며 신경조차 쓰지 않는 뻔뻔한 아이들은 대체로 불량 이성교제에 열심이다.

한편, 아이가 커가면서 벌의 내용도 육체적 고통이나 본능적 공포에서 창피함·체면·사회적 평가같이 미묘하고 섬세한 쪽으로 옮아간다. 물론 순진하고 소심한 아이일수록 그런 사회관계상의 벌에도 민감하다. 여기서도 도덕가는 수치심이 강하고 체면에 민감하며 사회적 지위에 얽매이는 데 비해 무뢰한은 창피를 모르고 무서운 것 없이 뻔뻔하게 나댄다. 어떤가. 논리에 꽤 일관성이 있지 않은가.

결국 여러 유형의 벌에 대한 감수성이 높고, 미묘한 사회적 관계·대인관계에 둔감하지만 않다면 도덕적인 인간으로 키우기는 쉽다. 여기에 앞에서 말한 보상의존성이 더해져서 주변으로부터의 애착·수용·평가를 원하는 경향이 강한 아이라면 더욱 도덕적이 될 수밖에 없다. 거꾸로 벌에 둔감하고, 대인관계가 처지고, 주위에 무관심한 세 가지 특성 중 하나라도 두드러진다면 그 아이의 도덕성 발달에 너무 큰 기대를 걸지 않는 편이 나을 것이다.

착한 일 하면 쾌감?

그렇지만 이게 전부는 아니다.

확실히 주위와의 원만한 관계를 바라고 규범에서 벗어나는 것을 두려워하는 사람은 도덕적으로 되기 쉽다. 그러나 도덕적으로 행동함으로써 얻을 수 있는 결과가 마음의 안도감이나 불안 해소뿐일까. 실제로 우리가 도덕적으로 행동했을 때는 작든 크든 자랑스럽고 고양된 느낌을 갖게 된다. 도덕적 행동에 의해 기분이 좋아지는 것이다(물론 모든 사람이 그렇지는 않겠지만).

아무래도 우리는 세상에서 도덕적이라고 말하는 행위를 하고 나면 자기 자신을 「멋지다」거나 「우수하다」고 믿는 경향이 있는 것 같다. 자기 이미지나 자존심이 훨씬 드높아진다. 「나는 이처럼 훌륭한 사람이다. 예전부터 그렇게 생각하긴 했지만 그게 또다시 입증됐다」는 식으로. 이같은 느낌은 많은 이들에게 감동을 넘어 쾌감마저 주는 듯하다. 말로는 "인간으로서 당연한 일을 한 것뿐입니다" 하며 겸손해 하지만 표정을 보면 「당연한 일을 한 것뿐」이라는 얼굴이 아니다. 아무리 봐도 득의만면한 표정이다(아니면 「인간으로서 당연한 행동」은 거의가 영웅적인 행위를 가리키는 것일지도 모르겠다).

이는 결코 위선은 아니다. 심리적으로 분석해 「그런 짓은 엄밀히 말해 일종의 위선이다」라고 단정해 버리면 세상에서 위선 아닌 선은 없다.

위선이 아니기 위해선 자기 자신만을 납득시킬 수 있는 도덕적 행위를 실천에 옮겨야 한다(이에 비해 위선은 항상 주변 사람이나 세상을 겨냥하는 몸짓이자 인상조작이다). 실천에 옮겼을 때 그에 대한 보상으로 자존심과 긍지가 고양된다고 해도 이는 탓할 일이 아니다. 지극히 당연한 담보물이기 때문이다. 하지만 눈에 보이지 않는 담보물이므로 본인은 「대가 없는 선행」이라며 뿌듯해 할 수 있다. 오히려 눈에 보이는 이익이 없기 때문에 더 큰 자기 만족감을 느낄 수도 있다. 자신을 아무 이익도 없이 손해만 보아가며 남에게 봉사하는 고결한 인간이라고 생각하면 되니까.

이처럼 자기 이미지의 고양은 내면적인 보상으로서, 주변으로부터 칭찬받는 외면적인 「사탕」과 더불어 도덕성을 유지·발전시킨다. 「주변으로부터 포용되고 평가받고 호의적으로 대우받고 싶다」는 동기와 함께 세상이 옳다고 하는 행위를 함으로써 스스로에 대한 평가를 높이고 싶다는 동기 역시 도덕적인 인간을 만드는 원동력이다.

반대로 「세상이 옳다고 하는 행위를 하는 것으로는 스스로에 대한 평가가 높아지지 않는다」거나 「세상이 옳다고 하는 것보다는 자신의 즉물적 욕구를 만족시키는 일이 먼저다」라는 사람도 있다. 이런 사람은 사회화가 곤란하거나 불충분하기도 하지만 도덕적으로 되려는 동기도 약하다고 볼 수밖에 없다.

일반적으로 주변의 호의나 칭찬을 기대하고 행하는 대외적 동기에 의한 선과, 자기 평가나 자존심 충족을 기대하고 행하는 대내적 동기에 의한 선은 명확하게 구별되지 않는다. 현실에서는 갖가지 비율로 혼합돼 행해지는 것이다. 그러나 어느 경우든 혼합비율에는 사람마다 다른 개성이 작용한다. 어떤 사람은 거의가 대외적 서비스로서의 도덕이고(말하자면 「착한 아이」 도덕), 다른 사람은 애초부터 자신을 납득시키기 위한 도덕(「자존심 도덕」)을 실천한다.

사회심리학에는 이와 관련한 개념으로 「자기 모니터링」이란 것이 있다.

M.슈나이더가 제창하고 정력적으로 연구한 주제로서 요컨대 「자신의 행동·표현과 그 장소의 상황을 점검하는 정도」라고 이해하면 된다. 자기 모니터링이 높은 사람은 자신과 상대의 변화에 민감해서 항상 이 둘을 피드백 하므로 적절한 사회행동을 능숙하게 한다. 대신 카멜레온 같다고나 할까. 상황의 추이에 따라 행동하므로 일관성을 잃기 쉽다.

반대로 낮은 사람은 일관성이야 있겠지만 상대나 TPO(시간·장소·목적)에 무관심한 외곬 「마이 웨이」 유형이 많다. 당연히 「착한 아이」 도덕 쪽에는 자기 모니터링이 높은 사람이 많고, 「자존심 도덕」 쪽에는 낮은 사람이 많다는 예측이 가능하다.

우리 주위에도 많지 않은가. 팔방미인이면서 주변 사람에게 세심하게 신경써가며 서비스하는 호인 유형과, 반대로 상대나 장소 같은 것에 개의치 않고 신념으로 똘똘 뭉쳐 정론을 관철하는 왠지 부담스러운 도덕가 유형. 말하자면 두 유형은 모니터를 너무 많이 하는 쪽과 너무 안하는 쪽의 견본이라 할 만하다.

죄책감의 역설이란

지금까지 외적인 보상이나 외적인 벌, 그리고 내적인 보상에 의해 도덕성이 발달·유지되는 측면을 살펴보았다.

이제 가장 뿌리깊고 가장 강력한 또 하나의 도덕성 정착 요인, 즉 「내적인 벌」에 초점을 맞추어보자. 이것이야말로 우리를 꽁꽁 묶어놓고, 남의 눈이 없더라도 규율하며, 때에 따라 우리를 미치게도 만드는 「초자아(超自我)」라는 수수께끼다.

프로이트의 정신분석이론에 따르면 우리는 처음에는 단지 본능적 충동의 덩어리에 불과한 「에스」(독일어 Es는 영어의 It. 영·미에서는 라틴어에서 따온 「이드」로 표기) 상태로 태어나지만, 그후 외부세계와의 접촉을 용이하게 하기 위한 조정자로서 이히(독일어 Ich는 영어의 I. 영·미에서는 「에고」), 즉 「자아」 기능이 발달한다. 동시에 부모나 사회로부터 여러 가지 규제와 금지사항을 받아들이면서 에스와 자아에 대한 감시자에 해당하는「위버이히」, 즉 초자아 (영·미에서는「슈퍼에고」)가 형성되어 간다. 초자아는 말하자면 마음속에 등장하는 염라대왕 같은 존재다. 이 초자아가 우리들의 심리나 행동을 끊임없이 감시하다가 조금이라도 궤도를 벗어나는 기색이 보이면 꾸짖는 것이다. 요컨대「양심의 가책」또는「죄책감」 이라는 일탈행동 통제장치로 보면 된다.

물론 초자아에도 개인차가 있다. 마음속에 약간만 야한 생각이 일 어나도 혹독하게 자책하는 엄격한 유형에서부터 상식 밖의 음란한 행동을 하고도「뭐 괜찮아. 남에게 피해를 주진 않았으니까」라고 넘 어가는 관용적이랄까 자기 멋대로인 유형에 이르기까지 다양하다. 자신을 거의 책망할 줄 모르는 무책임한 심리를「초자아 결핍」이라 는 용어로 설명하기도 한다.

당연한 말이지만 초자아 형성에는 양육방식이나 엄격한 정도가 관계한다고 여겨졌다.「부모가 극성스럽게 사회규범을 주입하면 엄 격한 초자아가 형성될 것이다」「부모가 너무 무르거나 일관성이 없 으면 철저한 초자아가 형성되지 않을 것이다」라는 가설이다. 그러 나 이 가설은「꾸지람의 역설」이라는 현실 앞에 설득력을 잃을 수밖 에 없다.

경험적으로 검증해 보면 나중에 초자아 결핍 또는 부도덕한 어른 이 되는 아이일수록 부모로부터 주의·지도·질책·징계 따위를 받 는 빈도가 높다. 거꾸로 성실한 어른은 대개 어릴 때부터 성실했기 때문에 부모가 극성스럽게 다루지 않은 경우가 많다.

물론 나중에 악인이 될 아이는 어려서부터 부모나 다른 감시자로부터 끊임없이 혼나기 때문에 자기 내면에 초자아를 제대로 형성할 필요조차 없었다고 해석할 수도 있다. 그러나 이 경우엔 주위에서 왜 처음부터 극성스럽게 꾸짖었는지 설명이 불가능하다. 실제는 다소 극성스러운 부모라도 아이가 얌전하고 예의 바르게 행동할 때는 무턱대고 야단치지 않는 법이다.

게다가 엄격한 초자아가 발동하는 표시로서의 죄책감·죄악감은 오히려 일상생활에서 보다 도덕적인 사람에게 더 잘 나타나고 집요하게 드러난다는 원칙이 있다. 선인일수록 자신을 책망하는 경향이 강한 것이다. 개중에는 사고나 천재지변의 와중에 자기 혼자 살아남았다는, 누구도 탓할 수 없는 일에서까지 죄책감을 느낄 정도로 스스로에게 엄격한 선인도 있다. 부도덕한 인물이라면 "흐흐흐. 나 혼자 살아남았군. 역시 나는 운이 좋아. 죽은 자들은 운이 나빴던 거야"라고밖에 느끼지 못할 것이다(물론 입으로는 "정말 참담한 심정입니다. 부디 명복을 빕니다"라고 갸륵한 척하겠지만 마음속으로는 남의 슬픔 따위는 아랑곳없다).

결국 남에게 피해를 준 적도 없는 선량하고 근엄한 인물일수록 죄책감을 잘 느끼는 반면, 폐 끼치기를 밥먹듯 하고 극악무도한 짓도 서슴지 않는 자들일수록 「양심의 가책」이 희박한 법이다(입으로만 자신을 책망하고 교도소에서도 잠을 잘 자는 자들. 「악한일수록 잠을 잘 잔다」는 말도 있다).

이를 「죄책감의 역설」이라고 이름붙여 두자. 역설이라는 이유는 죄책감·죄악감·양심의 가책 같은 것들이 정작 필요한 악인에게는 희박하고 불필요한 선인에게는 다량으로 나타나기 때문이다.

　그러나 이것만으로는 이론이라 하기 어려운 만큼, 무언가 이치에 맞게 하려다 보니 다음과 같은 해석이 도출됐다.

　악인은 정상인이라면 죄책감을 느꼈을 만한 못된 짓을 지속적으로 해왔다. 아무리 그들이 양심의 가책을 느끼지 않는 것처럼 보인다 해도 무의식에서는 반드시 스스로를 책망할 것이다. 그 증거로, 그들은 「골통」 짓을 해서 자신을 위험에 빠뜨리거나 경찰에게 「날 잡아가쇼」 하듯이 위법행위를 되풀이하기 때문에, 결과적으로 사회의 따돌림이나 사고·형벌을 자초함으로써 스스로를 벌주지 않는가,라는 해석이다.

　이것이 정신분석학이 자랑하는 「무의식에 의한 자기 처벌 희망설」이다. 하지만 이것으론 충분하지 않다. 아직 검증되지도 않은 「악인도 본래는 정상적인 인간이었다」는 가정에 기초하고 있기 때문이다. 어쩌면 그들은 원래부터 「비정상」일지도 모르는데 말이다.

　일반적으로 지식인이나 전문가는 불량배·흉악범보다는 착한 아이 또는 우등생 가운데서 많이 나온다. 때문에 자신과는 기본 체질부터가 다른 사람들의 실상을 잘 느끼지 못한다. 작가나 저널리스트도 감수성 많은 문학청년 중에서 많이 나오기 때문에 세상에는 자신과 생리적으로 이질적인 종족이 있다고는 좀처럼 상상하지 못한다.

　여기서 「그런 끔찍한 일을 저지르고 말았군. 나라면 나중에 엄청 자책했을 거야. 그도 나와 똑같은 인간이니까 마음 한구석에선 반드시 자신을 책망하고 있음에 틀림없어」라고 추측해 버리는 것이다. 물론 그자도 「인간」이지만, 인간이란 존재는 실제로는 대단히 범위가 넓다. 모범생이나 문학청년만 배출되는 것은 아니다.

따라서 무의식에 의한 자기 처벌 희망설은 아무래도 좀 이상하다. 과거, 공장에서 사고를 잘 일으키는 일부 노동자를 「사고경향성 (accident prone)」이라고 해서 「무의식적으로 자신에게 상처를 입히려는 정신병 탓」이라고 해석하는 풍조가 유행한 적이 있다. 그러나 연구 결과 전혀 아무것도 아닌, 단지 보통사람보다 주위가 산만한 노동자였을 뿐이라는 사실이 밝혀졌다. 지나치게 빙빙 돌려서 문학적인 심리분석을 일삼다가는 실체가 검증되는 순간 큰 창피를 당한다는 교훈이다.

그러니까 나쁜 짓을 하고 태연한 인간을 보더라도 있는 그대로 받아들이는 게 낫다. 「자신의 잠재적인 죄책감을 덜어보려고 언젠가는 붙잡혀 감방에 가게 되기를 무의식적으로 희망하는 거다」는 식으로 한껏 상상력을 펼쳐 수수께끼라도 푼 것처럼 호들갑을 떨면 곤란하다. 다시 말해 극히 일부인 굴절된 내향형 범죄자를 제외하면, 범죄가 발각되고 처벌당하는 일은 악인들에게는 뜻하지 않은 결과일 뿐 「무의식적인 목적」 때문이 아니다.

양심의 가책을 많이 느낄수록 도덕적인가

선인일수록 가책을 많이 받고 악인일수록 적게 받는 게 역설이라고는 하지만 따지고 보면 당연한 일이다.

원래 양심의 가책을 쉽게 받는 심리인격구조를 가진 사람은 기본적으로 가책을 받을 만한 나쁜 짓을 저지르지 않는다. 때문에 사소한 「나쁜 짓」에 대해서도 과민하게 반응한다. 살인·강간·강도·절도는 물론 배신·불륜·거짓말에 이르기까지 나쁜 짓을 저지른 적도 시도해 본 적도 없으므로 길에서 백 원짜리 동전을 주웠다가 파출소에 전달하지 않은 일에조차 양심이 찔릴 정도로 과민해진다. 그 때문에 점점 더 나쁜 짓을 하기가 곤란하다.

이와 반대로 상습적인 강도범은 강도질에 못 미치는 악행 따위는 아무렇지도 않게 여긴다. 일이 잘못되어 상대를 죽였을 때 비로소 뒷맛이 개운치 않은 정도의 「가책」을 느낀다. 그나마 몇 사람을 살해한 후에는 오히려 강간이나 강도는 선행처럼 여기게 될지도 모른다. 목숨만은 살려주었으니까.

초자아나 양심의 가책은 일종의 짐이다. 이것이 부담되는 것은, 언제 어디서나 우리의 내면에서 우리를 지켜보기 때문이다. 그러나 동시에, 이런 내면의 감시기구 덕분에 사회는 구성원 한 사람 한 사람을 일일이 미행하고 감시하지 않아도 된다. 말하자면 각자의 뇌 속에 작은 파출소가 설치되는 것이다. 그러나 일부는 왠지 몰라도 설치에 실패하고, 또 다른 일부는 뇌 전체가 FBI(미 연방수사국)처럼 되어 버린다.

양심의 가책이 생기기 위해서는 항상 자신이 하려고 하는 것, 현재 하고 있는 것, 과거에 행한 것과 머릿속에 심어진(그것이 DNA 탓이든 문화나 부모 탓이든간에) 규범·가치관과의 상호조응을 반복하는 일이 필요하다. 이 양자간에 허용범위를 넘어선 불일치가 발생할 때 경고신호가 울린다. 그리고 보통의 경우 사고나 행동을 바꾸거나 고침으로써 양심의 가책을 덜어보려고 하며, 경고신호가 멈추면 조정작업도 끝난다.

여기서 주의할 것은 사람에 따라서는 자기가 하려고 하는 것, 현재 하고 있는 것, 과거에 행한 것을 일부러 왜곡함으로써 경고신호를 멎게 하는 일이 가능하며, 머릿속에 심어진 규범·가치관을 변형시켜 경고신호를 해제하는 일도 가능하다.

두 가지 중 어느 한쪽이라도 즐겨하는 사람은 대개 독특한 성격이나 개성을 발전시키게 된다.

예를 들어 자기를 비틀어 인지하는 유형은 스스로에 대해서는 편리한 대로 이해하거나 과거 기억을 왜곡하는 반면에 규범이나 가치관은 극히 정상적인 상태를 유지한다(이는 매우 일반적인 현상이다). 신념이나 가치관은 극히 전통적이고 착실한데도 과거 자기가 저지른 비열한 짓에 대해서는 정확하게 기억하지 못하는 것처럼 보이는 경영자가 있다면 이런 유형이다.

규범을 변형하는 버릇이 있는 유형은 자기만의 괴상한 신념체계를 구축하는 경향이 있지만, 그럼에도 불구하고 자신의 의도나 소행에 대해서만큼은 정확하게 인지하고 있다. "흠, 확실히 그 여자를 속여먹었어. 돈도 받았고 말이야. 내 덕에 반년 동안 달콤한 꿈을 꾸었으니 그녀로서도 소원을 이룬 셈이지. 그 대가도 치른 셈이고"라고 뻔뻔스럽게 큰소리치는 사기꾼이 그런 예다.

프로이트로 하여금 「죽음에의 충동」을 가정하게 했던 인간의 가학 경향의 한 예로, 자신에 대해 정도 이상으로 똑부러지게 인지하면서 규범·가치관마저 대단히 엄격한 유형도 있다. 그 결과 양심의 가책, 즉 경고신호가 시도 때도 없이 울려대는 통에 정신건강이 나빠지는 것은 당연하다. 자신의 과거 소행에 대해 엄격한 기준을 들이대고 책망하기 때문에 줄곧 후회·자책·속죄 욕구 같은 자학적 감정에 시달리게 된다. 무엇보다 과거의 일은 변경 자체가 불가능하기 때문에 언제나, 언제까지나 이「자책 게임」은 되풀이된다.

사회심리학에서 말하는「인상조작」의 관점에서 보면 이러한 자책 게임은 주변을 향해 자신의 높은 도덕수준을 간접적으로 과시하는 일로 해석된다.

인상조작은 자신을 주변에 어떻게 인지시키는가 하는 목적행동을 말한다.「나는 이렇게 스스로를 책망할 정도로 엄격한 도덕기준을 갖고 있답니다」고 호소하고 싶은 것이다. 굳이 그러지 않아도 될 일을 하고 있으니 이상한 병이랄 수 있다.

애들러 심리학에 따르더라도 자신을 지나치게 책망하는 것은「자책하고 괴로워하기만 함으로써 적극적으로 살아야 할 의무를 면제받으려는 술책」으로 해석될 수 있다.

어느 경우든 상식을 벗어날 정도로 심한 양심의 가책은 근본을 따져보면 병이거나 비겁함이므로 그리 자랑할 일이 못된다.

결국 양심의 가책은 가끔씩 느껴야 정상이다. 그것이 건전한 초자아를 갖추었다는 증거이고, 자기 인지가 부정확해지지도 않으며, 규범·가치관 면에서도 세상에서 통용되는 범위를 벗어나 극단으로 달리지 않는 길이다.

사회화지수와 반성·후회의 관계

독자들도 사회화나 준법성의 정도가 사람에 따라 대단히 넓은 스펙트럼을 갖고 있어서 그야말로 극에서 극까지라는 점을 새삼 느꼈을 것이다. 당연히 사람들이 나타내는 사회행동의 특징도 상당히 다양하다.

한쪽 극단에는 신념에 찬 성인군자가, 다른 한쪽에는 못 말리는 극악무도한 자가 있으며, 그 한가운데를 중심으로 압도적인 다수의 평균적인 속인들이 분포한다. 이처럼 선악이나 도덕성의 척도를 일차원적으로 표현할 수 있다면 정확성은 별도로 하더라도 설명하기는 편리하다.

이를 사회학자 R.S.케이반은 「행동연속체」라고 이름붙였다. 그에 따르면 사람은 현 사회의 가치·규범에 동조하는 정도에 따라 「일탈적 반(反)문화 – 동조부족 – 정상동조 – 동조과다 – 과다동조적 반문화」라는 일차원으로 분류할 수 있다. 원래 그는 7단계로 나누었지만 너무 번거로우므로 여기서는 5단계로 줄여 소개하겠다.

케이반은 사회학자들이 종종 범하는 성급한 오해에 기초해 성도착증세마저 사회가치에의 동조부족 탓으로 돌리고 있지만, 이는 수정되어야 한다(사디즘이나 쾌락살인을 제외하면 대부분의 성도착은 일탈적이라기보다는 내성적인 신경증 유형에서 많이 발견된다).

케이반의 행동연속체, 다시 말해 「사회화 연속체」를 일람표로 만들어보았다.

이 표를 통해 주위 사람들의 사회화 정도(사회화지수)를 채점할

	일탈적 반문화	동조부족	정상동조	동조과다	과다동조적 반문화
사회화지수	0	50	100	150	200
주위의 반응·대응	비난·거부	훈계·경고		무시·경원	거부
본인의 자의식	모든 가치 거부 무법자	품행 불량	적당한 가치 존중	품행 단정	가치 절대화 자신만의 의인
위법행위의 예	강도	절도	눈속임	빚지기 싫음	남의 부정도 고발
성생활	강간 가능	난교	드물게 불륜	정조 고수	독신주의
기호품	약물 중독	가끔 약물	음주·흡연	자극물 회피	타인의 사용도 반대

<표1> 사회화 연속체

수 있다.

예를 들면 술꾼에다 경마를 좋아하는 아버지는 70점 정도, 집에서 고생하는 어머니는 140점, 독실한 목사인 형은 190점, 폭주족인 사촌은 25점이라는 식으로 말이다.

이렇게 보면 인간은 태어날 때는 분간이 안 되지만 그후 십수 년만 지나면 0점 인간에서부터 200점 인간까지 광범위하게 분화해 간다는 사실을 실감할 수 있다.

그러나 종전에는 별로 주목받지 못한 것이 「현실」이다. 누구나 의도적으로 「도덕적으로 되어야지」라고 결심하고 사회화과정을 받아들여 도덕성을 발달시키는 것은 아니라는 점이다.

성인 대다수는 「문득 생각해 보니 내가 고고한 선인이 돼 있더라」라든가 「나도 모르는 사이에 주변으로부터 악인 취급을 받게 됐다」고 깨닫는다.

물론 청소년 중에는 신약성서나 논어에 감명받아 「도덕적으로 살아야지」라고 결심하는 경우도 있지만, 그러한 결심을 했다는 자체가 그 이전에 예비단계로서 잠재적인 규범의식이 길러졌다는 것을 나타낸다. 또「지금까지 나는 비윤리적인 생활을 해왔다. 나 스스로도 용서할 수 없다. 이제부터는 새롭게 살리라」고 반성한다면, 원래 갖고 있던 훌륭한 초자아가 발동했기 때문이라고 볼 수 있다.

거꾸로 셰익스피어가 묘사한 리처드 3세처럼「좋다, 이제부터 악인이 되겠다」고 결심한 뒤 비행을 저지르거나 범죄에 손대는 사람은 거의 없다. 악인들은 이리저리 제멋대로 살다가 어느날 정신을 차려보니 타락할 대로 타락해 있더라는 경우가 대부분이다.

이와 관련해「반성」과「후회」의 차이점을 생각해 보는 것도 의미 있다. 보통 반성은 그 이후의 행동을 수정한다는 전제 아래 과거를 건설적으로 총괄하는 것인데 비해, 후회는 단지 과거의 실패를 자인하고 안타까워하는 심리다. 후회는 자신을 바꿀 의사도 능력도 없으므로 반성과는 사뭇 다르다. 입으로는「반성했습니다」라고 말하더라도 현실적으로 행동을 고치지 못한다면 양두구육(羊頭狗肉)에 지나지 않는다.

일반적으로 선인은 자주 반성하는 데 비해, 악인일수록 반성은 하지 못하고 후회만 한다.

4

정의는 얼마만큼 도덕적인가

권력을 가장 증오하는 사람은 권력에 가장 관심이 많은 사람이고,
그들 태반은 「남의 권력은 너무나 싫고 나의 권력은 너무나 좋다」는 유형이 아닐까.
이처럼 정의라는 것도 이면을 들여다보면 아주 치사한 것임을 알아야 한다.
정의는, 약자를 이지메하는 데도 대단히 실용적이다.
사고가 난 후 피해자가 「성의를 보여라」는 말을 반복하면서
가해자에게 따지고 드는 상황과 매우 비슷하다.

본문 중에서

선인이냐, 의인이냐

도덕이나 선악과 밀접한 주제로 「정의」와 「종교」를 들 수 있다. 이 책에서 굳이 옳으니 그르니 시시콜콜 따질 문제는 아니지만, 선이나 도덕에 정열을 쏟다보면 정의나 종교의 영역으로 넘어가는 경우가 많으므로 잠깐 샛길로 접어들겠다.

선인과 의인이라는 두 단어의 이미지를 떠올려보자.

선인이라고 하면 다소 얌전하고 독도 약도 되지 않는 그런 느낌이다. 무골호인이랄까, 법 없이도 살 사람이랄까. 이에 비해 의인은 어딘가 적극적이고 행동적인 이미지다. 예를 들어 마을사람들을 구하기 위해 직언을 하거나 용감하게 궐기하고, 부정한 세상을 개탄하며 바로잡자고 부르짖는 등 매우 공격적인 뉘앙스가 담겨 있다.

그도 그럴 것이, 선인은 나쁜 짓을 하지 않는다는 최소한의 기준만 충족시키면 되고, 어쩌다 적극적인 선행을 한다 해도 기껏해야 주변에 대한 친절, 이웃돕기, 복지사업 정도에 그친다. 그 정도의 미적지근한 행동으로는 의인이라고 불릴 수 없다. 이에 비해 의인은 일상적이고 소박한 행동은 거들떠보지도 않고 최소한 주위의 부조리와 맞서 싸운다는 호전적인 경향을 갖추고 있다.

이런 점이야말로 선과 정의의 가장 큰 차이이기도 하다.

선은 정적이고 평화적이고 일상적이고 보수적이며, 정의는 동적이고 전투적이고 비일상적이고 혁신적이다. 왜 그런가.

원래 선은 한 개인이 「나쁜 짓은 하지 말고 좋은 일을 하자」라는, 다시 말해 개인생활에 뿌리를 둔 자기 완결적인 규범이다. 이에 비해 정의는 「나쁜 것을 용서하지 말고, 좋은 것은 널리 확대하자」는 사회적인 방향성을 띠고 있어 일정 부분 남이나 세상에 대한 강압적이고 간섭적인 측면을 갖기 때문이다.

그러고 보면 「독선적」이라는 말은 있어도 「나 홀로 정의」라든가 「독악적」이라는 말은 없지 않은가. 「정의감」이라는 말도 타인의 부정에 격분해 이를 타도·박멸하고자 하는(또는 하고 싶어하는) 「의분(義憤)」의 심리다. 이와 달리 「선분(善憤)」이라는 말은 없다.

최근에는 거의 듣지 못하게 된 말이지만 「의를 보고도 행하지 않으면 용기가 없음이니라」는 말이 있다. 눈앞에 펼쳐진 상황이 옳고 그름이 명백할 때는 혹시 자신에게 불리하더라도 파사현정(破邪顯正)의 편에 서서(그냥 보고만 있어선 안 된다) 적극적으로 개입하라는 의미다. 이해득실을 따지지 않는 말이고, 확실히 용기가 담긴 말이다. 이에 비해 선은 「선인선과(善人善果)」「적선(積善)하는 집에 복이 있다」 등 요컨대 「멀리 내다본 이익 지향형」이라고 볼 수 있다.

이 때문인지 사회적으로나 시대적으로 똑같이 정당화되는 규범·가치관을 갖춘 사람일지라도 온화한 사람은 「선인」이 되기 쉽고 혈기왕성한 사람은 「의인」이 되기 쉽다. 말하자면 혼자서 묵묵히 규범이나 가치관을 지키는 사람이 선인이고, 남에게도 이를 강제하려고 공격적으로 행동하는 사람이 의인이다.

그런 까닭에 평균적인 속인들은 주의의 선인을 사랑하고 안심하고 사귀며, 때로는 그 선량함을 이용하거나 먹이감으로 삼기도 한다. 그러나 주위에 의인이 있다면 열광적으로 지지하고 복종하든가 아니면 껄끄러워하면서 경원하든가 하는 수밖에 없다.

정의의 시초는 다분히 어린아이가 터뜨리는 울화통 같은 것으로 보인다. 그 안에 원초적인 정의감 또는 의분이 담겨 있다고 인정되는 것이다. 게다가 자신과 직접 이해관계 없는 부정이라도 일단 목격하면 마음이 편치 않고, 급기야 분을 터뜨리고 만다.

부정 중에서도 특히 불합리하고 혹독한 공격자나 수탈자를 향해서는 더 분이 솟구친다. 이는 매우 불쾌한 감정상태이므로 되도록 빨리 해소하고 싶다. 해소하려면 눈앞의 부정을 단죄하는 수밖에 없다. 억울하게 당한 사람에게 보상을 베풀기보다 학대를 일삼다 미움을 산 쪽에 타격을 가하고 싶은 욕망이 더 강하다. 즉 「세상에서 정의가 사라졌다」고 절망하는 심리의 상당 부분은 피해자를 돕기보다는 가해자를 공격하고 싶어하는 열망으로 채워져 있다.

이런 경향은 아무리 나이가 들어도 남아 있는 듯하다. 노인들이 TV 시대활극을 보면서 "잘한다, 이겨라"고 응원하는 것도 이 때문이다. 시대활극에서 착한 편이 악인을 응징하지 않는다면 누구도 보려 하지 않을 것이다(약한 자를 돕는 데 그칠 뿐 강한 자를 혼낼 줄 모르는 정의의 사도는 김빠진 사이다나 마찬가지다). 어쨌든 우리가 갖고 있는 「악을 물리칠 때의 쾌감」은 상당히 뿌리깊다.

여기서, 인간이 온화한가 공격적인가는 상당 부분 태어날 때부터 결정된다는 점에 주목할 필요가 있다. 어릴 적에 얌전한 사람은 성인이 되어서도 조용하고, 유아기부터 활발하고 공격적인 사람은 커서도 적극적·전투적인 경우가 많다. 실제로 원래 얌전한 아이를 호전적으로 키우기는 어렵고, 활발한 아이를 얌전한 인간으로 개조하는 것은 거의 불가능하다(극히 일부가 사춘기쯤에 변신하기도 하지만 이는 자연적인 것이지 인위적으로 조작한 결과는 아니다).

얌전한 유형과 적극적인 유형이 한 시대의 가치관을 똑같은 정도로 흡수·정착시키며 성장하더라도 나타나는 행동에는 큰 차이가 생긴다. 전자는 「선인」이 되어 가난하거나 불쌍한 사람들에게 갖가지 도움을 주려고 애쓴다. 후자는 「의인」이 되어 불공평·압제의 원흉을 공격하는 운동을 펼치게 될 것이다.

지금까지의 역사에서 많은 「선인」들이 사회를 안정시키고 유지해 온 데 비해, 많은 「의인」들은 사회에 보복과 혁명을 가져다주었다. 양자는 사회적 기능상 상보적이면서 대조적이다.

세상이 선인뿐이라면 평화롭지만 정체된 사회밖에 만들지 못할 것이고, 의인뿐이라면 백가쟁명(百家爭鳴) 식으로 서로 물고 뜯는 사회밖에 만들지 못할 것이다. 왜 백가쟁명인가 하면, 투쟁의 당사자들이 제각각 자기 나름의 정의로 뒷받침되어 있기 때문이다.

지금까지 수천 년 동안 대다수의 선인과 소수의 지도력 있는 의인이 조합을 이룬 결과, 되도록 소수의 희생자만 내면서 그 사회의 부정과 부조리를 하나씩하나씩 해소해 왔다는 낙관적인 역사관도 가능하다. 또 역으로, 의인의 속 좁은 정열이 그 많은 전쟁을 불러왔

고, 선인의 자기 만족과 우유부단이 진보의 발목을 잡았다는 해석
도 가능하다.

그러나 「정의의 사도」가 비록 개인적인 동기에는 석연치 않은 점
이 있더라도 훨씬 더 못된 악인들을 응징해 온 것은 사실인 만큼 그
들에게 감사해야 할지도 모른다(그렇다고 해서 고마운 감정이 분석
에 영향을 끼쳐선 안 될 것이다. 별개 문제니까).

정의의 이면－르상티망

선과 의는 「노골적 이기주의나 개인적 욕망을 억제」하
는 점에서 공통적이다. 그러나 그후, 선은 「몸가짐을 삼가고 주위가
잘되게 노력」하는 평화주의인 데 비해, 정의는 「공적인 가치를 실현
하기 위해 부정을 분쇄」하는 전투주의로, 서로 다르다.

「권선징악」과 「억강부약(抑强扶弱)」이라는 두 단어를 예로 든다면
선은 주로 「권선」과 「부약」에 무게가 실리고, 「징악」과 「억강」은 처
음부터 정의의 소관이다. 이런 심리의 이면을 들여다보면, 선에는
「누군가에게 받아들여지고 싶다」는 연약한 개인적 욕구가 잠재해
있고, 반대로 의에는 「누군가를 응징하고 싶다」는 공격적인 충동이
숨어 있다. 양쪽 모두 노골적 이기주의나 개인적 욕망은 억제하지
만 감춰진 이기주의나 개인적 욕망은 여전히 작용한다.

이와 관련한 것으로, 선은 하향적이어서 불쌍하고 힘없는 사람을
도우려는 경향이 있고(친절한 사마리아인에게 「선하다」는 형용사는

어울리지만 「의인」이라는 말은 쓰지 않는다), 반면에 의는 상향적이어서 강하지만 나쁜 사람을 손보려고 눈을 부릅뜨는 측면이 있다. 이에 더해 의는 만족하는 사람·약점 있는 사람·욕심없는 사람에 더 어울리고, 정의는 불만족인 사람·질투하는 사람·자신을 주체하지 못하는 사람을 지향한다는 특징이 있다.

따라서 정의의 이면에는 르상티망(ressentiment : 프랑스어로 원한·증오·질투 같은 감정이 반복해서 마음에 쌓인 상태를 말함), 즉 원한·선망·뒷다리 잡고 싶은 기분·가능하다면 갈아치우고 싶은 바람 등이 숨어 있다. 이는 굳이 니체나 실러 같은 천재들을 언급할 것도 없이 일반적으로 쉽게 알 수 있는 원리다.

다행스럽게도 잘 나가는 자나 지배층에는 이면에 무언가 어두운 구석이 있어서, 털어서 먼지 안 나는 우월자는 드물다. 서민대중에게는, 부정한 짓을 저지르지 않고는 저렇게 성공할 수가 없다는 의심이 뿌리박혀 있다. 그 점을 쿡 찔러서 무언가 터져나오면 공격의 대의명분이 마련된다. 이를 불만족인 사람·질투하는 사람·자신을 주체하지 못하는 사람들이 그냥 보아넘길 리 없다. 그렇게 공격이 개시되면 평소의 울분이 비로소 해소되는 것이다.

그 결과 적을 깨끗이 물리친 그날, 자신들이 후임자에 올라앉는다면 그 이상 기쁜 일은 없다. 이런 유의 정의는 그 동기가 단순한 의분이라기보다는 선망(羨望)이라고 보아야 한다(그러고 보니 「義」와 「羨」은 글자도 닮은꼴이다). 목청껏 외쳐대는 정치적인 정의의 배후에는 대개 이런 「교체 희망」이 잠재해 있다. 하극상, 즉 혁명이나 반란을 꿈꾸며 정의를 남용하는 인물이 역사상 끊이지 않는 이유도

이 때문이다.

현재의 처지에 만족하지 못하는 젊은이 중에서 야망이 있고 불만 층을 조직화할 능력이 있는 자가 반체제활동이나 쿠데타 계획에 열심인 것도 수긍할 만하다. 군사혁명정권을 수립하는 장교급 군인들이나 반체제운동에 열중하는 지도자들은 앞에서는 정의로부터 이끌림받고 뒤에서는 욕구불만과 권력욕의 뒷받침을 받는 사람들이다.

원래 인간은 자신이 가장 관심을 갖는 대상에 열심히 끼여들기 마련이다. 그렇다면 반권력투쟁은 굴절된 권력 지향에 기인하며, 반포르노운동은 억누를 수 없는 외설에의 흥미가 역전된 형태일 것이다(권력도 외설도 흥미가 없다면 반대운동 같은 것은 시간낭비에 지나지 않는다).

재미있는 것은, 사회를 전복하려는 이런 계획이 성취되기 위해서는 그 사회에 불만족인 사람·질투하는 사람·자신을 주체하지 못하는 사람이 대량 준비되어 있지 않으면 안 된다는 점이다. 정의가 행해지기 위해서는 상대의 불의(不義)와 함께 같은 편이나 동조자의 불행이 전제로 깔려 있어야 한다. 혁명가들은 민중의 불행이나 불만을 이용해 천하를 노리는 것이다.

이런 점이 거꾸로 지배자에게는 교훈으로 작용한다. 자신의 안정을 유지하기 위해서는 피지배층에 불평이나 불만이 쌓이지 않도록 운영해 나가야 한다. 그러나 일단 불평 불만이 축적되기 시작했다면 외부에서 불의한 「적」을 만들어 이를 타도하는 것을 목표(즉 정의)로 삼을 필요가 있다. 누가 뭐래도 불만은 정의를 필요로 하고, 정의는 불의 또는 적을 필요로 하므로(「필요는 발명의 어머니」라는 데, 이 경우 「어머니」는 대단히 많은 자식을 낳았다).

　실제로 혁명이나 가상 적까지 만들지는 않더라도, 일상생활 속에서도 자신보다 많은 혜택을 누린다고 생각되는 상대방이 쓰러지는 것만 보아도 마치 세상에 정의가 찾아오기나 한 것처럼 가슴이 후련해지곤 한다. 이런 맛에 버릇이 들어 정의중독이 되어 버리는 딱한 경우도 있다. 말하자면 「나보다 나은 사람의 뒷다리를 잡고 싶다」는 신드롬이다.

　비록 민주적인 구조를 갖춘 집단이라 해도 비슷한 일은 발생한다. 자유다 민주다 평등이다 말해도 재능이나 인기, 운이 좋고 나쁨은 제각각 차이가 있지만, 그래도 민주적이면 민주적일수록 출발점만큼은 불공평하지 않다. 따라서 일부 뛰어난 엘리트들은 누구도 불평을 입에 담지 못한다.

　이런 사회에서도 불우한 계층은 생기기 마련이고 불평 불만을 갖게 되지만, 불만을 터뜨리기에는 대의명분이 약하다. 그래서 나타나는 것이 사소한 일까지 미주알고주알 들춰내 속죄양을 만들어내는 행위다. 비록 정의를 들고 나와 공격하는 정도에는 미치지 못하지만, 자잘한 것들을 들어 「윗사람의 다리를 잡아끈다」「아랫사람을 집단적으로 괴롭힌다」는 정의의 대체물을 다양하게 만들어내는 것이다.

　이런 행위를 금지할 경우 이번에는 「윗사람의 다리를 잡아끄는 자의 다리를 잡아끈다」「아랫사람을 괴롭히는 자를 괴롭힌다」는 형태로 발전하는 등 정의의 대체물은 끝없이 개발된다. 이 방면은 매스컴의 독무대라고도 말할 수 있다(원래 매스컴은 주체적으로 정의를 지향하기보다는 대중의 요구에 따라 그들의 울분을 풀어주기 위해 「두더지 두드려 잡기」 오락의 두더지 역할을 잇따라 찾아내 제시함으로써 미디어로서의 비즈니스를 충족시킬 뿐이지만).

　이상적인 교육·교화·세뇌를 반복하면 다음 또는 다다음 세대에서는 이런 비열한 근성은 없어지리라는 환경결정론적인 기대를 품고서, 옛 소련은 70년, 일본은 전후 반세기, 다른 나라들도 비슷하게 수십 년에 걸쳐 「멋진 교육」을 행해왔지만 이렇다 할 성과는 보이지 않는다. 기껏해야 내용은 그대로인 채 포장만 바꾼 르상티망 현상이 여전히 북적대는 모양새다.

종교는 무엇을 거래하는가

　선은 아직 개인적인 정서안정이나 납득이 목적이므로 꼭 그렇지는 않지만, 정의는 적을 필요로 하므로 상당히 정확하게 여겨지는 「정당화할 근거」가 있어야 한다.

　사실 그렇다. 남에게 친절을 베푸는 정도는 「취미랄까, 색다른 사람이랄까」 정도로 넘어가지만, 상대를 꺾으려면 그 정도로는 안 된다. 최소한 어느 정도 사회화된 사람이라면 「별다른 이유는 없지만 기분이 언짢아서 해치우고 싶었다」라고 해서야, 남은 물론 자기 자신도 납득시킬 수 없다. 그러므로 실제로는 언짢은 기분을 풀 배출구가 필요할 뿐이라 해도, 상대가 공격받아야 할 존재라는 것을 입증할 「마패」를 내세워야 한다. 이쪽은 절대로 타당하고, 상대는 결정적으로 사악한 인물이라는 권위 확립이 필요한 것이다.

많은 종교들이(교리가 본질적으로 배타적이기 때문이기도 하지만) 이런 용도에 꼭 들어맞는다. 게다가 열성적인 신자들의 바탕을 들여다보면 앞서 말한 불만족인 사람·질투하는 사람·자신을 주체하지 못하는 사람에 가까운 자들이다. 종교가 정치와 더불어 정의의 온상이 되는 것도 무리는 아니다.

그렇지만 종교가 원래부터 공격성을 발산하기 위해 창안된 것이라고 말할 수는 없다. 「구원받고 싶다」는 개개인의 실존적인 요구에 부응해 발생한 것임에 틀림없기 때문이다.

대부분의 종교가 아무 조건없이 구원을 약속하지는 않는다는 점에 주목할 필요가 있다. 종교의 교리는 반드시 「무엇 무엇을 행하면 구원받는다」는 조건이 붙은 구조이다. 예를 들어 「믿으면」 「귀의하면」 「기도하면」 「보시하면」 「싸우면」 「자신을 버리면」 「염불하면」 등. 이는 아마도 우리 인간이 대가 없는 보답이나 보상을 처음부터 (그때까지의 경험에 의해) 바라지 않기 때문일 수도 있고, 조건 없는 구원을 남발하면 고마운 줄 모를 뿐더러 교단이 성립할 수 없기 때문이기도 할 것이다.

「무엇 무엇을 하면」의 「무엇」은 보통 여간해선 이루기 힘든 과제들이다. 개중에는 아주 간단한 것도 있지만, 대부분은 「조금 해봤지만 효과가 없던데요」라고 불평하는 신자에게 「그건 아직 부족하기 때문이야」라고 되받아 칠 수 있는 구조로 되어 있다. 이래서야 「합격」 때까지 영원히 과제를 부여받는 꼴이므로 결과적으로는 이루기 힘든 과제나 마찬가지다.

왜 그토록 어려운 과제를 부여할까. 너무 쉽게 성과를 얻을 수 있다면 감격도 고마움도 신비성도 따르지 않기 때문일 것이다. 온갖 고생을 겪고 나서 얻은 것은 혹시 객관적으로 볼 때는 별것 아니더라도 주관적으로는 대단히 소중하다. 질이 나쁜 사람이라면, 자신이 터득한 경지가 아무것도 아니라는 것을 깨닫더라도 주변 사람들에게는 대단히 멋진 것처럼 자랑하고 다닐 것이다. 왜냐하면 자기 혼자 바보가 되는 것을 원치 않을 뿐더러, 주위에서「심리적 사기」의 피해자를 모집하는 게 현실적으로는 이익이 되는 경우(예를 들면 직업적 종교가)도 많기 때문이다.

조건 딸린 구원을 파는 쪽이든 그것에 넘어가는 쪽이든 신불(神佛)이나 세상과 거래를 하려고 하는 점에서는 마찬가지다. 여기서 전제가 되는「인간이 무언가 희생을 바치면 구원이나 사랑이나 행운을 주겠노라」는 신불 같은 것들은, 본래 우리들 세속적인 존재의 극히 인간적인 발상이 투영된 것임이 분명하다. 확실히 우리 인간들은 누군가가 자신에게 귀의해서 봉사해 준다면 자기도 모르게 감격해서 여러 가지 편의를 봐주려 한다. 인간은 자신을 꼭 닮은 신불밖에는 믿지 못하는 듯하다(그렇지 않다면 믿음이고 뭐고 이전에 도저히 상상조차 되지 않을 테니까).

프로이트는 유일신 이미지의 근원은 원시부족의 부친이나 추장이라고 말했다. 거래라는 관점에서 보면 희생물이나 공물을 바침으로써 요괴나 혼들을 매수해 노여움이나 해코지를 방지하려는 원시적인 애니미즘 시대의 흔적이라고 볼 수도 있다. 이런 행위가 우리 내부에 있는 비합리와 영합하고, 게다가 심정적으로 강한 필요성을 느낀다면 자기도 모르게 빠져들고 마는 것이다.

이 강한 심정적 필요성은 바꿔 말하면 「욕망」이다. 종교를 믿게 되는 동기로는 늙고 병든 이들로 대표되는 「병이 낫고 싶다」든가 「외로움, 덧없음에서 벗어나고 싶다」 같은 소박한 바람에서부터 「죽어서도 생명을 얻기 위해」나 「초능력자가 되기 위해」 같은 좀 뻔뻔스러운 기대가 있다. 이런 희망이 강하면 강할수록 종교에 깊이 빠져드는 것은, 앞뒤 가리지 않고 결혼만 원하는 여성이 결혼사기극에 곧잘 걸려드는 것이나 지나치게 돈을 밝히는 사람이 피라미드 판매 상술에 속아넘어가는 것과 닮았다(닮은 정도가 아니라 아예 똑같다고 볼 수 있다). 원래 욕망이 클수록 속아넘어갈 여지도 많아진다.

그러고 보면, 무언가를 공격함으로써 내면의 울분을 발산하고 싶어하는 사람이 상황에 맞는 그럴듯한 정의를 발견하거나 만들어내어 확신하기에 이르는 심리도 일종의 종교일지 모른다.

대인전략으로서의 정의-효과적인가

정의는 공격이나 비난을 정당화하기에 꼭 맞는 관념이다. 따라서 사회를 운영하는 일이나 개인의 대인 전략으로 응용할 수 있다. 이 경우 정의는 최소한 광범한 지지층을 등에 업지 않으면 안 된다.

예를 들어 이라크의 후세인은 많은 국민이 범아랍주의나 반유

럽·반미·반유대 감정에 기초한 「아랍의 대의」를 지지하는 한 주변국에 대한 침략 명령을 언제든지 내릴 수 있다. 멀리 갈 것도 없이 일본도 「팔굉일우(八紘一宇:전 세계가 한 집이라는 뜻으로 2차 대전 때 일본이 자국의 해외침략을 정당화하던 표어)」니 「대동아공영권」이니 하는 것들을 내걸고 주변국을 먹어 치우려 하지 않았던가.

무엇보다 이런 것들은 자민족·자기 문화 중심적인 정의이기 때문에 보편성이 없으며 상대방에서는 통용되지도 않는다. 단지 자기 내부를 단속하고 반대세력을 억누르는 방편일 뿐이다.

그렇더라도 진심으로 믿어버리는 사람에서부터 「힘센 자에게는 고개 숙이는 게 제일이다」는 옛말에 따라 복종하는 사람, 면종복배(面從腹背)하는 사람, 적극적으로 반발하는 사람에 이르기까지 여러 유형이 나타날 수 있다. 진심으로 믿어버리는 사람 중에 「불만족인 사람·질투하는 사람·자신을 주체하지 못하는 사람」이 많다는 것은 나치 치하의 독일 등에서 자주 지적된다(현대에도 어느 국가든 극좌와 극우에는 이런 불만분자나 공격적인 부적응자가 있기 마련이다).

그런데 어느 정도 보편적인 가치에 기반을 둔 정의라면 어떨까.

같은 가톨릭 권내 또는 마르크스주의 권내에 있는 두 국가라든가 반전평화주의를 표방하는 각종 단체들을 생각해 볼 수 있다. 이 경우 대립하는 양자는 지켜야 할 가치체계나 규칙(최소한 일부라도)을 공유한다. 그렇다고 적대적 상황이 해소되는 것은 아니지만 스포츠 경기에서 맞붙은 두 팀처럼 「무엇이 정의인가」에 대해서는 일치한다. 공통의 규칙에 따라 골육상쟁을 벌이는 것이다. 같은 씨름판에서 씨름을 하는 모양새다. 검사와 변호사처럼 정의 대 정의의 다툼인 것이다. 대개는 상대방의 규칙 위반을 지적하고 자기 편의 정통성과 정의를 주장하는 형태로 진행된다.

이런 경우 정의는 상대를 제압하고 자신을 유리하게 이끄는 도구나 수단으로서의 기능을 부여받는다. 양쪽 모두 공유한 정의를 자기편으로 끌어들이려 애쓴다. 마치 엄마를 자기 편으로 만들려고 경쟁하는 형제처럼.

물론 양자가 그 정의를 엄격히 지키는 경우도 있다. 이때 싸움은 실내 게임(예를 들면 장기, 바둑이나 체스) 같은 양상을 띤다. 왜 공통의 규칙을 지키는가 하면, 지키지 않을 경우 경기가 성립하지 않을 뿐더러 자신이 발을 딛고 있는 기반도 무너지기 때문이다. 정의마저 상대적이 되어 버리면 유리해지는 게 아니라 다른 한 편이 아예 상대조차 해주지 않는다.

상대방도 인정하는 정의라면 이를 역이용해 상대를 공격하는 도구로 사용하는 게 보통이다. 이때 정의나 가치체계는 일종의 무기·협박재료가 된다. 그뿐 아니라 상대가 좀처럼 인정하려 들지 않으면 다수의 힘을 빌려 압박하는 일도 가능하다. 「한 사람의 정의보다는 다수의 정의」니까. 대표적인 것이 여론을 등에 업고 위협하거나 특정인에게 몰매를 가하는 일이다.

여론은 그 시대를 풍미하는 정론이므로 당연히 일종의 정의다. 아사히 신문의 간판칼럼 제목이기도 한 「민의 목소리는 신의 목소리(天聲人語)」라는 것이다. 이 경우 「민(실제로는 일부)」의 목소리가

신주불멸(神州不滅 : 「신의 나라는 망하지 않는다」는 뜻으로 과거 제국주의

일본이 자국을 자랑삼아 부른 말)을 외치면 마르크스에 물든 사람들은 하루아침에 「비(非)국민」이 되어 버리고, 「민」이 다시 반미주의로 돌아서면 미일안보조약 유지파는 매국노 취급을 당한다.

차별적 용어 문제라든가 압력단체의 시위행동 등은 종종 중세의 마녀사냥처럼 집단 히스테리나 린치로까지 번진다. 모두 한 사람을 둘러싸고 「너는 정의를 위반했다. 매달아버리겠다」고 아우성치는 것이다. 이런 상황에선 예수 그리스도가 나타나 「너희들 중 죄 없는 자가 먼저 돌을 던져라」고 말해도 쇠귀에 경읽기일 수밖에 없다. 무엇보다 달아매려는 쪽은 자신들은 죄가 없다거나 대의명분을 업고 있다고 여기므로 서슴지 않고 돌을 던질 것이다. 그렇다면 스스로 부끄러움을 느껴 한 사람 한 사람 흩어진 2천년 전 유대민족이 훨씬 자기 반성이나 염치를 갖추고 있었다고 보아야 할 것 같다.

과거 학생운동이 한창일 때를 상기해 보자. 대학은 교수보다 학생 및 강사 이하 직급의 숫자가 압도적으로 많다. 이들이 권력에 맞서 단체교섭을 한다는 명분으로 유행처럼 「소수자 이지메(집단적인 괴롭힘)」를 저질렀다. 이들은 대체로 죄악 성향의 「반(反)권력적인 정의」를 휘둘렀지만, 재미있는 것은 좌익세력이 주도권을 장악한 집단이나 국가일수록 내부 권력투쟁이 치열하고 게다가 독재적인(경우에 따라서는 산 속에 고립되어 서로 죽이기도 한다) 경향까지 있다는 점이다. 당시 「조반(造反)」 지도자들 중에는 그후 완전히(슬쩍) 전향해서 지금은 평화로운 대학에서 교수로 지내는 사람까지 있으니, 지금 생각해 보면 역시 르상티망에 의한 이지메였다고 결론지을 수밖에 없다.

권력을 가장 증오하는 사람은 권력에 가장 관심이 많은 사람이고, 그들 태반은 「남의 권력은 너무나 싫고 나의 권력은 너무나 좋다」는 유형이 아닐까.

이처럼 정의라는 것도 이면을 들여다보면 아주 치사한 것임을 알아야 한다. 정의는, 약자를 이지메하는 데도 대단히 실용적이다.

사고가 난 후 피해자가 「성의를 보여라」는 말을 반복하면서 가해자에게 따지고 드는 상황과 매우 비슷하다(이런 경우는 대개 「돈을 더 달라」는 의미겠지만). 가해자는 그런 말을 들으면 입장이 약해지므로 그저 고개를 숙이는 수밖에 없다. 그런데도 계속 공격을 해대는 것은 아무리 생각해도 「협박」이나 「이지메」지만, 어디까지나 명분은 피해자에게 있으므로 위압적인 자세로 사정없이 몰아친다. 인권이다 평등이다 보상이다 책임이다 등 현대에 통용되는 「정의」를 방패삼아 가학적일 만큼 지나치게 다그치는 것이다.

남을 대하는 전술로서, 입만 열면 정의를 부르짖는 사람들을 더 경계해야 하지 않을까. 「이론무장」이라는 말도 있듯이 그들은 단지 논리에만 정통한 공격자에 지나지 않는다.

그러나 정의는 개인적인 불만 해소의 명분이나 무기에 그치지 않고, 동시에 「질투심 많은 신」이기도 하다. 어떤 사회든 「모난 돌이 정 맞는다」「앞지른 자의 다리를 잡아끈다」는 식으로 호시탐탐 서로 감시하는 기능이 내재해 있으며, 이것이 우리를 통제한다. 지나치게 탐욕스럽게(또는 정당하지 못하게) 자기 이익만을 추구하면 기다렸다는 듯이 벌칙(제재)이 부과된다. 정의를 방패삼아 제재하는 것처럼 공개적이고 당당하게 공격성을 발산할 수 있는 좋은 기회도 드물다. 무엇보다 세상에는 누군가를 벌주고 싶어서(즉 타격을 가하고 싶어서) 몸이 근질근질한 사람들이 항상 대기하고 있다.

어떤 의미에서는 정의란 사회의 통제기능이 활동요원 격으로 선발한 불만족인 사람·질투하는 사람·자신을 주체하지 못하는 사람들에게 부여한「울분 해소 허가증」같은 것일지도 모른다.

5
게임이론으로 본 도덕

어떻게 보면 세상에는 과거나 현재나 상관없이 기본적으로
「당하면 되갚아라」는 원칙이 자연발생적으로 퍼져 있지 않았나 싶다.
「사랑의 종교」니 「자비의 종교」니 하지만,
실제로 속세나 사법기관은 「눈에는 눈」으로 운영되고 있지 않은가.
확실히 어느 정도는 그렇다.

본문 중에서

허무주의자도 납득할 수 있는 가치관

우리는 확고한 신념을 가진 니힐리스트(허무주의자)도 납득할 수 있는 도덕 또는 가치관을 밝혀내야만 한다. 아니, 우리들 마음속에 있는 니힐리스트까지 납득시킬 윤리기준을 발견할 필요가 있다.

먼저 여기서 말하는 「니힐리스트」가 무엇인지 정의해 두지 않으면 안 된다.

원래는 19세기 러시아에서 종래의 봉건적이고 근대적인 모든 가치를 부정하는 극단적인 무정부주의자를 「허무주의」라고 부른 데서 비롯했다. 이 말에 철학자 니체가 적극적인 의미를 부여했다. 「지금까지의 가치를 부정하는 자」란 의미다. 가치를 부정하기만 해서는 단지 파괴주의에 지나지 않으므로, 종래의 가치를 대신할 목적과 지도이념을 새로 세우지 않으면 안 된다. 이를 적극적인 니힐리즘이라고 부른다(이 자체가 니힐리즘의 극복이기도 하지만).

단순한 파괴주의나 세상을 비뚤어지게 보는 비관주의, 허무주의는 소극적인 니힐리즘이다. 그러나 니힐리즘이라면 대개 이런 의미로 쓰인다. 이는 지금까지의 적극적 니힐리즘이 많은 사람을 납득시킬 만한 새로운 가치를 제시하지 못했기 때문이다. 원조 격인 니체의 「초인」이나 「영겁회귀」 같은 개념도 지금에 와서는 잠꼬대 정도로밖에 받아들여지지 않는 시대상황이다.

최근 들어 세상이 멸망한다는 사상이 젊은이들 사이에 파고들고, 좀더 조잡하게는 아마겟돈 후에도 자신들만은 살아남아 위세를 떨친다는 저차원의 믿음이 「종교」를 표방하기도 한다. 그밖에도 온갖 희한한 가치들이 난립하는 세상이 됐다. 새 가치들이 대량생산되고 일회용품처럼 대량으로 소비될 뿐이다.

이런 것들이 마구 쏟아지는 와중에 비즈니스맨도, 주부도, 출가한 수도승도, 청소년도, 본질적으로는 천박한 니힐리스트와 다를 게 없다. 이제까지의 전통적인 가치를 진심으로 믿는 것도 아니고, 그렇다고 새 가치체계를 수립한 것도 아니다. 무리를 해서 시중에 떠도는 기성복 같은 미망(迷妄)을 믿게 되었더라도 곧 가면이 벗겨져 유행도 사라지고 만다. 확실히 「제행무상(諸行無常)」 같은 명제(풍부한 증거나 실감이 뒷받침되고 있으니까)는 믿을 만하지만, 이는 믿기보다는 「아는」 것이다. 그리고 제행무상이라는 「최상의 진리」를 안 결과는 점점 커지는 니힐리즘뿐이다.

이런 까닭에 20세기와 21세기를 사는 우리 마음속 어딘가에는 니힐리즘이 자리잡고 있다. 누가 뭐래도 현대인은 지나치게 많은 것을 알고 있다. 지식은 힘이지만 동시에 주문이기도 하다. 교육이나 매스컴을 통해 많은 것을 알면 알수록 우리는 조상 대대로 전해져 내려온 가치나 규범의 절대성을 믿지 못하게 된다.

물론 그런 상황이 나쁜 것은 아니다. 「무조건 믿으라」고 해도, 요즘 시대에 곧이곧대로 따를 만큼 순진하고 무지한 사람은 없다. 그러나 대신할 것을 창출하지도 못하면서 이제까지의 체계마저 무시해 버리는 것은 극단적으로 말해 바보짓이다. 머리가 나쁘다는 말이다.

비논리적이지도 않고 「옛날부터 그랬으니까 어쨌든 그런 거야」도 아니면서 우리를 이성적으로도 납득시킬 수 있는 원리·행동지침은 없는가. 바로 이것이 시급한 과제다.

어째서 사람은 그렇게 행동할까

우리는 실로 여러 가지 것들을 말하거나 행동하며 살고 있다. 게다가 모두 같은 언행을 하고 있지도 않다. 각각 얼굴이 다른 것처럼 언행도 가지가지다.

이런 개인차가 생기는 이유와 원인을 알고 싶다는 생각은 유사 이래 계속되었고, 앞으로도 그럴 것이다. 다만 「왜 그 사람은 그렇게 행동했고, 이 사람은 이렇게 말했을까」라는 의문에 대해 시대마다 선호하는 해답은 제각각 달랐다.

다행인지 불행인지 현대에는 논객이나 연구자가 지나칠 정도로 많다. 그래서 행동의 원인에 대한 해답도 다양하다. 예를 들어 「유전자 탓이다」「태교나 초기의 모자관계가 중요하다」「환경과 학습에 좌우된다」「현재의 사회적 조건에 달렸다」「가족 시스템으로 귀결된다」 등 가능한 온갖 해답이 난립한다. 아마 실제는 이것들이 뒤섞여서 인간의 언행을 규정할 것이다.

어쨌든 사람들이 마음 약한 사람, 뻔뻔스러운 사람, 교활한 사람, 호인, 기타 등등, 자기 성격 또는 개성이라고 불리는 「자기다움」에 기초해 반응하며 살고 있는 것은 틀림없다. 개중에는 「성격이나 개성은 존재하지 않는다」고 주장하는 교리나 유파도 있지만, 명칭이야 어떻든 상관없다. 어떤 사람은 겸손하게 행동할 확률이 평균보다 높고, 다른 사람은 뻣뻣하게 나올 공산이 큰 것이다. 같은 상황이나 맥락에 임해서도 그 사람만의 독특한(이라기보다는 애용하는) 행동 선택이 이루어진다는 것은 인정할 수밖에 없는 사실이다.

때로 우리는 자신도 어쩌지 못하고 「성격」에 질질 끌려 다닌다. 머릿속으로는 그런 반응을 보이면 손해나 불이익이 돌아온다는 것을 알면서도 결국 저지르고 만다. 그런 경우에는 자신이 보인 반응을 「내가 선택했다」고 느끼기도 힘들다. 그러나 「그럼 누가 반응했다는 말인가」라고 추궁당하면 역시 자신이라고 긍정할 수밖에 없다. 아무리 「스스로 납득해서 그런 반응을 선택했다」고 실감하지 못하더라도 객관적으로는 「내가(다른 선택도 가능했으면서 일부러 저런 반응을) 선택했다」가 되어 버린다.

진실이 어떤지는 아직 확실하지 않다. 혹시 사람은 특정한 반응 외에는 다른 선택이(기질적으로, 상황적으로, 또는 숙명적으로) 불가능한지도 모른다. 그러나 이렇게 되면 인간의 자유의지와 그에 따른 책임이라는 개념이 없어져 사회운영이 곤란하므로 다들 못 본 척 그냥 넘어간다고 보는 게 정직하지 않을까. 여하튼 여기에서는 이런 철학강의는 일단 옆으로 제쳐두자.

어떻든 우리는 자신의 반응이나 행동을(마치) 선택하고 있다(는 것처럼 살고 있다).

왜냐하면 다른 선택은 본인에게 이익이 적든가 비용이 너무 들기 때문이다. 여기에는 단지 물질적인 손해나 이익에 그치지 않고「후련하다」「어렵다」「익숙하다」「용기가 있다」「귀찮다」등 심리적인 이점이나 비용도 포함된다.

예를 들면 길거리에서 종종 휴지를 버리는 A씨와 거의 버리지 않는 B씨가 있을 때, 두 사람 모두 마음속으로는 주판알을 튀기고 있다. A씨는 휴지를 그냥 버리는 게 편하고, B씨는 휴지를 길에 버리면 양심의 가책과 자존심 손상으로 고통받기 때문이다. 따라서「휴지를 길에 버리는 것은 누구에게나 이득이다」라든가「이득이 안 된다」고 일방적으로 단정할 수는 없다. 길에 휴지를 버리는 일의「이익」과「비용」은 사람에 따라 대단히 달라진다.

그렇다면 그 시점에 선택된 반응은 그 상황에서 본인으로서는 최적의 해답인 셈이다. 비록 나중에 마이너스가 되든 아니든 최소한 그 시점에서는 최적의 선택으로 본인 내부에서 결정한 것으로 볼 수 있다.

내가 하고 싶은 말은, 우리들의 성격은 특유의 편향성을 가진 반응선택의 습관이라는 점이다. 행동을 선택할 때 개개인의 최적의 해답에는 일련의 변화가 있는데, 이 변화가 다양한 성격들의 원인이다. 좀더 쉽게 표현해 보자.

길을 걷는 A씨에게 최적의 해답은「휴지를 그냥 버린다」인데 비해 B씨에게는 「버리지 않는다」가 해답이다. 이런 경향은 휴지에 그치지 않고 모든 반응, 모든 행동, 모든 표현에 나타난다. 그래서 성격의 원인이며, 인생의 방향을 결정하는 요인도 되는 것이다.

물론 최적의 해답이 반드시 객관적으로도 최적이라고 볼 수는 없다. 다만 최소한 그 순간 그 상황에서 그 사람이 가진 자원을 토대로 얻을 수 있는 선택으로서는 최적(의식적이든 무의식적이든)이었다고 할 수 있다. 어쨌든 현실적으로 그가 선택했으니까.

매 순간 이런 개인적인 「최적의 해답」이 쌓임으로써 그의 인생 궤적도 만들어진다.

죄수의 딜레마―어떤 선택이 유리한가

화제를 돌려보자. 수학의 게임이론 중에 유명한 「죄수의 딜레마」가 있다.

예를 들어 두 명의 용의자가 각기 다른 방에서 취조를 받는 상황을 생각해 보자. 조사관이 「공범에게 저지른 범행을 먼저 자백하면 나머지 한 명은 중죄, 자백한 사람은 가볍게 처벌하겠다」고 유도한다(이런 사법적 거래가 미국에서는 많다고 한다). 그러나 물증이 충분하지 않기 때문에 두 사람이 똑같이 범행을 부인하면 무죄가 될 확률이 높다. 이 경우 각각의 용의자는 어떤 행동 선택이 최적인가, 하는 문제다.

물론 둘 다 끝까지 죄를 부인하는 것이 이상적이다. 그러나 다른 방에 갇힌 상대방도 그렇게 생각할까. 먼저 자백해 가벼운 처벌을 받는 것이 위험도가 적다고 생각해 배신하는 것은 아닐까.

경찰 입장에서는 「어느 쪽이든 자백을 받아내면 승리」「둘 다 끝까지 부인하면 패배」라는, 마치 노름판의 주인 같은 상황이다. 두 용의자(승부사)의 선택은 서로 협력해 노름판 주인을 물리치든가, 동료를 배신하고 결과적으로 주인을 기쁘게 하든가 둘 중 하나뿐이다. 협력은 위험을 동반하지만 배신은 눈앞의 이익을 약속받는다.

선택은 둘이다. 「한발 먼저 자백」하는 이기적 전략, 아니면 「상대를 믿고 끝까지 무죄를 주장」하는 호혜적 전략이다. 먼저 자백하는 것은 작은 이익/작은 위험도, 무죄 주장은 큰 이익/큰 위험도. 심리학적으로는 컨플릭트(conflict:보통은 딜레마)라고 부르는 상태가 된다. 현실세계에서는 상대방의 성격이나 근성을 거의 알고, 누범자라면 증거물이 재판에서 통할지 여부도 가늠할 수 있으므로 곧 어느 쪽이든 행동을 선택하겠지만, 이런 조건들을 빼버리면 문제가 매우 어려워진다.

이론적으로 정답은 동료를 배신하고 먼저 자백하는 것이다. 왜 이런 비정한 선택이 정답일까. 그 이외의 선택은 위험이 너무 크다는 단순한 이유 때문이다. 두 사람 다 「배신」이라는 정답을 고르는 것은 둘 다 「협력」을 선택하는 것보다 점수가 낮다. 그러나 고득점을 노려 「협력」을 선택할 경우엔 상대에게 「배신」당해 자기만 바보가 될 위험이 있다. 괴로운 상황이다(그러니까 「딜레마」이지만).

나아가 이 게임이 같은 승부사에 의해 반복된다면 어떻게 될까. 2회째부터는 전회까지 자신이 선택한 결과는 물론, 상대의 선택도 알고 게임을 하게 된다. 따라서 직전까지의 게임 데이터를 기초로 최적의 선택을 강구해 결정할 것이다. 이렇게 되면 「배신」이 반드시 최적이라고 말할 수는 없다. 그때까지 상대방이 「협력」 방침만 고수하는 의리파였다면 이쪽도 매번 「협력」하여 서로 입을 다무는 호혜적 전략을 쓰는 것이 현명할지 모른다. 노름판 주인 격인 경찰은 벌레 씹은 얼굴이 될 테고.

그러나 흐름을 타고 협력만 계속한다 해도 상대가 기분이 바뀌거나 의심을 품는 날엔 배신을 선택할지 모른다. 또 화가 난 경찰이 한 사람이라도 검찰에 송치·기소할 목적으로 「먼저 자백한 사람은 무죄 방면이다」라고 제의할 경우는 어떻게 될 것인가.

어쨌든 승부사들은 노름판 주인 앞에서 매번 「협력」과 「배신」, 두 종류의 카드 중 어느 하나를 내놓으며 득점 경쟁을 한다. 이것이 「반복 죄수 딜레마」 게임이다.

일부 사회생물학자나 신다윈주의자들은 「생물이나 유전자는 자연이라는 노름판 주인을 상대로 게임을 하고 있다」는 관점을 소개했다. 왜냐하면 생물계에 나타나는 노골적인 약육강식과 보기 흐뭇한 공존공영을 서로 모순되지 않는 통일원리로 해석하는 게 편리하기 때문이다.

다분히 인간도, 자연 또는 세상이라는 노름판 주인을 상대로 유리하지만 위험성이 있는 호혜적 협력 전략과 눈앞의 이익을 중시하는 이기적 전략 사이에서 이리저리 게임을 하는 존재다.

ESS와 DSS

R.도킨스가 저서 『이기적 유전자』에서 소개한 것 중 하나로 「새들은 두피에 기생하는 진드기를 어떻게 처리할까」라는 게임이 있다.

대부분의 피부기생충은 자기 부리로 잡아낼 수 있지만 위치가 머리라면 어쩔 도리가 없다(그들의 머리에서는 다리를 쓴다거나 돌에 머리를 문지르는 것 같은 아이디어는 떠오르지 않는 듯하다). 그렇다면 동료가 잡아주는 수밖에 없는데, 말처럼 간단한 게 아니다. 머리 청소를 부탁받은 상대 입장에서는 진드기를 잡아주어도 좋겠지만 상당한 시간과 정력이 드는 데다 다음에 자기가 필요할 때 상대가 은혜를 갚아줄지도 신경쓰인다.

여기서 인격에 해당하는 「조격(鳥格)」이란 것이 있어서, 같은 종류의 새인 데도 대단히 사람좋은(새좋은?) 선심파 형이 있는가 하면 완전히 이기적인 유형도 있다고 하자.

선심파는 상대가 누구든 부탁받기만 하면 싫은 기색 하나 없이 성심성의껏 진드기를 잡아준다. 그러나 자신이 부탁했을 때는 우연히 같은 선심파를 만난 경우가 아니면 거절당하기 일쑤다. 이에 비해 「이기파」는 자기밖에 모르니까 상대가 선심파건 같은 이기파건 간에 남의 진드기를 잡아주는 일은 일체 안한다. 그런데도 자신이 부탁했을 때는 상대가 마침 선심파면 무난히 도움을 받을 수 있다.

진드기를 잡아주는 데 드는 정력과 비용을 1회당 5점, 진드기가 없어짐으로써 생기는 건강상의 이익을 1회당 10점으로 계산하는 반복 게임을 해보자.

선심파는 비용이 높지만 이익은 보통이고, **이기파**는 비용은 0이고 이익은 보통이다. 이래서야 이기파가 유리하므로, 몇만 년이 지나면 이 종류는 거의 이기파로 채워질 게 뻔하다. 자연의 법칙은 단순 명쾌하다. 되도록 효율적으로 자신에게 유리하게 살아서 자손을 많이 퍼뜨리는 생물의 편을 들어주는 경향이 강하다.

일단 이기파만 남게 되면, 거기에 돌연변이나 이동에 의해 선심파가 끼여드는 것은 불가능하다. 이용만 당하고 비용만 늘어나 망하기 십상이기 때문이다(반면 선심파만 사는 집단에는 이기파가 얼마든지 끼여들 수 있다). 그러나 이기파만 살면 머리 청소를 해줄 새가 없으므로 머리가 진드기 투성이가 돼 건강상의 문제가 발생한다. 이때 노름판 주인인 자연이 빙그레 웃으며 이 종을 멸종시켜 버릴지 모른다.

그런데 멸종하기 전에 조화가 일어나 기억력이 좋은 원한파가 출현한다고 치자. 이 유형은 자신이 받은 것을 정확히 기억하고 있어서, 잘 도와준 상대에게는 반드시 은혜를 갚고 배은망덕한 자에게는 똑같이 앙갚음 해주는 행동 특성을 갖고 있다. 이는 선심파에게는 구세주 같은 존재지만 이기파에게는 거북한 상대다. 이기파는 원한파를 처음 한번밖에 이용할 수 없다. 그리고 원한파는 상대가 같은 원한파이거나 불쌍한 선심파이면 반드시 서로 머리 청소를 해주면서 매회 이익 10점에서 비용 5점을 빼고, 플러스 5점을 확보해간다(상대가 이기파면 2회째부터는 속지 않으므로 이익·비용 모두 0점으로 결코 손실은 발생하지 않는다). 선심파로서도 자기와 같은 유형이 아닌 원한파를 만날 경우에도 플러스 득점을 올린다 (운이 나빠 이기파를 만나면 종전과 마찬가지로 5점을 잃는다).

이렇게 해서 몇만 년이 지나면 **원한파**의 비율은 증가하고 **이기파**는 소수로 전락한다. 이기파가 완전히 없어지지 않는 것은, **선심파**도 원한파의 번영 덕분에 위기에서 벗어나 꽤 많이 살아남으므로 그들을 계속 착취할 수 있기 때문이다. 결국에는 과반수의 **원한파**, 그보다 적은 수의 **선심파**, 더 적은 수의 **이기파**,라는 비율로 낙착돼 안정될 것이다. 어딘가 인간사회의 축소판을 보는 듯한 느낌이 들지 않는가.

같은 종류의 새니까 모두 행동 패턴이 비슷하다면, 굳이 위의 세 유형으로 나누지 않아도 된다. 어떤 새가, 대개는 **원한파**로 행동하지만 가끔씩 **선심파**가 되기도 하고 드물게는 **이기파**로 행동하는, 시간배분 양태를 보인다면 수학적으로는 같은 의미다.

일단 안정되어 더 이상 변화가 일어나지 않고, 새로운 유형이 나타나도 균형이 깨지지 않는 상태를 ESS라고 부른다. 영어회화연구회의 약자가 아니라, 진화적으로 안정된 전략(Evolutionally Stable Strategy)의 머리글자이다. 이는 어떤 종의 생물이 대를 거듭한 끝에 도달한 행동 패턴의 안정점(어떤 의미에서는 최적 포인트)을 의미한다. 이에 비해 개체가 자기 대에서 어떤 행동 패턴을 정착, 안정시키는 것을 DSS라 한다. 발달적으로 안정된 전략(Developmentally Stable Strategy)의 머리글자이다. 이는 주로 성격이나 개성의 성립과 관계 깊은 메커니즘이다. 예를 들어 저 사람의 DSS는 외고집, 이 사람의 DSS는 겁쟁이라는 식으로.

액셀로드의 원칙—어떤 대인전략을 택할까

이같은 게임이론을 응용해서 어떤 대인교섭 전략이 가장 유리한지 밝혀낼 수는 없을까.

1970년대 말에 정치학자 액셀로드가 대형컴퓨터를 이용한 시뮬레이션 방식으로 이 문제에 도전했다. 갖가지 교섭 전략 프로그램을 공개모집해서 컴퓨터에 입력해 싸우게 만들었다. 그 결과와 의의는 액셀로드의 저서 『사교의 과학』에 서술되어 있다.

결론부터 말하면, 아무리 복잡하고 교활한 전략도 캐나다 심리학자 라포포트가 내놓은 「나이스 전략」을 이기지 못했다. 나이스 전략이 매번 종합우승을 낚아챘던 것이다. 이 전략은 대단히 단순하다 (프로그램 용량도 가장 작았던 듯하다). 별명은 「눈에는 눈 전략」.

먼저 상대가 누구든 항상 협력적인 자세로 게임을 시작한다. 상대도 협력적으로 나오면 다음번에도 협력적으로 대한다. 그러나 상대가 배신하면 그 다음에는 반드시 보복을 한다. 상대가 다시 방침을 바꾸어 협력적으로 나오면 그전까지의 행태를 용서하고 이쪽도 협력 방침을 선택한다. 이것뿐이다. 「상대가 하기 나름 전략」이라고 불러도 괜찮을 것이다.

덧붙여 말하자면 수십 개에 달하는 응모작 가운데에는 경쟁자의 약점을 파고드는 극히 교활한 작전 프로그램도 있었지만, 그 중 고득점을 받아 상위권에 든 전략은 대부분 나이스 전략과 닮은 방침을 기본으로 삼고 있었다.

나이스파는 선심파와는 다르다. 처음부터 친절하고 먼저 배신하지 않지만 상대가 배신하면 절대 용서하지 않고 앙갚음한다. 군사학에서의 상호억지 전략과 비슷한 데가 있다(영국은 이 점을 간과한 탓에 나치 독일의 팽창을 허용했고, 반대로 레이건·부시 정권은 지구 멸망 이전에 소비에트를 무너뜨렸다).

그러나 이런 단순한 전략에서 우승을 차지하기 위해선 게임이 장기간 지속돼야 하고, 맨 마지막이 언제인지 몰라야 한다는 전제조건이 필요하다. 「단 한차례만 겨룬다」든가 「이번이 마지막 게임」이라면 안면몰수하고 비겁한 전략을 쓰는 편이 유리하기 때문이다.

다케우치 구미코(竹内久美子) 씨는 이처럼 자기 잇속만 밝히는 현상을 뜨내기 고객을 상대하는 관광지 장사꾼에 비유한다(그러나 대부분의 관광지 상점도 붙박이이므로 지나친 욕심은 부리지 않는다. 가장 위험한 경우는 국도 주변에서 트럭을 세워놓고 물건을 파는 철새상인들일 것이다).

바꾸어 말하면, 최소한 몇 차례고 얼굴을 마주쳐야 하는 가정이나 직장내 인간관계에서 가장 훌륭한 전략은 선심파도 비겁파도 아닌 「나이스」 전략이어야만 할 것 같다. 내가 먼저 속이지는 않는다. 속임수를 당하면 반드시 보복한다. 상대가 다시 성실하게 나오면 용서해 준다. 요약하면 뜨내기 고객을 상대로 한 사기술이 아니라 신용 위주의 전통적 상술이 최고라는 것이다.

조건에 따라서는 나이스 전략이 최고점을 받지 못하는 경우도 있지만(최근 B.론버그 같은 학자는 이따금 보복을 생략하는 「약화된 나이스 전략」이 최상이라고 주장한다), 다양한 조건들 속에서 몇번씩 대결할 경우 거의 종합성적 상위권을 유지하는 게 사실이다.

원래 나이스 전략은 상대를 굴복시키고 나 혼자 승리하자는 게 아
니라, 내 손해를 최소화하기 위해 상대의 태도에 따라 대응하는 게
고작이다. 그런데도 수많은 라이벌과 대등하게 싸우고, 장기적으로
는 우위를 유지하니 감탄하지 않을 수 없다.

이 교훈을 「액셀로드의 원칙」이라 부르기로 하자. 사실은 「라포포
트의 해법」이라고 부르는 것이 이론물리학 용어 같아서 멋지게 느
껴지지만. 라포포트는 이전부터 게임이론 연구에 참가한 덕에 지지
않는 비결을 터득하고 있었을 가능성도 높다. 그러나 게임 전략을
컴퓨터 안에서 구현한 아이디어가 기발하므로 액셀로드의 원칙이라
고 해둔다.

과연 정말 그럴까

그러나 어디까지나 바다 건너 저편의, 그것도 전자기
기 안에서의 이야기다. 정말로 그렇게 될까. 또 정치학자가 과연 기
계적인 처리만으로 동물행동이나 인간관계에도 적용할 수 있는 원
칙을 찾아낸 것일까.

그렇다면 우리도 개인용 컴퓨터(PC)로 간략한 시뮬레이션을 만들
어 실험해 보자. 20여 년 전의 대형 컴퓨터는 현재 PC보다 약간 성
능이 나은 정도였다. 안 될 것이 없다.

개인이 복잡한 프로그램을 만드는 일은 상당한 마니아가 아니면
어려우므로 되도록 이야기를 단순화하자. 도킨스가 말한 진드기잡

기 게임은 세 가지 전략뿐이다. 「선심파」「이기파」「원한파」다. 이 세 종류를 인간에 대입하기 전에 명칭부터 바꾸자.

먼저 「선심파」는 그대로 사용한다. 이기파는 **사기꾼**으로 바꾸고, 원한파는 어감이 안 좋으니 **나이스파**로 변경하자.

선심파는 만나는 상대에게 한결같이 협력적이다. 배신을 당해도 여전히 협력한다(상대가 사기꾼이면 몇번이고 계속 속고 만다). 사기꾼은 협력하기보다는 당장 눈앞의 이익에 급급해 배신을 애용한다. 이에 비해 나이스파의 생존방법은 액셀로드의 원칙에 충실히 따르는 것이다.

이들 중 둘이 만나 이루어지는 교섭은 「협력」「배신」「경원(敬遠)」 등 세 종류로 낙착된다.

협력은 「둘 다 협력을 선택한 결과」로, 두 사람의 점수 합이 0보다 큰 게임(한쪽이 득점하면 다른 쪽이 손해보는 것이 아닌 서로 이익이 되는 교섭)이며 둘 다에게 플러스 점수가 붙는다. 배신은 「한쪽은 배신을, 다른 쪽은 협력을 선택한 경우」로 점수 합이 0이다. 배신한 쪽은 플러스, 배신당한 쪽은 마이너스 점수가 되기 때문이다. 경원은 「서로 상대를 믿지 않고 배신을 선택한 경우」다. 여기서는 승부 자체가 성립하지 않는다. 현실세계라면 어떤 사람을 아예 상대하지 않는 경우에 해당한다. 당연히 둘 다 아무 득점도 얻지 못하는 제로 게임이다.

선심파는 상대를 가리지 않고 매번 협력을 택한다. 상대가 같은 선심파나 나이스파면 협력이 돌아오므로 플러스 득점, 상대가 사기꾼이면 배신을 당하므로 마이너스 득점이다.

사기꾼은 배신만 선택한다. 따라서 상대가 선심파면 항상 플러스 득점이고 같은 사기꾼이면 경원한다. 나이스파가 상대라면 처음에는 플러스 득점을 하지만, 두번째부터는 상대해 주지 않는다(경원).

나이스파는 선심파나 나이스파에게 언제나 협력하므로 플러스 득점을 한다. 사기꾼에게는 처음에만 배신당하고 다음부터는 경원을 택한다.

게임의 조건으로, 협력 이익은 쌍방이 5점을 얻는다고 하자. 또 배신에 따른 이익은 배신한 쪽이 7점, 배신당한 쪽은 마이너스 7점으로 하고 경원은 둘 다 0점으로 처리하자. 실험집단의 규모는 한 학급 수준인 50명으로 하자. 유형별 구성비율은 우리집 둘째 아들에게 물으니 자기 반에는 선심파가 5명 가량, 사기꾼이 5명 가량이고 나머지는 나이스파인 것 같다고 하여 그대로 따르기로 했다.

이같은 조건을 PC에 입력한 세 유형이 각각 얼마나 점수를 획득하는지를 알아보기 위해 1회, 10회 하는 식으로 대결시켜 보았다. 그 결과 예상 이상으로 『사교의 과학』의 결론을 뒷받침했다.

역시 나이스파는 강하다. 인과응보인지 천벌을 받았는지 사기꾼이 가장 점수가 낮다. 하지만 첫 시합만은 「먹고 튀는」 효과 덕분에 사기꾼이 최고점이다. 시합이 거듭되면서 사기꾼의 악명이 알려지면서 사기꾼의 제물이 되는 것은 선심파뿐이다. 그러나 선심파도 나이스파를 만나는 빈도가 늘어나면서 예상외로 선전한다〈그림1〉.

다음으로, 만일 사기꾼이 좀더 발전해서 상대를 의식하게 됐다고 가정하고 시뮬레이션을 시행해 보았다. 즉 첫 시합에서 속인 상대가 다음 시합 때 자신을 외면할 경우 「이 자는 선심파가 아니라 기

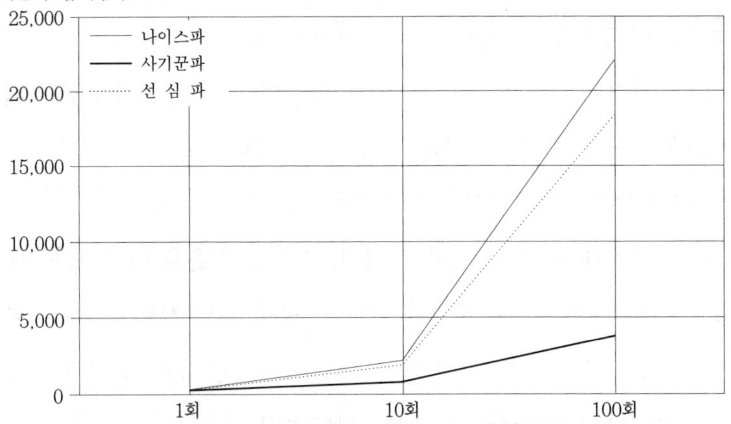

〈**그림1**〉 협력 이득 5점, 배신 이득 7점, 경원 이득 0점으로 한 경우(비율 40:5:5)

억력 좋은 **나이스파**가 틀림없어」라고 판단하고 세번째 시합부터는 협력방침을 택하는 것이다(이 경우 나이스파는 다음 시합부터 협력 방침으로 돌아선다). 물론 두번째 시합에서도 상대가 협력을 택하

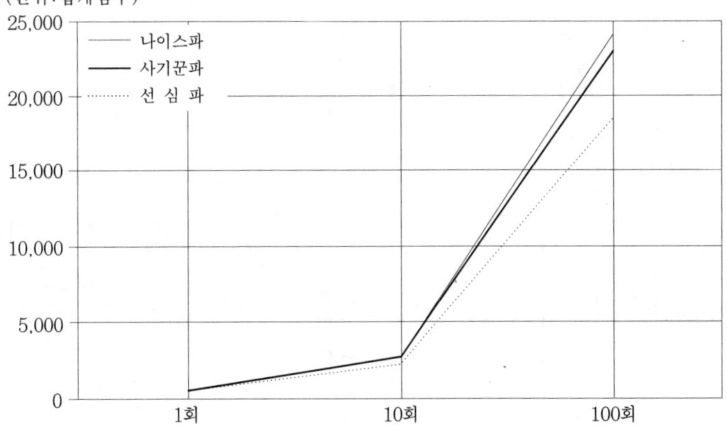

〈**그림2**〉 다른 조건은 〈그림1〉과 같고 사기꾼파가 수정한 경우

면 「이 자는 선심파군」이라고 판단해 계속 배신한다. 이것이 가장 교묘한 처세술인 것처럼 보이기는 하지만, 글쎄…….

다른 조건은 전과 똑같이 하고 「새 버전의 사기꾼」을 투입한 결과 사기꾼이 급속히 점수를 올려 2위를 차지했다. 그러나 나이스파를 능가하지는 못했다. 선심파는 이전과 같은 점수〈그림2〉.

다른 시뮬레이션도 시도해 보았다. 집단내 비율을 나이스파 30, 새 버전의 사기꾼 10, 선심파 10으로 변경하되 다른 조건은 전과 동일하다. 결과는 천적인 사기꾼 숫자가 증가한 탓에 선심파만 손해를 보았다. 나이스파는 여전히 1위〈그림3〉.

마지막으로, 협력에 따른 이익을 5점에서 3점으로 줄여보았다. 즉 배신에 따른 이익(7점)을 협력 이익의 배 이상으로 계산한 것이다. 과연 이때는 새 버전 사기꾼이 1위로 뛰어올랐다. 그러나 정직하게 행동한 나이스파와의 차이는 아주 작았다. 선심파는 당연히

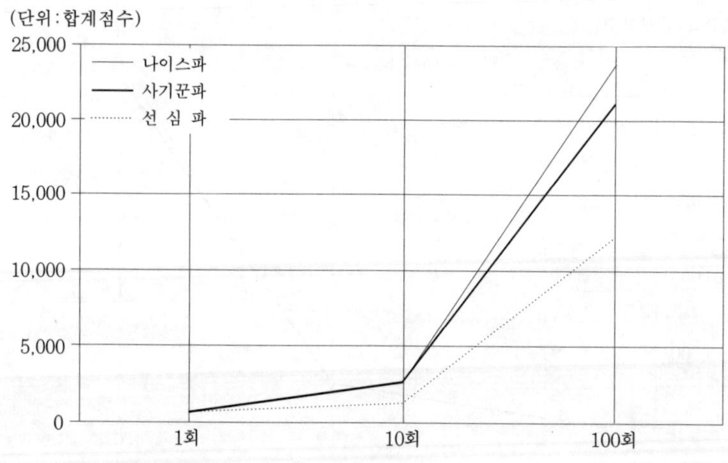

〈그림3〉 다른 조건은 〈그림2〉와 같고 비율을 30:10:10으로 한 경우

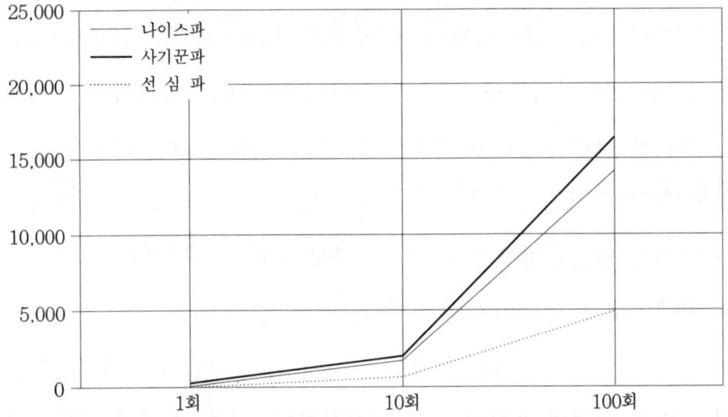

〈그림4〉 〈그림3〉과 같은 조건에서 협력 이득 3점, 배신 이득 7점, 경원 이득 0점으로 한 경우

점수가 더욱 낮아졌다〈그림4〉.

결론은, 액셀로드의 원칙은 역시 대단히 신뢰할 만하다는 점이다.

모든 존재에는 이유가 있다

만약 생물이 합리적인 존재라면, 이치에 맞지 않게 행동하는 유형은 멸망하든가 아니면 모델을 교체하는 수밖에 없다. 보다 정확히는 생물이 합리적이어서라기보다는 자연법칙이 그만큼 냉혹하기 때문이지만.

이 점을 염두에 두고 PC를 이용한 시뮬레이션을 좀더 발전시켜 보았다.

먼저, 시합을 100번 시행한 뒤 각 유형별로 개체당 득점합계를 산출했다. 그리고 이 점수에 비례해 다음 세대에서 같은 전략을 선택하는 개체수를 결정하도록 했다(생활 터전은 한정돼 있으므로 총 개체수는 변화가 없다). 부모의 전략이 유전이든 학습이든 자식에게 그대로 전달된다고 할 수는 없지만, 여기서 말하는 다음 세대는 부모세대로부터 교훈을 얻어 자신의 생존방식을 결정하는 존재라고 가정한다. 혈연관계가 있든 없든, 부모와 닮은 생존방식을 구사하는 차세대를 한 식구이자 후계자로 보는 것이다.

세 유형을 투입해 100회 시합을 시킨 뒤 득점합계에 따라 각 유형이 다음 세대에 출현할 비율을 계산한다. 이를 몇 세대 거듭하면 유형별로 안정된 비율이 나오는데, 이를 근거로 전략의 우열을 따지기로 한다.

전과 마찬가지로, 협력 이익 5점, 배신 이익 7점, 경원 이익 0점으로 하고 초기의 조건은 나이스파 40 : 사기꾼파 5 : 선심파 5의 비율, 그리고 사기꾼은 진보하지 않는 것으로 하자.

13대까지 내려간 결과, 비율이 24 : 12 : 12로 안정됐다. 사기꾼이 「새 버전」으로 진보했다고 가정하더라도 6대 이후 28 : 18 : 2로 안정을 이룬다. 역시 나이스파가 가장 높은 비율을 차지했다.

초기 조건 비율을 30 : 10 : 10으로 해도 4대 이후부터 23~25 : 11~13 : 11~14의 범위에서 유동적인 안정상태에 도달한다. 또 새 버전 사기꾼을 투입해도 비율은 6대 이후부터 28 : 18 : 2로 안정된다.

역시 나이스파가 최고였다. 초기 조건의 비율을 변경해도 결국 비슷한 결과가 나타난 것은, 각 행동 이익에 부여된 득점과 전략의 종류만이 분포를 결정한다는 점을 시사한다.

그렇다면 협력 이익 3점, 배신 이익 7점, 경원 이익 0점으로 조정해 보자(사기꾼에게 유리한 득점비율이다). **보통의 사기꾼**일 경우 4대 이후 48 : 1 : 0, **새 버전 사기꾼**일 경우도 5대 이후 30 : 19 : 0으로 안정됐다. 말하자면 **선심파**는 멸종했지만 나이스파는 여전히 압도적인 위력을 발휘했다.

이는 한 세대의 득점이 아니라 여러 세대에 걸친 장기적 전망으로 볼 때, 살아남기 유리하고 서식 개체의 비율을 착실히 늘려나가는 데는 결국 나이스파가 제일이라는 뜻이다. 초기 조건이나 배점 비율을 다소 달리하더라도 우위는 흔들리지 않는다.

역시 정의는 승리하는가.

엄밀히 말해 모든 경우에 적용할 수는 없지만, 「은혜에는 보답, 눈에는 눈」이라는 철칙으로 대처하는 액셀로드 원칙이 장기적으로는 최상의 전략인 듯하다.

악은 필요 없다

현실세계에서는 이러한 대인교섭 전략이 더욱 효율적일 것이다. 왜냐하면 인간은 개체 식별 능력이 대단히 뛰어나고 호혜적인 관계를 유지하려는 경향이 강하기 때문이다.

예를 들어 일단 「재는 사기꾼 같다」고 인지하면 나이스파는 그를 따돌리고 동료에서 제외시켜 버린다. 혹시 선심파라도 한번 사기꾼에게 걸려 손해를 보면 화가 나서 다음부터는 동료 선심파나 나이스파에게 접근해 호혜적 관계를 긴밀히 한다. 다만 세상에 떠도는 「악에의 관용」이나 「오른뺨을 맞으면 왼뺨을 내밀어라」는, 선심파를 늘리려는 선전에만 현혹되지 않으면 된다.

어쩌면 **선심파** 덕분에 악도 존속하는지 모른다. 최소한 시뮬레이션에서 **사기꾼**의 생존은 전적으로 **선심파**의 비율에 의존하고 있다. **사기꾼**을 박멸하려고 **선심파**를 없애는 것은 너무 무지막지한 형사정책이므로, 최소한 **선심파**가 **나이스파**를 본받아 **사기꾼**에게는 접근하지도, 상대하지도, 믿지도 않게끔 해야 하지 않을까.

그렇게 되면 **사기꾼**은 별 도리없이 닮은꼴의 동료들과 어울릴 수밖에 없다. 그들끼리는 취미나 화제를 공유할 수 있을 테고, 원래 성실한 집단으로부터는 경원당하기 십상이니까. **나이스파**와 **선심파**가 합치면 대규모 집단이 되므로, 사법·행정을 자기 편으로 끌어들일 수 있다. 여론도 이들 편이 되어 사기꾼을 감시할 것이다. 자업자득이라고 할 수밖에 없다.

그런데 왜 **사기꾼**들은 언제까지나 **사기꾼** 짓을 계속할까. 이론적으로 보면 「나쁜 짓」, 즉 상대에게 피해를 입히고 자기만 이익을 취하려는 발상은 경제적 합리성에 어긋난다. 물론 이것은 장기적인 관점에서의 이야기다.

어쩌면 **사기꾼**은 장기적인 시각으로 내다보는 능력이 모자랄지 모른다. 상상력이나 결과 예측 능력이 빈곤한 때문일 수도 있다. 그러니까 눈앞의 7점이란 점수에 급급한 나머지, 서로 사이도 좋아지고 장래성도 있는 5점, 또는 3점을 축적하는 것에는 생각이 미치지 못하는 것이다.

정서적으로 공감하는 능력에 결함이 있을 수도 있다. 왜냐하면 「나도 상대도 얻는 적당한 이익」을 함께 기뻐하기보다는 「상대를 울리더라도 자신만을 위한 큰 이익」을 선택하려 하기 때문이다. 이런 짧은 시각과 비연속적인 에고이즘이 장기적으로는 그들에게 손해를 안겨주는 것이다.

기본적으로 「나쁜 짓」이란 옛날부터 배운 것처럼 「해서는 안 되는 일」이라기보다는 「현명하다면 본래 할 필요가 없는 짓(멀리 내다보면 결국 적자가 나는 일이니까)」이지 않을까. 그럼에도 불구하고 자기도 모르게 쾌락이나 이익에 홀려서 어리석은 행동을 선택하고 마는 게 악의 특징 중 하나이다.

즉물적 이기주의가 행동으로 표현된 「악」은 매일 접촉하는 가까운 사람에게마저 피해를 주므로 장기적 이익과는 거리가 멀게끔 운명지어져 있다. 원래 주변 사람으로부터 기피당하는 자체가 인간관계에서는 「벌」이다. 실생활에서 음으로 양으로 받는 불이익도 형벌이나 마찬가지다. 이렇게 「하늘을 보고 침 뱉는」 사람들은 정작 이런 점에 대해서는 거의 깨닫지 못하는(아니면 깨닫더라도 스스로 궤도 수정을 하지 못하는) 것 같다.

「두번 다시 볼 염려가 없는 관광객들에게 불량품을 팔아먹자」는 것은 그런대로 경제적 합리성이 있다고 할 수 있지만 「앞으로도 자주 얼굴을 마주칠 가족이나 친구에게까지 폐를 끼쳐가며 눈앞의 이익을 얻자」는 것은 졸렬한 대인 전략이다. 이런 선택을 되풀이하는 인물은 일종의 인지장애로 취급할 수도 있다. 「앞날을 읽지 못한다」

「오래 사랑받으려면 신용이 있어야 한다는 점을 모른다」「손해봄으로써 이익이 생기는 것을 이해 못한다」「앞뒤 가리지 않고 눈앞의 먹이만 밝힌다」는, 심리학적 근시안으로서의 인지장애다.

「내 것은 내 것, 네 것도 내 것」과 「신용 추락」이 결합한 배신 전략은, 『백치』(도스토예프스키의 작품명)적인 「선심파 전략」을 별도로 치면, 명백히 부적절한 전략이다. 그런데도 이 전략을 선택하고 오랫동안 지속하는 사람들은 도덕적 · 윤리적인 결함보다는 지적 · 정서적인 면에 문제가 있어 보인다.

심화 시뮬레이션에서 얻는 교훈

위의 교훈을 시뮬레이션화 해보자. 여기서는 「새 버전 사기꾼」을 눈치를 보아가며 사기친다는 의미에서 「눈치파」로 바꾸어 부르겠다. 나이스파 : 눈치파 : (단순한) 사기꾼 : 선심파 등 네 유형을 섞어 넣어 살아남기 게임을 시켰다.

초기 조건으로서의 개체비율은 결과에 별로 큰 영향을 미치지 못하는 듯하다〈그림5〉.

선심파나 단순한 사기꾼이 2, 3대에서 멸종하지 않으려면 두 유형이 각자 협력하거나 배신할 때 주관적으로 느끼는 이익을 다르게 정할 필요가 있다.

현실에는 비록 소수이지만, 희생양 격인 선심파에 가까운 성격과 장기적으로 보아 결국 손해를 보는데도 노골적으로 이기적 행위를

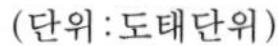
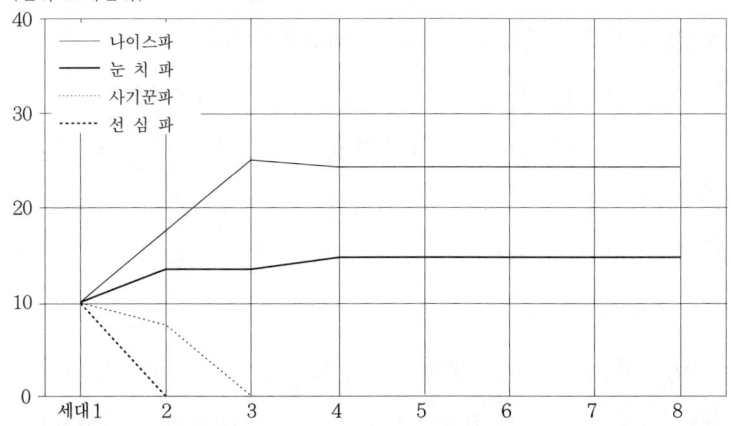

〈그림 5〉 공통적으로 협력 이득 5점, 배신 이득 -7점, 경원 이득 0점으로 한 경우

일삼는 **사기꾼**에 가까운 유형이 존재한다. 이는 교섭 결과 주관적으로 얻었다고 생각하는 이익이 유형에 따라 다르다는 점을 시사한다. 앞서 예를 들었듯이 길에 휴지를 버리는 A씨와 버리지 않는 B씨처럼 이익과 비용의 주관적 평가는 다르기 마련이다.

  선심파는 협력이 성공했을 때 7점을 얻지만 배신당했을 때는 마이너스 3점의 피해만 본다고 정하자. 바보 같을 정도로 사람좋은 선인이라면 호혜적인 성공에는 너무너무 기뻐하고, 배신에는 원래 익숙하므로 아예 면역돼 있을 수 있다. 또 **사기꾼**은 배신했을 때 이익을 7점만큼 느끼고, 협력이 이뤄졌을 때는 3점 이하의 이익밖에 느끼지 못한다고 정하자. 어리석은 악인이라면 호혜적 행동으로 얻은 작은 성과보다 단 한번에 그치더라도 혼자만 맛보는 승리를 택할 테니까. 이렇게 정하는 것이 「상대를 잘 관찰하지 않고 통찰력도 부족한」 탓에 매번 협력만 하거나(선심파) 배신을 전문으로 하는(사기꾼) 두 유형의 성격에도 부합한다.

한편 눈치파는 협력 성공에 5점, 배신에는 7점의 이익을 주고 경원당했을 때는 0점을 매기기로 하자. 눈치파는 기본적으로 「현명한 악인」이기 때문에 상대가 허술하면 배신하려 하고, 만만치 않은 나이스파라면 경원당하기보다는 협력 이익을 얻는 선에서 자제할 것이므로 이런 점수 배분이 타당하다. 상대가 같은 눈치파일 경우엔 서로 경계하다가 배신을 택할 것이므로 결과는 「경원」이 된다.

나이스파는 눈치파와 동일하게 협력 성공에 5점, 배신당하면 마이너스 7점, 경원하면 0점으로 처리한다. **나이스파**는 기본적으로 「현명한 선인」이다. 설사 상대를 배신하는 데 성공했더라도 주관적·심정적으로 느끼는 이익은 없을 것이다(양심의 가책 때문에 뒷맛이 찜찜하거나 자책할 것이므로). 따라서 나이스파가 선택할 반응은 상대의 태도에 따라 협력하거나 경원하는 두 가지다.

이 네 유형을 함께 시합에 붙이면 4대째 정도에서 비율이 안정점에 도달한다. 초기 조건 비율이 **나이스파 : 눈치파 : 사기꾼 : 선심파**가 30 : 10 : 5 : 5인 경우든 10 : 10 : 10 : 10인 경우든, 몇 세대의 도태과정을 거치면, 대개 17 : 14 : 6 : 11 정도의 비율로 안정을 찾는다. 나이스파가 최대 비율이고, 다음이 눈치파이다. 근시안적인 악인이나 못 말리는 선인은 소수로 처지고 만다. 현실세계에서의 성격분포와 닮지 않았는가〈그림6〉.

이 결과가 주는 교훈은 다음과 같다.

만약 당신이 바보라면 선심파 전략을 선택하라(사기꾼보다는 나으니까). 현명하다면 **나이스파** 전략을 선택하라(눈치파보다는 나

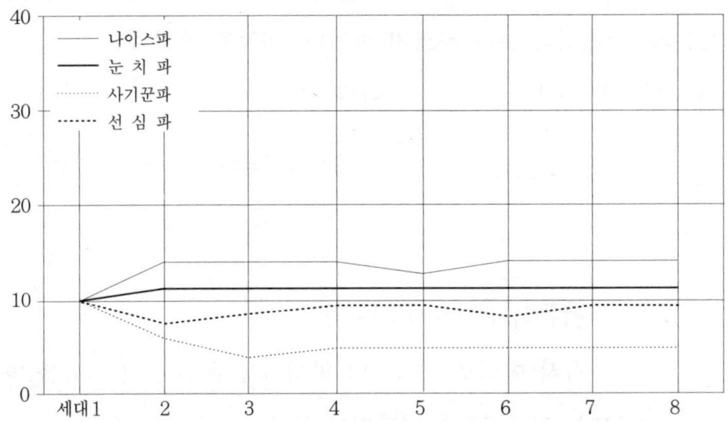

〈그림6〉 나이스파, 눈치파, 사기꾼파는 협력 이득 5점, 배신 이득 –7점, 선심파만 협력 이득 7
점, 배신 이득 –3점으로서 계대도태(繼代淘汰)하는 양상을 보이는 가상 실험

으니까).

　이익 점수를 달리 설정하면 어떻게 될지 궁금할 것이다. 협력 이익과 배신 이익을 각각 1점에서 9점 사이에서 변화시켜 나오는 모든 가능한 조합을 시합에 붙여보았지만 100번의 시합이 10대째쯤에 이르면 언제나 1위는 **나이스파**, 2위는 **눈치파** 또는 **선심파**이고 **사기꾼**은 항상 최하위를 면치 못한다(점수 조합 중 절반 가량에서 선심파와 사기꾼은 2, 3세대 때 멸종해 버리고 말지만).

　나이스파 전략은 올바른 선택이지만 반드시 승리만 하는 것은 아니다. 장기적으로 볼 때 확률적으로 승리한다. 이런 기브 앤드 테이크 원칙을 어릴 적부터 몸에 익힌 「대인관계의 달인」들이야말로 현명한 인종이다. 이들의 기본 전략인 「나이스」, 즉 「우선 친절하라. 상대도 친절하면 다음에도 친절하라. 상대가 배신하면 배신으로 갚아라. 상대가 잘못을 뉘우치고 태도를 바꾸면 용서하고 다시 친절하라」는 처세 원칙은 대단히 합리적이다. 우리는 이들을 「교활하다」든가 「멍청하다」고는 부르지 않는다. 이들은 공정하며, 문자 그대로 「나이스 가이(Nice Guy)」들이다.

컴퓨터가 가르쳐주는 것

유사 이래로 도덕이나 인생 교훈은 무조건 이유를 따지지 않고, 또는 감상적으로 전달되어 왔다.

왜 그렇게 하지 않으면 안 되는지 모르면서 그저 「어쨌든 인간은 그래야 하는 거야」라고 가르쳤다. 그러나 이래서는 도덕교육에 순종하고 맹신하는 순진한 사람들에게만 효과가 있을 뿐이다. 또 어째서 「정직한 사람이 바보 취급당하고」, 정의가 이기기도 하지만 악이 번영하는지 이해할 수 없다. 생각 있는 젊은이라면 품을 수 있는 「왜 선하지 않으면 안 되는가?」라는 이론적·철학적 의문에 제대로 대답을 내놓지도 못하고 있다.

그러나 최근 들어서는 행동 선택이 단지 상황이나 성격의 산물만이 아니라 「긴 안목으로 볼 때의 이익·손실 비교」에 따른 최적의 전략이라는 측면에서 새롭게 조명하게 됐다.

선행은 장기적으로 보아 충분히 보답이 온다. 이것은 「단순한 선심파가 아니라 악에 대해서는 반드시 보복을 하되 악이 뉘우치고 태도를 고칠 때는 다시 관용을 베푸는」 액셀로드 원칙을 지킬 때의 이야기다. 이 경우에만 「하늘은 공평하다」거나 「사후의 영광」 같은 공상적인 약속어음에 기대지 않고, 「악의 일시적 성공」에 흔들리지 않으며, 꽉 막힌 고집에 의존할 필요도 없이, 냉정한 확률 계산에 따라 성공적인 삶을 살 수 있다.

선인과 악인이 싸우면 왜 선인이 지는가. 정직한 사람이 왜 바보 취급을 당하는가. 그것은 선인은 많은 규범과 규칙을 지키고 금지된 일은 하지 않는 데 비해 악인에게는 그런 속박이 없기 때문이다.

한쪽은 권투 규칙을 철저히 지키며 싸우지만 다른 쪽은 쇠파이프를 들고, 주먹을 쇠로 감고, 발로 차거나 물건을 던지기까지 하는 상황과 똑같다. 두 손이 묶인 상태에서 사지가 자유로운 상대와 싸우는 꼴이다. 이래서야 지는 게 당연하다. 이런 선인의 약점에 대해, 액셀로드 원칙은 상대가 규칙을 지키면 이쪽도 지키고, 상대가 쇠파이프를 휘두르면 이쪽도 휘두르는 「공정성」을 권장한다. 따라서 액셀로드 원칙은 선인에게만 구원의 복음이지 악인에게는 「불합리한 원리」나 다름없다.

과거의 황금률, 즉 「당신이 원하는 것을 상대에게도 베풀어라(「그대 원하는 바를 이웃에게 베풀지어다」는 유대 율법학자 히렐의 말이 오리지널이지만」)를 이것으로 대체할 수 있지 않을까.

첫째, 과거의 황금률은 그대로 따랐을 경우 보답이 명확하지 않다(하늘은 공평하다거나 천국행을 예약한다는 등 공상적인 요소가 많다). 둘째, 타고난 악인에게는 설득력이 없다(그들은 다른 사람은 황금률을 지키길 바라지만 자기는 지킬 의사가 없다). 셋째, 정직한 사람이나 선인일수록 바보 취급을 당할 여지가 많다(이들은 도덕률을 진심으로 지키고자 하므로).

　이러한 결함은 황금률이 그 대상에게 아무 조건도 붙이지 않은 탓이다. 물론 사방 10마일을 둘러보아도 서로 속속들이 아는 혈연관계의 소집단밖에 없던 선사 시대에는 이것으로 충분했을지 모른다. 과거 유대부족 내부에서 「이웃」은 가족이나 친척을 가리키는 말이었기 때문에 무조건 친절한 것이 정답이었을 수 있다. 그러나 현대는 다르다. 우리는 은혜도 의리관계도 없는 완전한 타인들이 이해관계만 염두에 두고 몇십만 몇백만 명이나 북적대는 도시화 시대에 살고 있다. 따라서 황금률도 개정하지 않으면 안 된다.

　예를 들어 「만일 상대가 자기가 원하는 것을 내게도 베풀려 한다면 당신도 원하는 것을 그에게 베풀어라. 만일 상대가 자기가 원하는 것을 내게 요구하기만 한다면 당신도 똑같이 요구만 해도 좋다」. 금언치고는 좀 장황해졌다.

　차라리 「좋은 일이든 나쁜 일이든 항상 받은 만큼 돌려주어라」고 정리하면 될 것이다. 이는 액셀로드 원칙 그대로다. 매정하게 보일지도 모르고 마치 매파의 군사 전략같이도 들리지만, 실은 이 구호가 널리 정착되는 것을 가장 두려워하는 집단은 이기적인 악인들이다. 주변에 피해를 끼치고 돌아다니는 이들 입장에서, 똑같이 피해를 당하는 것은 매우 불리한 원칙이다. 반대로 친절하고 선량한 선인들은 더욱 보답을 받는다. 이런 합리적이고 탄탄한 대인 전략이 널리 보급되면 될수록 단순한 악은 점점 쇠퇴할 수밖에 없다.

　어떻게 보면 세상에는 과거나 현재나 상관없이 기본적으로 「당하면 되갚아라」는 원칙이 자연발생적으로 퍼져 있지 않았나 싶다. 「사랑의 종교」니 「자비의 종교」니 하지만, 실제로 속세나 사법기관은

「눈에는 눈」으로 운영되고 있지 않은가.

확실히 어느 정도는 그렇다. 왜냐하면 일정 규모의 사회가 오랜 역사를 거치면, 확률적으로 최적의 방침을 선별해 보급한다. 시행착오를 거치며 살아남은 방침과 이론적으로 계산해 얻은 결론 사이에는 유사성이 있다는 데 주목하기 바란다. 양자 모두 올바른 방향을 향해 전진해 왔기 때문이다. 그러나 현 단계에도 운영이나 시행 면에서 철저하지 못한 구석이 있으므로 악은 그 틈을 파고들어 영양을 섭취하고, 번성하고 있다.

선악 모두에서 멀리 떨어지다

지금까지 생각해 보니, 우리가 사는 사회에는 어쩔 수 없이 악이 어느 정도 남아 있을 수밖에 없다고 여겨진다.

왜 그럴까. 한 가지 이유는 우리 중 일부는 키가 2미터를 넘는가 하면 1미터도 채 안 되는 사람도 있는 이치와 같다. 다른 하나는 우리 중 일부가 악의 먹이나 희생물이 되기 쉽기 때문이다.

우리는 「사람」이라는 같은 종에 속해 있지만, 그 안에는 폭넓고 다양한 변이가 존재한다(이는 종이 살아남기 위한 보험 같은 것이다). 게다가 문화나 제도는 제각기 다른 삶의 방식을 어느 정도는 허용하는 느슨함이 특징이므로, 악은 「사회적 자유」의 대가이기도 하다. 어떤 의미에서 악은 건전하고 느슨한 사회의 부산물이랄 수 있다.

그렇다고 해서 악이 무슨 천연기념물이나 되는 것처럼 개인적으로「먹이」를 주어가며 보호할 이유는 없다. 거시적으로 보아 불가피하다고 해서 우리 개개인이 악을 보존하려고 노력할 필요는 없다. 오히려 보는 족족 바퀴벌레처럼 밟아 없애는 편이 좋다. 그러면 악 역시 바퀴벌레처럼 매 세대에 일정비율로 생겨날 것이다.

바퀴벌레는 쫓아버리면 된다치고, 그럼 우리 자신은 어떻게 살아가야 할까.

약간 개인적인 이야기지만, 나는 중학생 시절에「왜 착한 일을 해야 하는가? 왜 나쁜 일을 하면 안 되는 것일까?」라는 의문에 사로잡힌 적이 있다. 이에 관해 눈속임이나 이론적 비약이 없는 설명을 들은 적이 없었기 때문이다. 결국「착한 일을 하면 기분이 좋고, 나쁜 일을 하면 뒤끝이 나쁘기 때문」이라는 감정적 쾌락주의를 근거로 스스로를 납득시켰다.

그뒤부터는 선인에게 감동하는 일도, 악인(적어도 나에게 피해를 주지 않는 한)을 미워하는 일도 드물어졌다. 선인이든 악인이든 단지 자신의 쾌락을 추구할 따름이므로, 말하자면 서로 취미가 다를 뿐이라고 생각한 것이다. 그러나 이렇게 되면 나 스스로의 행동을 규제할 수 없게 된다. 그때그때「기분 좋은」선택만 하면 되니까.

다행히 방탕하고 못된 짓에서는「좋은 기분」을 느끼지 못했기 때문에, 지난 반세기 동안 크게 비뚤어지지 않고 살아왔다. 그럼에도 불구하고 마음 한구석에서는「왜 악을 멀리하고 선을 행해야 하는가」에 대한 의문을 풀지 못한 채 생을 마치게 될까봐 걱정이었다.

중년에 접어들었을 때, 하늘의 계시처럼 문득 떠오른 말이「악은 행할 필요가 없다」는 명제였다. 왜 악을 저지를 필요가 없는가. 이 세상에는 주위의 반발과 제재, 보복당할 위험을 무릅써가며 해야 할 일은 없다는 인식에 이르렀기 때문이다. 대개 나쁜 짓은 이런 계산에 혼란이 생겼을 때 저지르는 것이 아닐까.

작게는 부모에게 꾸중들을 위험을 무릅쓰고 집안의 돈을 훔치는 일에서부터, 크게는 역사로부터 오명을 뒤집어쓰고 일가 친척까지 위축되게 만드는 반역을 꾀하는 일까지, 대개 비슷하다. 많이 얻으면 그것을 잃어버릴까봐 겁나고, 높은 곳에 오르면 추락을 경계하게 된다. 이래서는 마음의 안정을 이루지 못한다. 안정은커녕 많이 갖고, 높은 곳에 오른 자체가 우리의 이성을 잃게 하는 면이 있다. 결국 재산은 번뇌의 씨앗이고 권력은 부패의 온상이다.

게다가 내 경우 신기하게도 지금까지 필요한 것은 마치 누군가가 주기라도 한 것처럼 그때그때 얻을 수 있었다(들에 핀 백합을 보라. 그것들은 수고도 하지 않고 길쌈도 하지 않는다). 일부러 나쁜 짓 같은 번거로운 일을 하지 않고도 잘 지내왔다. 거짓말이 아주 나쁜 짓이라고 생각하지 않았지만 거의 거짓말을 하지 않은 것도, 거짓 말로 속여야 할 만큼 나쁜 짓을 별로 하지 않았기 때문이다. 무엇보다 거짓말을 잘 하려면 기억력을 혹사시켜야 하므로 매우 귀찮다. 운이 좋았달까, 아니면 인생에 대한 기대치가 적었던 탓일까. 사실 자랑할 일이야 못 되지만.

다소 비과학적인 이야기지만, 남에게 너무 기피당하거나 증오의 대상이 되는 것은 초자연적으로 볼 때 위험하다는 원칙이 있는 듯하다.

서양에는 이블 아이(evil eye), 즉 「사악한 눈」이란 것이 있어서, 증오를 품고 상대를 바라보면 왠지 그 순간 상대가 불행에 빠지고 마는 초능력의 소유자가 가끔 있다고 한다. 그렇다면 주변에 피해를 끼친 사람은 자기가 피해 입힌 사람 중에 이런 초능력자가 섞여 있을 가능성이 커진다. 초능력자가 존재하지 않더라도, 사람이 많이 모이면 일종의 「주문 축적 효과」가 생길 수 있다. 다수로부터 기피 · 증오당하면 언젠가는 걸려들지 않을까. 즉 「천벌」이란 것은 하늘에서 오는 게 아니라 현세에서 오는 것일지 모른다. 이런 위험을 감수하면서까지 저지를 만한 가치 있는 악행이 과연 있을까.

「악은 행할 필요가 없다」에 이어 곧바로(계시가 아니라 나의 연역에 의해) 「선도 일부러 행할 필요는 없다」는 명제가 나왔다. 나는 성격상 일부러 선행을 베풀어 남을 기쁘게 하거나 표창받고 싶어하지 않는다. 이런 행동은 세상의 칭찬에 의지하려는 것으로, 마치 군인이 양철훈장을 탐내 적진에 돌진하는 것과 같다고 생각한다. 또 선을 행함으로써 위대해진다거나 긍지를 갖게 되는 자기 만족 측면에도 그다지 흥미를 느끼지 못한다.

결국 「악을 멀리하고 선을 행하라」를 지키는 일은 지나치게 번거롭기 때문에 내게는 「모든 악은 쓸모없고, 모든 선은 공덕이 없다(나쁜 일은 너무 귀찮고 착한 일은 보람이 없다)」는 비악비선(非惡非善)주의가 제일 잘 맞는다.

이는 실로 자유의 경지다. 보통은 그저 하고 싶은 대로 하고, 하기 싫은 것은 하지 않으면서 마치 플랑크톤처럼 살아간다. 다소 의지나 노력이 필요한 일이라면 그 행위의 인과관계를 머릿속에서 시뮬레이션 해본 뒤 각오가 서면 서서히 시동을 건다. 따라서 후회도 반성도 없다.

이런 태도를 굳히면 개인적으로는 편안하지만, 자기 외의 바깥세상을 돌아보면 아무래도 모든 사람이 이 원리에 따라 살아간다고는 보다 어렵다. 역시 세상에는 「모든 악에 반대하며 모든 선은 실행하자」는 사람이 있는가 하면, 「말로는 선인, 행동은 악인」「총론찬성, 각론반대」「조금 친절하면서 폐는 많이 끼친다」 등이 얼마든지 있다. 각각이 그 나름의 「취미이자 사는 방식」일 것이다. 남의 취미라는데 뭐라 할 수는 없다.

하지만 나는 이 세상은 수지결산, 장부의 앞뒤가 정확히 일치하는 세계일 수밖에 없다고 생각한다.

선인선과(善因善果), 악인악과(惡因惡果). 인간은 자기가 한 일과 하지 않은 일에 대해 현세에서 상응하는 인과응보를 반드시 받는 것 아닐까. 이것이야말로 공정한 원리다. 「업보」란 것은 이 세상에서 청산되는 편이 훨씬 깨끗하지 않을까. 인류 전체가 「인간은 세계(자기 이외의 모든 것)에 대해 100가지를 하면 세계로부터 정확히 100가지를 돌려받는다」는 사회에 근접하려고 노력하는 것이 지금까지, 현재, 그리고 앞으로의 과제라고 생각한다.

6

악의 모델-비행자와 범죄자는 왜?

보통 자기만 만족하고 주위에는 피해만 안기는 것은 「악」이고,

나도 좋고 남도 좋으면 「성공」이며,

자신을 희생해 상대를 위하는 것은 「선」이라고 할 수 있겠지만,

무리하게 정의하려고 들지는 말자.

민주적인 사회에서는 이 원칙이 갈수록 철칙으로 작용한다.

많은 이를 기쁘게 하고 많은 이의 필요를 충족시켜 주는 사람일수록 성공한다.

이는 정치가나 기업가뿐 아니라 예술가나 탤런트·상점 주인·점원에 이르기까지

거의 예외가 없다. 어쨌든 자기 이외의 사람들을 기쁘게 할 선물을

얼마만큼 만들 수 있느냐가 승부의 분수령이다.

본문 중에서

격세유전, 낮은 지능, 가난 때문에……

　　범죄학이나 범죄심리를 다룬 책 앞머리에 롬브로조라는 학자가 자주 등장한다.

　대체로 비판대상으로 말이다. 어쨌든 종합적인 범죄학이론의 선구자이므로 낡았다면 낡은 인물이다. 소개를 하더라도「그는 이렇게 썼지만 오늘날에는 부정되고 있다」라는 식이다.

　이를 읽는 독자들은 롬브로조라는 사람은 꽤나 바보였구나 하는 인상을 받을 것이다. 그러나 옛사람의 목을 매다는 그 책의 저자도 바보이긴 마찬가지다. 대체로 학자란 그 시대의 야만주의에 홀리기 마련이다.

　롬브로조가 살던 시대는 범죄자뿐 아니라 부적응자나 장애인에게도 대단히 힘든 때였다(그 이전에는 괜찮았다는 말은 아니지만). 범죄자는, 원래 못나게 태어났거나 격세유전 탓으로 돌렸다. 이 자들은 이상하다, 인상이 나쁘고, 체형도 못생겼고, 아주 사나워보이고, 보통사람보다 털이 많고, 귀가 뾰족하다 등.

이런 인상 판단은 좋지 않은 태도지만, 의외로 당시의 감옥에는 얼굴이나 체격이 유난히 투박한 반(半)장애자가 많았는지도 모른다. 파리나 로마에 익숙해져서 하늘거리며 걷던 매끈한 사람들에게, 감옥에 있는 사람들 다수는 네안데르탈인의 친척처럼 여겨지지 않았을까. 이런 식으로 관찰하면 범죄자를 뇌가 고장난 사람이나 잘못 태어난 원시인으로 취급하는 것도 이상할 게 없다.

그러나 롬브로조를 얕보는 현대의 저자들이 모든 면에서 현명한지는 의문이다. 롬브로조는 「범죄자는 어째서인지 시각만은 뛰어나다. 그외의 감각, 특히 통각(痛覺)은 무디다」고 지적했지만, 혹시 이 사실을 현대의 범죄학자들은 간과하고 있는지 모른다. 그런 면에 주목하는 것은 나쁘다는 현대의 패러다임, 또는 터부에 속박돼 있기 때문이다.

그런 일이 현대에도 있는가?

물론 예외가 너무 많기 때문에 과학적 사실이라고 말하기는 어렵다. 그러나 통각이 무디다는 것은, 조직폭력 범죄자나 비행청소년에게 부상이나 폭력사태, 문신, 손가락 절단 같은 것이 왜 많은지 설명해 준다. 정상적으로 살아가는 사람이라면 아무리 허세를 부리고 싶어도 그런 위험부담과 고통은 사전에 피하려 하기 때문이다. 나아가 자신의 고통에 민감하다면 남의 고통도 공감할 수 있으므로 타인에게 지나치게 잔인한 짓은 못한다.

어쨌든 범죄자들도 현실적으로 고통을 느낄 테지만, 적어도 자기 외에 다른 사람의 고통에 둔감한 것은 틀림없다. 나쁜 인간이란 십

중팔구 「자기 불만에는 민감하지만 남의 고통에는 둔감」한 사람 아닌가. 그렇지 않다면 나쁜 짓은 좀처럼 하기 힘들다.

게다가 시각은 청각에 비해 정보를 동시에 일괄 처리하는 데 적합하다.

웩슬러의 지능검사는 동작성 지능(PIQ)과 연관돼 있으며, 청각적인 언어 이해나 시간의 흐름을 종합 파악하는 연속적 처리 능력인 언어성 지능(VIQ)과는 조금 다르다. 비행청소년 태반이 동작성 지능에 비해 언어성 지능이 처진다는 조사결과는 여러 차례에 걸쳐 확인된 사실이다. 거듭 확인된 경향인데도 거의 주목받지 못하는 것은, 현대의 패러다임에 맞지 않는다는 이유로 억지로 무시한 때문으로밖에 볼 수 없다.

언어성 지능이 낮은 것은 비행청소년 다수가 지적 노력을 게을리한다는 이유와, 시간 전망 능력이 모자란다는 점(최근 주목받기 시작한)과 관련 있다. 흥미를 끄는 소견이 아닐 수 없다.

일본에서 약 10년 전에 두 차례에 걸쳐 대규모로 비행청소년과 일반청소년을 비교 조사한 일이 있다. 그 결과 재미있는 사실이 밝혀졌다. 사회·경제적인 조건에는 아무런 차이가 없는데도, 갖고 있는 사전의 수에서 차이가 났던 것이다.

뭐, 사전이라고?

국어사전이나 영일사전 같은 것. 따지고 보면 사전은 오락용 만화나 소설과 달라서 공부와 지적생활 외에는 쓸모가 없는 책이지 않은가. 대체로 네 권 가량을 기준으로, 비행청소년은 그 미만이 많았고 일반청소년은 그 이상이 많았다. 당연할 수 있다. 착실한 십대라면 국어 · 한자 · 고어 · 영일 · 일영사전 정도는 갖고 있을 테니까, 이것만도 다섯 권이다. 물론 부모가 사전을 자꾸 사준다고 해서 비행이 방지되는 것은 아니겠지만.

이밖에 주목받은 차이점은 중학생 시절에 「신은 존재하는가」 「우주의 끝은 어떤 모양인가」 등 원대하고 관념적인 의문에 대해 생각해 본 경험의 유무도 비행아와 일반아를 구분하는 중요한 포인트라는 점이다.

물론 비행청소년 쪽이 「지금, 여기」에서 동떨어진 추상적인 것에 대한 흥미와 관심이 낮았다. 연구팀은 이를 지적 관심이 낮은 탓으로 해석했지만, 상상력을 발휘하는 시공간의 범위가 좁다는 점도 한 원인으로 생각된다.

롬브로조 다음 학자는 고다드인데, 그가 「낮은 지능」과 비행 · 범죄가 관련 있다고 지적한 까닭은?

이 이론도 현대에는 비판의 대상이다.

그렇더라도 당시, 일본으로 치면 2차 대전 이전에는 현실적으로 감옥이나 소년원 수용자 중 몇십 퍼센트는 「저지능」이었다는 사실을 감안해야 한다. 그것은 일반인 중 저지능자가 차지하는 비율보다 열 배나 넘는다.

그러나 지난 수십 년 사이에 구미 국가나 일본에서, 수감자 중 저지능자가 차지하는 비율은 점차 감소해 왔다. 그러다 최근에는 일반인보다 약간 높은 비율에서 안정된 추세다. 소년원이나 교도소도 일반인과 비교할 때 지능지수가 평균 5 내지 10 정도 낮은 수준이다. 차이가 30 이상으로 벌어지지 않는 한 지능 부족을 문제삼을 수는 없다.

과거에는 왜 지능이 낮은 사람들이 감옥에 갔을까. 아마 너무나도 적응하기 힘든 사회였기 때문일 것이다. 당시의 조사방법으로는 지능검사가 무리라고 말하는 학자도 있지만, 비네의 지능검사만 해도 방법이 단순하므로 측정 잘못을 탓하기는 어렵다.

그보다는 지난 수십 년간 장애자 복지가 비약적으로 향상되고 차별도 적어진 것이 주된 원인일 것이다. 과거에는 비웃음 당하고, 소외되고, 따돌림 받고, 이지메를 당하는 데다 돌봐주지도 않았으니 밟히고 차이는 삶이었다. 먹고살기 위해 도둑질이라도 하지 않을 수 없었다. 더구나 어리숙하니까 쉽게 붙잡힌다. 당연히 수감자 중 비율이 가장 높을 수밖에 없다.

옛날에는 지능이 낮든 높든 간에 무엇보다 먹고살기 위한 장발장형 범죄가 많았다. 평화롭게 보호받으며 먹고살게 된 순간부터 저지능자들의 법률 위반도 뚝 떨어졌다. 원래 소박하고 선량한 사람들이 대다수이니까.

장발장 형이…… 전후의 제1차 비행 급증기를 「생활형 비행」이라고 이름붙인 학자도 있다.

그렇다. 이때가 쇼와(昭和) 20년(1945~1955년을 말함)대다. 다음이 쇼와 30~40년대의 제2차 급증기로 이때는 반항형 비행, 그 다음 쇼와 50년대 후반부터의 제3차 급증기는 유흥형이나 초범형으로 불리는 현대적 비행이 주류를 이룬다. 이같은 변천에 따라 비행 원인론도 유행을 타게 된다. 「가요는 세월따라」까지는 아니지만, 비행론도 세태에 따라 유행하기도 하고 쇠퇴하기도 한다.

1차 급증기 때는 빈곤이나 결손가정, 2차 급증기에는 애정 결핍이나 소외감, 3차 때는 과잉보호나 입시위주 교육, 부적응 등이다.

어떤 의미에서는 지능 부족설·빈곤설·애정 결핍설 중 어느 것도 비행의 원인을 제대로 짚지 못했다. 한 이론으로 설명할 수 없는 비행과 범죄가 계속해서 대량 발생했기 때문이다. 동시에 각 시대에는 나름대로 효과 있던 생활지도나 교정 원리도 다음 단계에서는 힘을 잃었다.

제1차 급증기에는 의식주 면의 생활보장으로 효과를 보았다. 제2차 급증기에는 마음이나 신체 접촉을 통해 연대감을 불어넣는 방법이 효과적이었다. 그나마 제3차 급증기 범죄 유형에 효과적인 지도 원리는 아직 확립조차 되지 않았다.

그러나 비행이 발생하는 빈도가 절정에 달하는 현상도 반쯤 깎아서 들을 필요가 있다. 법무성의 관료 중에도 발언 비공개를 조건으로 「단속방침이나 통계처리 방식에 따라 조작되고 있다」고 고백한 사람이 있을 정도니까.

선도·송치 처분을 받는 비행 중 생활형이나 반항형 비행은 확실히 줄어드는 추세다. 최근에는 거의가 쾌락추구형이나 「배부른 유형」이다. 비행을 저지른 동기도 「유흥비를 마련하려고」라든가 「괜히 짜증나서」라는 식이다. 생활고나 반항심이라는, 절실하거나 너무 기운이 넘쳐서 생기는 문제를 안고 있는 청소년이 전체적으로 줄었기 때문일까. 아니면 여전히 많지만 비행 아닌 다른 곳에 정력을 쏟기 때문일까.

어느 경우든 전후 반세기 동안 비행의 내용이 3단계를 거쳐 변화해 온 것만은 틀림없다.

모자관계, 애정 욕구, 하위문화 때문에……

그렇지만 임상학자 중에는 노이로제·정신병·알코올 중독, 나아가 비행이나 범죄까지 뭉뚱그려서 모든 문제를 어린 시절의 체험이나 모자관계 탓으로 돌리는 이가 아직도 많지 않은가.

그것은 마치 만병의 원인은 단 하나뿐이라는 설과 비슷하다. 모든 문제는 유아기의 심리적 상처나 무의식적 억압 때문이라는, 예의 문학적인 사후 합리화이다.

이 주장은 1920년대부터 미국의 범죄학이 내세운 이론이다. 그게 오늘날까지 높이 대접받고 있다. 히리와 브로너를 비롯한 당시의 범죄심리학자들이 비행을 일종의 노이로제로 취급해 정신분석학적으로 마구 해석해 놓은 것이 지금까지 후유증을 낳고 있다.

당시는 범죄학이 발달하지 않은 탓에 「어떤 유형이 있는가」 정도의 박물학적인 단계에 머물렀다. 모두들 비정상인의 내면을 통일된 하나의 원리로 이해할 수 있는 방법을 찾고 있었다. 그런데 한발 앞서 신경증·정신병의 영역에서 정신분석학이라는 매력적인 내면세계 이해체계를 구축하고 있었다. 바로 거기에 휘둘린 것이다. 「비행도 범죄도 이 방법으로 연구해 보자」라고.

이 관점에서 보면 비행이나 범죄만큼 어린 시절의 체험이나 모자관계로 설명하기 쉬운 현상도 드물다. 대개 노이로제 환자는 객관적으로 보더라도 성장과정이 비참한 경우가 많으니까.

이와 달리 신경증이나 정신병은 성장기의 불우함과는 그다지 큰 관련이 없다. 소중히 보살핌을 받으며 자랐더라도 병에 걸릴 사람은 걸린다. 객관적으로 증명하기 어려운 이런 정신장애마저 능란하게 요리하는 이론이 정신분석학이다. 비행이나 범죄의 원인을 성장과정에서 찾는 것은 어린애 손목 비틀기보다 쉬운 일이다.

전형적인 정신분석 기법은, 상대의 언동에는 감추어진 동기가 있다고 해석하는 것이다.

예를 들어 도둑질을 단지 돈이 필요하다든가, 실컷 놀고 싶다는 표면적인 동기 때문으로 보지 않는다. 그들이 정말로 원하는 것은 부모의 애정 또는 배설물(둘 다 황금색이므로 대변은 금전의 상징이 되고 만다)이라는 것이다. 그것도 먼 과거에 원했지만 얻지 못한 것에 대한 보상으로 지금 금품을 요구하는 것으로 설명한다. 게다가 범죄자가 권위나 사회에 반항하는 것은 옛날부터 마음속에 억눌려 있던 아버지에 대한 반발이 형태를 달리해 나타난 것이라고 해석한다.

이런 식으로 신경증이나 비행, 다른 무엇이든, 현재 요구하는 것은 다른 어떤 것의 상징으로 바꾸어 설명한다. 그러고는 그것으로부터 치료법을 이끌어낸다. 즉 이처럼 사고가 잘못 연결되는 것을 고쳐주면 된다는 치료 원칙이다.

그렇다면 도벽이 있는 사람은 엄마가 안아준다거나 대변 한 무더기를 선사하면 고쳐진다는 말이 되는군(하하하).

그도 쉽지 않은 일이다. 어머니가 옛날처럼 젊은 여성일 리 없고, 대변을 주머니에 넣어 다닐 수도 없고(하하하). 반사회적 인물이나 반체제 활동가를 만족시키려면 아버지와 씨름이라도 붙여 이기게 만들면 되겠지만, 실제로는 반체제 활동가 중에서도 아버지를 존경하거나 애착을 갖는 사람이 많지 않은가.

그러나 현대의 분석가들도 너무 황당한 상징 해석은 하지 않는다. 본고장인 미국조차 1970년대부터 정신분석학 자체가 다소 침체했고, 지나치게 비약하거나 실증성이 없는 문학적 해석을 폈다가는 바보 취급당하기 십상이다.

하지만 「비행청소년이 말썽피우는 것은 주목을 끌고 싶거나 애정을 갈구하기 때문이다」는 목적론적 해석은 널리 받아들여지고 있다. 그들은 행동의 결과를 알고 있으며, 그것은 그들이 진심으로 또는 무의식적으로 원하던 것이라는 시각이다. 말썽꾼은 결과적으로 생각하면 주목을 끌고 소란스러워지는 것을 처음부터 원했던 것처럼 보인다.

더 극단적이지만, 비행청소년이나 범죄자는 무의식적인 죄책감 때문에 처벌받기를 원한다는 해석도 있다. 처벌받음으로써 마음속에 숨어 있던 속죄 욕구가 해소된다는 것이다. 어쨌든 결과적으로는 공적·사적 양면으로 처벌을 받게 될 테니까. 그러나 정작 본인에게 물어보면 "무슨 소리요? 처벌을 원한 적 없소"라고 단언한다. 당연하다. 그들이 도쿄 대학교 합격을 포기하는 대신 소년원을 택했을 리는 없다. 결과를 목적인 양 혼동하는 것은 신중하지 못한 태도다. 단순한 이야깃거리로는 재미있지만.

정신분석이나 임상심리학은 상담실에서 얻은 환자의 진술만을 토대로 구축한 이론치고는 환자 본인의 말을 너무 믿지 않는 경향이 있다. 「본인은 이렇게 말했지만 무의식에는 틀림없이 정반대의 심리가 숨어 있다」고 멋대로 해석하곤 한다.

현실적으로 중학생 이상의 나이를 먹은 사람 중 도벽이 있는 경우는 부모가 애정을 베풀어도 고쳐지지 않는다. 뿐만 아니라 부모의 애정이 「도둑에게 웃돈 얹어주는 격」이 된 사례도 많다. 그러나 도벽이 주위에 널리 알려지면 더 이상 마음놓고 훔칠 수 없다(그냥 조용히 지내면 남의 눈을 속일 수 있지만). 그들은 처벌받는 것을 달가워하지 않는다. 마조히스트(masochist:피학대음란증환자)가 아닌 바에야.

임상심리학자들이 간과하는 최대의 문제는, 비행아들이 느끼는 객관적인 스트레스가 노이로제 환자보다 훨씬 크다는 점이다.

스트레스라면 정신장애나 심신증(心身症) 쪽이 더 심할 것 같다?

아니다. 절대 그렇지 않다.

비행청소년은 교사로부터 눈총받고, 부모로부터 꾸지람과 구박을 받고, 보통아이들로부터 기피당하고, 경찰에 쫓겨다닌다. 게다가 동료들로부터 언제 공격당할지 모르는 장소를 출입하며, 항상 사고나 범죄 가능성을 안고 생활한다. 이런 전율과 위험성은 어떤 노이로제나 심신증 환자도 경험하기 어렵다.

마음의 병은 객관적으로는 무풍지대 같은 환경 속에서, 친구가 싫은 소리를 한다든가 부모와의 관계가 원만하지 못한 탓에 마음이 무너져내려 생기는 현상이다. 물론 주관적인 스트레스는 클 것이다. 그러나 객관적인 스트레스라는 점에서는 비행·범죄자 쪽이 훨씬 크다. 무엇보다 그들은 집에 가만히 있질 않으니까. 집에 틀어박혀 있는 노이로제 환자에 비해 외부로부터 받는 불쾌한 사회적 자극이 많기 마련이다.

그럼에도 불구하고 그들은 무너지지 않는다. 「지겨워하지 않는다」고 표현할 수도 있다. 오히려 불쾌한 자극을 일부러 원하는 것처럼 보이기도 한다. 현실적으로는 먼저 「못된 짓」이 있고 나서, 그 결과로서 스트레스(사회학에서는 「긴장(strain)」이라고 부르기도 한다)가 생기는 경우가 대부분이다.

단순화해 말하면, 정서장애자에게는 내적인 스트레스가 「원인」인데 비해 비행청소년에게는 외적인 스트레스가 「결과」가 된다. 그런데도 그들은 싫증내지도 지겨워하지도 않고 도리어 스트레스를 찾아다니는 것처럼 보인다. 스트레스가 싫다면 착실하게 살기만 하면 될 텐데, 그러지 않으므로 스트레스를 좋아하거나 아니면 스트레스에 둔감한 것으로 생각되는 것이다.

따라서 비행청소년들은 의사나 치료사에게 심신의 이상을 호소하거나 "나의 나쁜 습관을 고쳐주세요"라고 울며 부탁하지 않는다. 본질적으로 「제 좋은 일을 하는 것」이므로 당연할 수 있다. 어떤 의미에서는 비정상적으로 과격한 유형일 수 있다.

요약하면, 비행은 정신건강 문제와는 다른 영역이므로 노이로제로 취급해선 안 된다는 것이다.

과연 그렇겠군. 기존 상식이 하나하나 깨지는 느낌이다. 그 다음에는 「붉은 물감을 가까이 하면 붉어진다」는 원인론밖에 떠오르지 않는다.

드디어 사회학적 관점이 등장했다. 그런 관점을 심리학에서는 모방·습득·동일화라고 부르며, 범죄학에서는 서더랜드 등이 주장한 분화(分化)접촉론이 있다.

사춘기·청년기에는 일부에서 비행도 서슴지 않는 하위문화가 형성된다. 그 영향을 받아 동조한다는 것이다.

하위문화, 서브컬처(subculture)라는 것은 사회 일각에서 어느 정도 독자성을 가진 집단적 풍습이 합쳐져 성립한 문화를 말한다. 사춘기의 비행문화도 그 중 하나이다. 여기에 물들어 일탈행동을 시작한다는 것이 이론의 골자이다.

확실히 대부분의 비행청소년들이 일탈행동을 독자적으로 「개발」한 것은 아니다. 대개가 누군가를 모방한다. 부모가 아무리 엉망으로 사는 사람이라도 그 자녀는 사춘기 전까지는 비행을 저지르지 않으며, 나중에 저지르더라도 자기 부모를 똑같이 흉내내지는 않는다는 점에서도 확인된다. 세대가 다르기 때문이다. 보통은 친구나 자기 세대의 풍속에 동조한다. 과연 「붉은 물감을 가까이 하면 붉어진다」고 여겨진다(이 말은 「근묵자흑 근주자적(近墨者黑 近朱者赤)」-먹을 가까이 하면 검어지고 연지를 가까이 하면 붉어진다-에서 나온 것임).

「여겨진다」고 했는데, 그럼 이 이론 역시 반드시 옳지는 않다는 뜻인가(하하하)?

나타난 사실만 보면 틀리다고 할 수는 없다.

라그랑제나 일본의 시미즈 같은 학자는 객관적이고 수량적인 조사를 통해 청소년기의 위법행동과 가장 관련이 깊은 요인이 「학업 포기」와 「문제아들과 사귀는 것」, 이 두 가지임을 확인했다. 두 요인과 비행의 연관성은 부모의 애정 부족·경제적 조건·지능 등 다른 요인들과 비교되지 않을 만큼 높았다. 따라서 「붉은 물감을 가까이 하는 것」과 「붉어지는 것」은 확실히 강한 인과관계가 있다.

문제는 「어째서 붉은 물감을 가까이 하는가」는 점이다.

무엇보다 사춘기의 아이 주변에는 「붉은 물감」만 있는 게 아니다. 녹색·노란색·보라색 등 다양하다. 비행 위주의 하위문화말고도 운동을 좋아하는 하위문화, 오타쿠(영상의 세기였던 20세기에 태어난 새로운 형태의 인종으로 게임과 애니메이션, 영화와 만화에 열광하는 이들을 일컬음) 하위문화, 공부벌레 하위문화, 예술 하위문화 등, 마치 대중 식당의 차림표처럼 많다(이는 뉴욕이든 오사카든 마찬가지다). 그런데 왜 하필 붉은 물감, 즉 비행 하위문화에 동조하는지를 연구하지 않으면 안 된다.

「단지 운이 나빴다거나 주변에 붉은 물감뿐이었다」는 설명은 말이 안 된다. 형이 비행청소년이 되자 아우도 뒤를 따르는 사례는 많지만, 이 경우 처음에 형이 왜 비행아가 됐는지는 설명하지 못한다.

빈민가에서도 변호사나 학자가 배출된다. 또 형이 비행아이지만 동생은 착실한 경우도 꽤 많다. 「붉은 물감을 가까이 해도 붉어지지 않는」 원인은 사회학습이나 분화접촉론으로 설명할 수 없다.

말하자면 인간은 원래 「백지」로 태어나는 존재가 아니라는 얘기다. 예를 들면 「붉은 물감을 가까이」 하더라도 원래 파란색인 사람은 보라색이 되고, 원래 노란색인 사람은 주황색이 되는 식이다. 모두가 붉어지는 것은 아니다. 기껏해야 「붉은 물감을 가까이 하면 붉어지기 쉽다」는 정도이다. 게다가 주변에 비행 하위문화만 있는 게 아니라면, 하필이면 왜 그것만 골라 접근했는지 규명해야만 한다.

그러면 「어째서 일부 아이들은 붉은 물감을 가까이 하고 싶어하는가」라는 문제가 대두한다.

유아 시절의 도덕성의 발달

역시 도덕관념이 발달하지 않은 탓에 비행을 저지르는 것인가. 그러고 보니 「시비선악(是非善惡)을 따지지 않고」라는 말도 많이 쓴다.

그것은 매우 고전적이고 소박한 견해다. 에도 시대(1603년 도쿠가와 막부 성립 이후 1867년 메이지유신까지)부터 생긴 관념이다. 선악을 구별하기 힘드니까 나쁜 짓도 하기 마련이라고. 그렇지만 선악을 꼭 반반씩 행하지 않는 한 이 이론은 이상하다. 예를 들면 연말에 불우이웃돕기를 하면서 동시에 소매치기도 저지르는 비행청소년은 눈을 씻고 찾아봐도 없다.

물론 전문가 중에도 「비행청소년도 나쁜 짓만 하는 것은 아니다. 대부분의 시간은 보통아이처럼 보낸다」고 지적하는 사람이 많다. 당연한 얘기다. 그들은 매순간 나쁜 일만 궁리할 수 있을 만큼 창의적이지도 재능이 풍부하지도 않기 때문이다. 문제는 가끔씩, 그리고 되풀이해서 보통아이들은 엄두도 못 내는 일탈행위를 저지르는 데 있다. 그 원인을 무지나 순진함 탓으로 돌리는 것은 무리다.

비행청소년과 보통 청소년의 도덕 지식 차이에 관해서는 이미 여러 차례 비교연구가 이뤄졌다. 그 결과 표면적으로는 둘 사이에 선악이나 법에 대한 판단은 별 차이 없다는 사실이 밝혀졌다. 오히려 비행아나 범죄자일수록 융통성이 없어 보일 만큼 엄격하게 선악을 구별하는 경향마저 보였다. 이는 동시에 상황윤리나 대국적 견지에서 판단하는 능력이 부족하다는 말도 된다.

대체로 그들은 자신이 갖고 있는 문제점만 제외하면 「의리와 인정의 사나이」처럼 보인다. 그러나 현실적으로는 온갖 못된 짓은 다 저지르고 다닌다.

이미 1930년대에 하츠혼 같은 학자들에 의해 「도덕 지식과 실제 행동간에는 관련이 없다」는 원칙이 확인됐다. 선악의 차이에 대해 머릿속으로 아무리 잘 이해하고 있더라도 비행을 억제하는 데는 소용이 없다는 말이다. 따라서 그들에게 행위나 일의 선악을 설교해 봐야 효과가 없다. 이전부터 머릿속으로는 정확히 알고 있으니까. 아마 문제는 도덕 판단이나 선악에 관한 지식 이전의 단계에 있는 듯하다.

예를 들면 「도덕 지식에는 차이가 없지만 도덕성의 발달 단계에는 문제가 있다」는 주장도 있다.

콜버그의 도덕성 발달이론은 발달 단계를 크게 3단계로 나누어 설명한다.

처음 「전(前)관습적 단계」는 상벌이나 손해·이익에 근거한 이해득실 단계로, 유아적 단계로 보면 된다. 칭찬 들으니까 선, 꾸지람 들으니까 악이라는 식이다. 다음은 「관습적 단계」로, 사회적·전통적 규칙을 금과옥조로 받아들이는 조건반사의 단계다. 초·중학교 우등생 같은 단계. 마지막으로 「후(後)관습적 단계」가 있다. 이해관계나 전통이 아니라 본인의 내적 규범·원리에 따라 살아가는 자기 통제의 단계다. 일부 고교생이나 대학생에 맞는 고상한 단계다.

비행청소년은 이 중 첫 단계나 기껏해야 두번째 단계에 머물지만 일반 청소년 대다수는 정서적으로 자기 통제의 단계에 도달한다는 조사결과도 있다. 무엇보다도, 정상적인 성인 중에도 몇십 퍼센트는 제2단계에 머물고 있기 때문에 이 기준만으로 비행이나 범죄를 설명하기는 무리다(게다가 도덕성 발달 검사라는 것도, 어느 만큼 지적으로 응답하는가를 조사하는 것뿐일지 모른다).

다른 이론도 있다. 호건이라는 도덕심리학자는 사회규범을 몸에 익히는 「사회화 발달」과 나와 남의 심정적 교류인 「공감성 발달」의 두 차원으로 나누었다. 사회화만 발달하면 깍쟁이, 공감성만 있으면 무능력한 호인, 둘 다 갖추지 못하면 비행·범죄자라는 것이다. 이론을 위한 이론 아닐까. 이대로라면 비행아는 단지 발달이 더딜

뿐이다. 그런데도 지식으로서의 선악은 잘 구별한다니 모순이다.

선악을 구별하면서도 악을 저지른다면 더 이상 할 말이 없는 것 아닌가.

머릿속으로는 선악을 구별할 줄 알기 때문에 나쁜 짓을 하고 거짓말로 얼버무리거나 남의 눈에 안 띄게 비행을 저지르는 게 아닐까(아니면 꾸지람 듣기 싫다는 단순한 이유 때문이거나). 어느 경우든 간에 그들은 거의 예외없이 「발각되면 재미없다」고 생각한다. 따라서 선악을 구분하지 못한다는 말은 틀리다.

게다가 그들은 「중화화(中和化:Neutralization)」라는 심리조작을 애용한다. 마음속으로 스스로를 변호하기 때문에 자신을 변화시킬 필요를 느끼지 않는다. 중화화란, 나쁜 짓을 저지른 후(때로는 행동에 앞서) 곧바로 자기 정당화를 시도해 납득해 버리는 심리를 말한다. 예를 들면 「누가 말한 대로 따랐을 뿐」 「피해자나 세상이 나빴다」 「그런 장소에 지갑을 놓아둔 게 잘못이다」 「남들도 하는 일일 뿐이다」 등이다.

물론 그들도 내면적인 자책감이나 죄책감이 생길 수 있지만, 곧바로 「중화」시켜 버린다. 어쨌든 자신을 지키거나 불쾌감을 해소하는 것밖에 생각하지 않는다. 그들은 또 자신이 저지르거나 말한 것은 제쳐두고 주변의 부정적인 반응에만 주목한다.

확실히 자기가 뿌린 씨앗을 망각하고 나면 그들 입장에서는 「주위에서 나를 이해해 주지 않는다」 「세상은 너무 냉정하다」가 된다. 무언가 일이 잘못되면 그 원인은 「누군가의 탓」 「운이 나빴을 뿐」이라고 받아들인다. 사회심리학에서 말하는 「원인귀속(原因歸屬)」에 편차가 심해서 자책보다는 남이나 바깥에 벌을 돌리려는 것이다. 당연히 그들은 자기가 한 일은 까맣게 잊고서 거꾸로 남에게 원한을 품기 일쑤다. 이런 행위를 진실이라고 받아들이는 「신파조」의 어른들도 있으니 딱한 일이다.

재미있는 것은 벌레 하나 죽이지 못하는 선인들은 죄책감을 많이 느끼는 반면, 진짜 나쁜 짓을 저지르는 자들은 거꾸로 죄책감이 희박하다는 사실이다.

물론 그들도 취조실이나 법정에서는 온순하게 「개전의 정」을 말하지만, 이는 안 그러면 형량이 높아지기 때문일 뿐이다. 전후의 문맥이나 상황을 살펴보면 역겨운 연극에 지나지 않는다. 사법당국도 바보는 아니므로 범죄자가 자신과 남을 속이고 있다는 것을 알면서도 정상참작을 해준다. 개전의 정조차 표시하지 않는 자는 우선 무례하고, 게다가 위험한 특이성을 지닌 것으로 인정되므로 장기복역을 시키지 않을 수 없다.

최근 아동심리학자들은 이미 4~5세만 되면 관습적 선악과 본질적 선악을 구분할 수 있다는 사실을 밝혀냈다. 케이건 같은 학자는 2~3세 정도의 아이들도 본능적으로 선악의 기본을 감지한다고 자료를 제시해 주장했다.

이런 현상은 부모의 가르침이나 꾸지람을 통해 생긴다고 보기 어렵다. 가족관계나 놀이를 통해 자연스럽게 몸에 익혔거나, 아니면 선천적인 것으로 보아야 할 것이다. 나아가 같은 가정이나 사회환경일지라도 쉽게 몸에 익히는 개체가 있는가 하면 좀처럼 감을 잡지 못하는 개체도 있다.

결국 선천적인 자질과 유아기의 가족관계가 곱해져 나타나는 게 아닐까 싶다. 이 단계에서 원초적인 도덕적 감성을 몸에 익히는 데 실패하면 후에 이익 지향이나 장기적 안목에서의 이해득실 판단을 교육하기도 매우 어려워지는 듯하다. 이 점이 큰 문제다.

「나쁜 놈」이라는 꼬리표와 열등감

간단히 생각할 문제가 아닌 것 같다. 다른 매력적인 가설은 없을까.

물론 얼마든지 있다. 그렇지만 제각각 결점이 있다.

하나는, 사회에서 「나쁜 놈」이라는 꼬리표를 달아놓았기 때문에 비행이 더 심해진다는 사회학설이다. 확실히 우리들은 주위에서 「어떠 어떠한 자」라고 꼬리표를 붙여주면 그 기대에 부응해 변화하는 경향이 있다. 부정적인 정체성을 자기화하는 것이다. 일단 「나쁜 놈」이라는 꼬리표가 붙으면 주변에서도 그렇게 대하고, 본인도 신경쓰이며, 사법기관도 색안경을 끼고 본다.

그러나 꼬리표이론에는 명백한 결함이 있다. 꼬리표가 붙기 전 최초로 저지른 행동은 우연이나 운 탓이 아니라는 점이다. 역시 무언가 나쁜 짓을 한 것이 사회적으로 인지되었기 때문이다. 게다가 꼬리표까지 붙으려면 비행이 자주 발각되거나 평소의 행동이 엉망이라야 한다.

문학작품에서와 달리 현실에서는 억울하게 누명을 쓰고 나서 악의 길로 치닫는 일은 결코 없다. 혹시 그런 일이 벌어지더라도 본래 선량한 청년이라면 보통의 생활태도를 통해 오명을 씻기 마련이다. 또 비행청소년 태반은 그냥 놔두어도 어른이 되면 평범한 생활인으로 돌아간다는 현실을 설명하지 못한다. 이는 꼬리표이론에는 매우 치명적이다. 「몇년 지나면 저절로 떨어지는, 유효기간이 있는 꼬리표」라고 변명할 것인가.

꼬리표이론은, 무슨 일이건 사회가 나쁜 탓이라고 하면 자유주의자로 대접받던 시대의 산물이다. 「세상이 연기를 피우니까 불이 난다」는 논리다. 그러나 현실에서는 「아니 땐 굴뚝에 연기 나지 않는 법」이다.

꼬리표이론과 나란히 「신범죄학」으로 출발한 이론 중에는, 「사회가 특정 행위를 범죄로 규정하기 때문에 비행이나 범죄가 생긴다」든가 「비행이나 범죄는 불평등한 사회체제에 이의를 제기하는 행위다」라는 극단적인 주장도 있다. 이런 학설들은 당시 유행하던 반체제사상을 반영한 데 불과하다. 비행청소년이나 범죄자는 대개 현대의 형법뿐만 아니라 모세의 십계명이나 석가모니의 팔계(八戒)도 위반한다. 또 피해자 다수가 가해자와 같은 하층계급이거나 청소년·여성·노인이므로 계급투쟁으로 볼 수도 없다.

이런 학설들은 현실세계와 꾸준히 접촉하지 않고 연구실이나 서재에서 상상만 했기 때문이 아닐까. 실제의 비행아나 범죄자는 스파르타쿠스나 로빈후드처럼 멋지지 않으며, 최소한 룸메이트로 삼고 싶은 자들은 아니다. 조금도 빈틈이라곤 없으니까.

자기 이미지가 손상된 탓이라는 심리학설도 있다. 자기상(自己像)이 나쁜 까닭에 자존심이나 자신을 갖지 못하고, 「이미 버린 몸, 나쁜 짓이나 더 하자」고 생각해 버린다는 것이다. 이를 「대항동일성(對抗同一性)」이니 「부정적동일성(否定的同一性)」이니 하는 그럴듯한 말로 표현하기도 한다.

물론 비행청소년의 자기 평가가 높지 않은 것은 사실이다. 그러나 나쁜 짓은 손톱만큼도 저지르지 못하는 청소년 중에도 자기 이미지가 나쁜 사람이 많다. 우울증이나 대인공포증이 있는 젊은이들에게선 완전한 자신감 결핍도 발견되지만, 그들 대부분은 나쁜 짓은 옆에서 권해도 결코 하지 못한다. 「이미 버린 몸」이라지만, 한쪽은 매일 뻔뻔스럽게 남에게 해를 입히는데, 다른 한쪽은 길거리에 노상방뇨조차 못한다면 그 차이를 자기상 훼손설로는 설명하기 어렵다.

그런데 비행청소년들이 자신을 별로 높이 평가하지 않는다는 게 사실일까.

대개 마음속으로는 열등감을 갖고 있다. 표면적으로는 허세를 부리고 강한 체하지만, 마음속 어딘가에는 패배감이 자리잡고 있다.

그런데 여기에도 현실적인 근거가 있긴 하지만, 그것을 「원인」이라고 부르기엔 논란의 여지가 많다. 차라리 결과라고 하는 편이 납득하기 쉽다. 비행청소년은 보통 학업이 부진하거나 학교 특별활동에서 탈락한 경력을 갖고 있으므로 열등감을 갖는 것이 오히려 정상이다.

옛날에는 비행을 저지르니까 성적이 나빠지는 게 당연하다고 믿었다. 그러나 최근에는 비행아가 되기 2, 3년 전에 학업부진이 먼저 나타난다는 사실이 확인됐다. 소속 특별활동반(그들은 보통 운동을 택하지만)도 비행아가 되기 직전 또는 직후에 탈퇴하는 경우가 많다. 공부는 안 되고, 힘든 훈련도 싫고, 그냥 놀거나 나쁜 짓을 하고 싶은 그들이 열등감이나 패배감을 느끼지 않는다면 그것이야말로 현실과 동떨어진 정신이상 상태일 것이다. 그들도 어떤 의미에서는 순수하기 때문에 내심 패배감·좌절감을 깊이 느낀다.

따라서 이런 감정은 비행의 원인이라기보다 그때까지의 생활태도가 초래한 결과라고 보아야 옳지 않을까.

일반적으로 임상이론 중에는 이처럼 원인과 결과를 혼동하는 경우가 많다. 과거에는 자폐증의 원인을 모친이 너무 냉담하기 때문이거나 TV를 너무 많이 보여주었기 때문이라고들 말했다. 그러나 실은 아이가 원래 대인반응 능력이 부족한 탓에 모친도 덤덤하게 대한 것이고, 자폐증 아이들은 단순한 패턴의 TV 광고를 좋아하기 때문에 줄곧 TV에 매달려 있었을 뿐이다.

마찬가지로 비행의 원인을 「부모의 애정 부족」이라고 말하지만, 현대 학설에서는 그 대부분이 「아이가 비행을 멈추지 않기 때문에 부모마저 정나미가 떨어져버렸다」는 2차적 결과로 본다. 나아가 부모의 과보호가 지속된 비행아는 20세나 30세까지도 나쁜 짓을 계속하는 데 비해, 부모가 포기해 버린 비행아의 80퍼센트는 20세를 전후해 마음을 잡고 정상으로 돌아오며 나머지 20퍼센트만 진짜 깡패나 생활파탄자가 된다.

꼬리표가 붙으니까 비행이나 범죄를 저지르는 게 아니라 나쁜 짓을 하니까 꼬리표가 붙는 것이고, 열등감 때문에 불량학생이 되는 게 아니라 먼저 불량학생이 되고 나서 열등감을 갖는 것이다.

이 단순한 사실을 이해하지 못하기 때문에 이른바 「전문가 바보」가 무서운 것이다.

외향성과 자극 욕구 때문에……

책에 씌어 있거나 매스컴이 전하는 정보와 실제의 현실은 차이가 크다는 것을 느꼈다. 무언가 곤란한 점 때문에 소개되지 못하는 이론들도 많지 않을까.

물론 그렇다. 당연히 있다.

「원래부터 천성적인 바탕에 문제가 있다」는 견해는 20세기 후반 들어 금기시 되고 있다. 따라서 이런 견해를 담은 가설은 대체로 무시당하기 쉽다. 물론 「Y염색체가 2개 이상 있는 남성은 범죄를 저지르기 쉽다」는 식으로 희귀한 사례를 제시하는 가설에는 문제가 있다. 그러나 최근에는 Y염색체에 동작성 지능과 관련 있는 유전자가 있다든가 X염색체에는 남성의 동성애에 관련한 유전자가 위치한다는 사실들이 판명되었으므로, 앞으로 비행이나 범죄에 대해서도 실증적인 증거들이 더 축적될 것이다.

이러한 이론의 개척자는 누가 뭐래도, 아이젠크다.

그는 「매우 외향적인 성격에 신경증 경향이 강한 개체는 범죄친
화성이 있다」고 1950년대부터 주장했다. 그가 말하는 「신경증 경향
(neuroticism)」은 정서불안 정도와 사회부적응 정도를 합한 의미와
거의 동일하므로 「외향적인 부적응이 비행 또는 범죄다」는 뜻이 된
다. 이에 비해 내향적인 부적응은 진짜 신경증이라는 말이다.

아이젠크에 따르면 외향적인 성격은 억제적인 학습(조건부여)을
충분히 소화하지 못한다. 아니, 이보다는 「억제학습에 약한 자질을
가진 사람은 외향적인 행동 패턴을 보인다」고 말하는 게 더 정확할
지 모르겠다.

대신 이들은 즉시강화에 의한 「입맛들이기」 학습에 강하다. 따라
서 본질적으로 억제적이고 금지 위주인 사회규범은 좀처럼 몸에 익
히지 못하지만, 순간순간 쾌락을 주는 향락을 추구하는 일에는 쉽
게 맛들인다.

최근에는 「비행아일수록 지금까지 잘해온 것을 그대로 하면 장래
에도 잘될 것이고, 지금까지 실패했던 것을 고치지 않고 그대로 하
면 앞으로도 그대로 될 것이다」는 원칙을 확인한 연구결과도 나왔
다. 그렇다면 이들은 어른이 되어서도 도박·빛·불륜·허영·낭
비·거짓말·유흥 따위로 곤란을 겪어도 시행착오로 삼지 못하고,
경험을 거울삼아 삶의 궤도를 바꾸지도 못한다.

「지칠 줄 모르고 단맛만을 좇는」 것은 아이든 어른이든 일탈성향
자들의 공통점일지 모른다.

사실 많은 비행아들은 집에 가만히 들어앉아 있지 못한다. 밤에도
동료나 자극을 찾아 나돌아다니니, 이를 사회적 외향성이라 부른다

면 현실과 일치하는 셈이다.

외향성이라기보다는 자극을 추구하는 병리현상으로 보아야 한다는 이론이 퀘이, 지커만 등이 주장하는 「자극 욕구설」 또는 「선정추구(sensation seeking)설」이다. 애들러 심리학에서도 비행아들의 사는 방식을 「흥분추구(excitement seeker)」라고 표현한 적이 있다.

다른 시각에서는 혼자 품위 있게 지내는 생활에 금방 싫증내고 마는 유형이 이들이다. 따라서 겉으로 보기에는 외로움을 많이 타는 사람 같기도 하고, 본인도 "집은 따분해"라고 말한다. 그러나 품위 있는 친구를 사귀어도 취미가 맞질 않으니까 「외로움」은 해소되지 않는다. 남의 집에 가더라도 원래 실내에 얌전히 있지 못하는 체질이므로 역시 실패다. 결국 이러니저러니 해도 떠들썩한 패거리들이나 번화가, 게임센터 같은 자극적인 것이 기분에 딱 맞는다는 사실이 드러나고 만다.

이런 자극 욕구 성향은 취미나 기호품에도 반영된다. 소음이 심한 음악, 떠들썩한 밤거리, 문란한 성생활, 현란한 복장, 중추신경자극제(커피·각성제 등) 등이다. 이에 비해 착실한 청소년에게 많이 나타나는 자극회피 성향은 조용한 음악, 밤에는 자기 방에서 지내기, 성적 수치심 내지 정숙함, 수수한 복장, 중추신경억제제(안정제·수면유도제 등)를 선호한다. 양쪽 모두 적합한 알코올이나 담배 같은 기호품은, 자극추구형은 따분함을 달래거나 흥분 촉진을 위해, 자극회피형은 긴장을 완화하기 위해 애용한다. 생리적인 동기가 다른 것이다.

이와 관련해 「최적각성수준(最適覺醒水準)」 가설도 참고할 만하다.

인간은 「살아 있음」을 실감하기 위해 늘 외부의 자극을 추구하는 유형과 항상 신경과민 상태이기 때문에 외부의 자극을 제한하려는 유형이 있는 듯하다. 아마 태어나면서부터 중추신경계의 각성 수준이 낮은 개체와 높은 개체가 있는지 모른다. 낮은 사람은 끊임없이 외부로부터 자극을 받지 않으면 최적의 각성 수준을 유지하지 못하며, 따라서 살아 있다고 느끼지 못하고 지루해 한다. 때문에 행동적·사교적으로 되며 때로 일탈적인 성격을 형성한다.

반대로 각성 수준이 높은 사람은, 외부로부터 정도 이상으로 새로운 자극이나 정보가 들어오면 감당하지 못할 만큼 각성 수준이 높아진다. 따라서 자극이 과다하게 유입되지 않게끔 신중하고 내향적으로 되며, 종종 소극적인 성격을 형성한다. 이 가설에 비추어보더라도 원래 각성 수준이 높은 내향적 성격은 법을 어기거나 비행을 저지르기 어렵다는 것이 명백하다.

재미있는 이론이다. 「비행예비군」들은 자극을 찾아 바깥으로만 돌려고 하고, 그 때문에 종종 규칙을 짓밟는다는 뜻인가.

요약하자면 그렇다.

반대의 경우를 상상해 보면 쉽게 이해할 수 있을 것이다. 밤에 자극을 찾아 집밖으로 나가는 일은 딱 질색이고, 안전한 자기 집에 틀어박혀 조용하게 독서·공부·음악 감상이나 하는 유형은 세상이 바뀐대도 거의 비행청소년이 되지 않는다. 아마 학업성적이 떨어지거나 특별활동에 탈락하거나 집안에 무슨 문제가 생기더라도 비행을 저지르지는 않을 것이다.

그 반대가 「일탈친화형」으로, 외향적이면서 즉물적·풍속적 자극을 추구하는 유형이다. 이들은 규칙 위반에 따른 위험이나 대가, 제재(sanction)·억지(deterrance) 등에 대한 감수성이 낮다. 보통아이라면 들어보기도 힘든 훈계나 경고를 귀에 못이 박히도록 들어도 아랑곳하지 않는 면이 있으니까. 일탈성향자들은 대체로 사전에 경고해도 현실감 있고 생생하게 받아들이지 못하거나 이미지를 떠올리지 못하는 듯하다.

이전부터 일탈성향자들은 대체로 자신의 비행이 발각될 가능성이 낮다고 여기며, 처벌이나 인과응보에 대해서도 낙관적으로 생각하는 경향이 있다고 평가했다. 말하자면 비행억제 조건에 둔감한 것이다. 개중에는 경찰에 붙잡혀서도 「벌받을 줄은 몰랐다」고 말하는 어처구니없는 소년도 있을 정도다.

이 때문에 어떤 범죄예방 전문가들은 형벌제도에 관해 미리 철저하게 교육하면 비행억제 효과가 올라갈 것이라고 주장한다. 그러나 중·고교 교실에서 형벌체계에 대해 아무리 설명해도 정작 정보가 필요한 학생들은 남의 일인 양 흘려 넘기고, 그런 정보 없이도 길에 침 한번 뱉지 못하는 착실한 학생일수록 공포심을 갖는 역설적인 결과가 나타나곤 한다.

그러나 생리적인 자질을 중시하는 학설에도 한계가 있다.

왜냐하면 외향적인 아이 중에도 적응을 잘하는 타입이 매우 많으며, 자극 욕구형일지라도 다이빙이나 탐험처럼 법을 어기지 않는 모험을 즐기는 청소년이 많기 때문이다. 게다가 최근에는 내향적이면서 현실도피적인 청소년의 비행도 증가하는 추세다.

결국 외향성이나 자극 욕구 자체의 문제라기보다는 행동의 방향
성 내지 종목 선택의 문제인 것 같다.

사회통제와 상호작용은?

왠지 엄격한 생리적 이론이 더 쓸모 있어 보인다. 「방
향성」이라면 역시 사회적 병리현상이라는 측면과 연결되는 것은 아
닐까.

당연한 말이다. 1969년에 T.허시라는 학자가 「사회통제론」이라
는 뛰어난 이론을 내놓았다. 일본어로는 『비행의 원인』이라는 제목
으로 1995년에야 번역됐다. 무려 4반세기 만이다.

그때까지의 범죄학은 「무슨 요인이 더해지면 비행·범죄가 되는
가」는 상식적인 발상에서 연구를 해왔다. 그러나 사회통제론은 누
구든지 비행을 저지를 수 있으므로 문제는 「어떤 요인이 더해지면
대다수가 비행을 저지르지 않을까」라고, 발상을 180도 전환했다.

허시에 따르면 우리는 네 종류의 사회적 「고삐」 덕분에 비행이나
범죄의 유혹에서 벗어난다. 첫째, 「애착(attachment)」으로 가정·학
교·이웃 등과의 정상적인 정서 교류. 둘째, 「신념(belief)」으로 자
기 통제를 동반한 전통적 가치 존중 및 윤리 감각. 세째, 「속박
(commitment)」으로 건설적인 노력을 축적하거나 사회적인 신용을
쌓는 일, 또는 그것을 잃고 싶지 않은 손익 계산. 마지막으로 「분주

함(involvement)」은 일상의 시간이 합법적이고 사회순응적인 활동에 매몰돼 버리는 상태를 말한다.

이 네 가지 사회적 고삐가 느슨해지거나 없어질 때 사람들은 착실한 일만 생각할 수 없게 되고, 착실하지 못한 일에 손대게 된다는 것이다.

흐음, 이해가 된다. 주위와 관계가 나빠지고 자기 규제가 없어지고 눈앞의 일만 생각하게 되고 게다가 시간이 많아지는, 말하자면 소인한거(小人閑居)라는 말이군. 그렇다면 누구나 위불선(爲不善)이 되겠지(小人閑居爲不善:소인이 한가로이 있으면 못된 짓을 한다는 말).

그렇다. 그러나 이 이론에는 사회학이론으로서 결점이 보인다.

먼저, 주위와의 애착이 안정적으로 유지되지 못하고, 내적 규범이 흐트러지고, 착실하게 생활하지 못하거나 멀리 내다보고 손익을 따지지 못하고, 여가를 선용하지 못하는 이유는 무엇인가 하는 점이다. 이 점이 규명돼 있지 않다.

나아가 최근 T.P.손베리 같은 학자는 사회적인 고삐의 상실은 비행의 원인일 뿐 아니라 결과이기도 하다는 상호작용설을 주장하고 있다. 결정적인 지적이 아닐 수 없다.

비행이 계속되면 평범한 이웃들과의 애착관계를 잃게 된다. 중화화나 자기 정당화를 거듭하므로 신념도 일그러진다. 신용이나 축적된 노력도 없으므로 「이 이상 잃을 게 없다」는 심정이 된다. 사회순응적인 시간(동아리활동이나 독서, 공부)이 점점 줄어들기 때문에 한가한 시간이 많아진다는 것이다.

이런 요인이 다시 2차적으로 비행을 증폭시키는 것이다.

이 중 「애착」과 「신념」은 별도로 치더라도, 「속박」과 「분주함」은 청소년이 성인이 된 후 정상인으로 돌아오게끔 촉진하는 요인이 되기도 한다.

어른이 되면 우선 비행이나 범죄로는 생계를 유지하기 힘들어지고, 세상물정을 알게 되면서 손익 계산도 하게 된다. 또 자기부터 먹고살아야 하니까 노동이나 어른들 사이의 유흥에 시간을 쏟는다. 과거의 친구들도 제각각 생활에 쫓겨 흩어져 살게 된다. 언제까지나 개구쟁이 악동들처럼 뒤엉켜 다녀서야 모양새가 영 좋지 않다 (그들은 허영심 하나는 강하므로 모양새가 안 좋은 것을 가장 싫어한다). 이래저래 비행을 계속하기 어려워진다.

비행원인론이 우수하고 못하고는 갱생과정을 얼마나 잘 설명할 수 있느냐에 달려 있다. 이런 의미에서 사회통제론과 상호작용설은 대단히 유력하다. 그럼에도 불구하고 사회적 「고삐」가 성립하는 원인과 비행 자체의 원인에 대해서는 제대로 접근하지 못한 한계가 있다.

콜린즈의 탈상식의 사회학

역시 사회학은 어디엔가 약점이 있다는 말인가.

기본적으로 매크로(macro)한 학문이기 때문이다. 고프만 사회학이나 에스노메소돌로지(ethnomethodology:사람이 일상세계를 구성해 살아가는 방법에 관해 연구하는 사회학. 민족학적방법론이라고도 함)같이 마이크로(micro)한 착안에 중점을 두는 사회학일지라도 현장의 생생한 비행현상과 완전히 일치한다고는 할 수 없다. 전체상을 정리하는 데는 강력한 도구이지만.

그렇다. 사회학에 관해서는 콜린즈가 간단하고 알기 쉽게 요약해 놓았다.

그는 『탈상식의 사회학』 서두에서 「명쾌해야 하며, 당연하지 않아야 한다(non-obvious)」는 것이 학문의 필요조건이라고 선언하면서 종래의 상식적인 범죄학이론을 일축하고 있다.

먼저 보수파의 생리학에 대해서는 「비행예방을 위해 엄벌주의를 주장하면서도 그 효과에는 별 관심이 없다」고 비판한다. 또 자유주의적 환경결정론에 대해서는 「이 이론에 입각한 지원계획이 현실적으로 조금도 효과를 보지 못하고 있다」며 배격한다.

그외에 경찰이 실적을 올리려고 「꼬리표 달기」를 활용하는 것, 사회에서 범죄 단속기관이 사라질 경우 경제사범은 열 배나 늘어나지만 감정적 요인으로 생기는 범죄의 발생빈도는 변함없다는 것, 정치적인 과격파들이 범죄를 미화하면 실제로 범인에게 피해당하는 것은 서민들이라는 사실 등을 소개하고 있다. 나아가 범죄집단이 거대해지면 그 자체가 하나의 사회를 형성해 보수적 질서를 구축하기 때문에 보통의 사회와 다름없게 된다는 점도 논하고 있다.

콜린즈의 이론이 비행론에 기여한 것은 갱생의 메커니즘에 대해 냉정하게 서술했다는 점이다. 비행청소년의 태반은 범죄자로서 생계를 유지하는 기법과 자기들만의 비법을 터득하지 못하기 때문에 (이 세계도 나름대로 노력과 인맥과 공부가 필요한 듯하다) 극히 평범한 생업에 종사할 수밖에 없다는 점을 지적한 것이다. 이는 많은 갱생론 중 단연 으뜸가는 견해다.

콜린즈는 여기저기 많은 측면을 지적하고 있는데, 그렇다면 그의 범죄이론은 도대체 어떤 것인가.

뒤르켐 유의 이론이긴 하지만, 어느 사회든 구성원의 통합을 촉진하기 위해 이질적인 일부를 소외시키고 탄핵하는 의식이 필요하다는 것이다. 탄핵하는 다수는 그때마다 일체감을 확인하니까. 따라서 어느 시대든 「나쁜 놈」이라는 희생양이 필요하다.

콜린즈는 이런 재미있는 말도 했다. 「성인(聖人) 집단일지라도 일부는 성인다움이 모자란다는 이유로 추방당하고 배척당할 것이다」.

꽤 흥미있는 견해지만 나로서는 이런 의문이 생긴다. 현대사회에서 그런 희생양에게 당하기 쉬운 조건·자질은 무엇인가, 그리고 왜 당하게 되는가, 하는 문제다.

확실히 어느 사회든 누군가를 탄핵한다. 집단의 역동성도 이런 것이다. 그러나 내가 알고 싶은 것은 「사회는 왜 탄핵하는가」가 아니라 「어떤 자가 탄핵대상이 되는가, 왜 그런 자가 되는가」이다. 만일 우리가 충분히 현명하다면 구태여 탄핵당하는 희생양 주변을 얼쩡거리지 않고, 탄핵하는 적응 그룹 편에 끼고 싶을 테니까.

비행의 내용이 문제다

정말 그 점이 문제다. 그렇지만 거의 모든 사회집단은 나쁜 짓이나 남에게 피해주는 일을 싫어하는 게 원칙 아닌가.

그렇다. 문화상대주의에서는 종종 「나쁜 사회에서는 선인이 소외당한다」고 지적하지만 이는 거의 정치범에 국한된다. 어떤 사회든 동족에게 폐를 끼치는 행위는 기피 대상이다. 이런 행위를, 그 자체로 악이 되는 「자체악(自體惡)」이라 부른다. 자체악은 단순히 제도적으로 금지하는 행위, 즉 규칙을 어기는 행위인 「파칙악(破則惡)」과는 구별하고 있다.

구체적으로 어떻게 구별하는가.

청소년의 비행을 예로 들어보자. 아무에게도 실질적인 해를 끼치지 않았지만 행위자가 어른이 아니기 때문에 발생하는 「신분범」, 미풍양속에 어긋날지는 모르지만 그 자체로는 피해나 악의를 동반하지 않는 「풍속범」 같은 것이 「파칙악」이다. 「피해자 없는 비행」이라고나 할까. 예를 들면 흡연이나 음주, 불순이성교제, 복장 위반, 심야통행, 소녀매춘 같은 것이 해당될 수 있다. 물론 우범성이라든지 청소년보호상의 문제는 분명히 있지만.

이에 비해 「자체악」은 구체적으로 누군가를, 특히 무고한 제삼자를 괴롭히는 행위다. 절도·사기·폭행 상해·빚 떼먹기·공갈 등, 말하자면 「자기 욕망과 충동에 의해 피해자를 발생시키는 행위」를 말한다. 광신도 집단의 테러 행위도 자기들에게만 통용되는 교리를 위해 제삼자를 희생시킨다는 점에서 비록 확신범이기는 하지만 자체악으로 분류할 수 있다. 자체악은 대체로 동기 면에서 악의나 이기성을 담고 있는 가해행위다. 그러나 반드시 법률로 금지한 행동일 필요는 없다. 일상에서의 이기적인 거짓말이나 배신도 일종의 자체악이다.

많은 경우 양자는 중복되어 나타난다. 이는 착실한 청소년은 대체로 두 유형의 악을 다 멀리한다는 뜻이다. 대다수 평균적인 청소년들도 드물게 파칙악을 범하기는 하지만 그 이상 큰 잘못은 저지르지 않는다. 그러나 규칙을 자주 깨뜨리는 사람은 역시 자체악을 범하는 빈도도 높아진다. 예를 들면 본드를 마시고 오토바이를 타는 것은 파칙악에 불과하지만, 구입자금을 마련하려고 돈을 훔치거나 남에게 상처를 입힌다면 자체악이 추가되는 것이다.

물론 많은 비행에는 파칙악과 자체악이 섞여 있다. 그 비율에 따라 본인의 자질이나 접촉중인 하위문화를 추정하는 것도 가능하다.

어떻게 추정한다는 말인가.

저지른 비행이 파칙악뿐인 청소년은 최소한 남에 대한 감성은 순수하다고 추정할 수 있다. 상대의 처지나 어려움을 공감하기 때문에 이것이 자체악으로 발전하지 않도록 제재를 가한다. 단지 몸 안에 에너지가 넘치거나 질책이나 처벌을 두려워하지 않을 뿐인 「좋은 아이」다. 이런 청소년은 소속한 사회가 말리는 일을 서슴지 않고 저지르기는 하지만 많은 동료들로부터 사랑받는다.

자체악의 비율이 높은 청소년은 이와 대조적이다. 파칙악을 함께 저지르기는 하지만, 기본적으로 상대방의 기분이나 고통에 둔감하다는 게 문제다.

이런 청소년도 친구가 있지만, 착실한 유형이라면 언젠가는 그들에게 정나미가 떨어지기 마련이어서 교우관계가 불연속적이다. 때로는 따돌림당하는 자들끼리 모여서 속으로는 서로 경계하고 경멸하면서도 함께 지내기도 한다. 저속한 홍미·관심이라는 공통점이 있으므로 어쨌든 자기들끼리는 얘기가 통한다. 「유유상종」이랄까 「새도 같은 깃털끼리 모인다」랄까. 이성교제에서도 하반신에만 관심을 두며, 비슷비슷한 저질 상대를 차례로 만나거나 순진한 사람을 이용해먹는 경우가 많다.

범행동기도 가지가지

결국 비행의 동기가 문제군. 같은 살인이라도 안락사를 도왔는가, 치정이나 원한에 의한 살인인가, 강도 살인인가에 따라 동기의 성격이 상당히 다르지 않은가.

맞다. 「살인자는 다 마찬가지」라는 말에는 어폐가 있다. 공통점이라고는 최종적으로 인간을 죽인 사람이라는 것뿐이다. 따지고 보면 군에 입대하는 것도 살인을 준비하는 행동 아닌가. 안락사를 돕는 일은 보통사람보다 훨씬 친절한 행위일 수 있다. 보통의 성인이라

면 자기가 다치고 싶지 않으니까「인명존중」「생명에의 외경」등 그
럴듯한 핑계를 늘어놓으면서 냉정하게 달아나버릴 것이다.

현대의 비행청소년도 마찬가지다. 공통점은 공부를 못하고 착실
하지 않다는 정도다. 그밖에는 심각한 자와 경박한 자, 활발한 자와
무기력한 자, 가난한 자와 부자, 남들로부터 기피당하는 자와 사랑
받는 자, 몰려다니는 자와 혼자인 자, 거친 자와 용의주도한 자 등
다양한 유형이 존재한다.

따라서「비행아는 불쌍하다」거나「비행아는 순수하다」고 일률적
으로 말할 수는 없다. 교활하고 불순한 자도 얼마든지 있으니까. 그
렇다고 해서「비행아는 모두 나쁘다」고 말하기도 어렵다. 대단히 선
량한 기질을 가진 사람이 비뚤어지는 경우도 있으니까.

다른 공통점으로, 장래에 대한 목적의식·의지가 결여되거나 좌
절된 점을 들 수 있다.「미래에 대비하는 현재」라는 일종의 수행의
식, 지향성이 없으면 빈둥빈둥 가치없는 삶을 살기 마련이니까.

목표나 의지가 생기려면 그 나름대로 건설적이고 상승 지향적인
상상력과 노력하는 자세, 그리고 자기 통제력이 필요하다. 이런 것
이 약간이라도 있다면 운동이든 공부든 고상한 취미든, 무언가 갖
추게 되므로 유흥이나 빗나간 행동으로 흐르지 않는다. 아니면 생
활에 쫓겨 취직하는 게 유일한 탈출구일 것이다.

그렇지만 비행과 거리가 먼 아이도 미래의 일은 생각지 않는 경우
가 많다. 요즘 아이들 태반이 그렇지 않을까. 사실 우리 집 꼬마도
그렇지만(하하하).

물론이다. 그렇지만 그런 아이들은 사회규범을 잘 받아들이는 성격이거나 일탈행동에 가해지는 벌을 두려워하는 상상력과 소심함을 가지고 있다. 미래의 일은 생각지 않을지라도 현재의 「안전」만은 확보하는 유형이다.

결국 길을 잘못 들지 않으려면 건설적인 지향성이나 위험을 피하는 상상력, 즉 의지와 신중함 둘 중 하나는 필요한 것 같다.

타락하게 되는 동기도 여러 가지이므로 한마디로 말하기는 어렵지 않은가.

흔히들 「새엄마가 들어오고 나서 아이가 비뚤어졌다」「부부 사이가 나쁘니까 아이가 외로워한다」고들 말한다. 그러나 이런 해석은 범죄조서나 신문의 사회면 기사처럼 무리하게 통속적으로 줄거리를 꿰어 맞춘 것에 불과하다. 본인도 비행을 자기 탓이 아닌 것으로 돌릴 수 있다면 그럴듯한 이유들에 기꺼이 동의할 것이다. 농담이 아니다. 외롭다면 외로워하면 그뿐이지, 나쁜 짓을 저질러도 좋다는 뜻은 아니다. 현실적으로 부모가 이혼하든 재혼하든 착실한 아이는 계속 착실하다.

집이나 학교가 「재미없어서 타락했다」고 이유를 대는 경우도 물론 있다. 집이나 학교 아닌 「다른 곳」이 「재미있어서 타락했다」도 많다.

예를 들면 공부나 특별활동은 「재미없고」, 밤에 돌아다니거나 이성교제·폭주족 노릇은 「재미있다」. 그러다 학교나 가정에서 꾸지람 듣는 것은 「재미없고」, 짜증을 달래려고 본드를 마시거나 변화가를 돌아다니는 것은 「재미있다」. 노는 데 방해가 되는 금전 부족이나 윗사람의 훈계는 「재미없고」, 비슷하게 밀려난 동료들과 얘기하는 것은 「재미있다」. 대개 이런 식으로 재미없는 것에서 탈출해 재미있는 쪽으로 쏠리는 것이 비행의 일반적인 과정이다.

어떤 의미에서는 완전히 정상적인 동기에 의한 행동들이다. 정신장애 따위의 수수께끼나 신비성은 없다. 학자들이 기묘한 상상력을 발휘해 과잉해석을 하지 않는 한 타락의 순서는 명명백백하다.

정상적인 청소년이라면 공부나 특별활동처럼 다소 「재미없는」 일도 참을 줄 알고, 인내하는 가운데 즐거움을 발견하기도 한다. 또 단지 감각적으로 즐겁다고 해서 금지된 일에 자꾸 빠져들지도 않는다. 또래의 정상적인 청소년들과도 함께 섞여 즐기곤 하니까 굳이 위험을 각오하고 「재미없는」 것에서 빠져나올 필요도 없다. 결과적으로 세상도 가정도 학교도 그들 편이므로 안심하고 살아간다. 덕분에 사춘기도 무난히 통과한다.

비행청소년은 이 과정에서 어딘가 어긋나는 경우다. 어긋난 이후의 상황은 굳이 복잡하고 고상한 메커니즘으로 설명할 필요도 없을 만큼 뻔하지 않을까.

그 「어긋남」만 파악하면 그만이지 일탈행위 자체에는 아무 수수께끼도 담겨 있지 않다는 말인가.

그렇다. 강박신경증 환자가 몇 시간씩 손을 씻는 행위에는 약간 복잡한 메커니즘이 깔려 있다. 그러나 도둑은 단지 금품을 탐냈을 뿐이고, 폭력범은 순간적으로 화가 났을 뿐이다. 불순이성교제만

하더라도 사춘기에는 마음속으로는 누구나 하고 싶어하는, 그러나 하지 않는 행위를 단지 앞뒤 가리지 않고「실천」했을 뿐이다.

학자든 일반인이든, 비행이나 범죄를 너무 불가사의한 것으로 생각하는 게 문제다.「보통사람은 하지 않는 일을 하니까 이상하다」지만, 바꾸어 생각하면 그들은「하고 싶은 일을 한다」일 뿐이다. 오히려「하고 싶은 일을 참는다」는 정상인 쪽이 복잡한 메커니즘에 의해 통제받고 있다.

비행 중에서 정말로 이해하기 어려운 것은, 예를 들어 돈이 아주 많으면서도 슈퍼에서 좀도둑질을 하는 여학생이나 공부·스포츠에 뛰어나면서도 폭주족에 가입하는 남학생 같은 경우다. 만화의 주인공 같은 이런 학생에게는 보다 정교하고 복잡한 임상심리학이나 정신분석 기법을 적용해야겠지만 현실에서는 거의 없다고 해도 과언이 아닐 만큼 극히 드문 사례다.

이제 어느 정도 이해된다. 전제로서의 부적응과 본인의 자질, 그리고 접촉하는 하위문화까지 감안하면 그 다음은 물이 높은 데서 낮은 데로 흐르는 것과 마찬가지라는 말이군. 최초의 첫걸음을 제외하면 그 이후의 비행은 정상적인 심리로 충분히 이해할 수 있다는 뜻 아닌가.

바로 그 얘기다. 동시에, 비슷한 악조건 속에서도 전혀 비행에 빠져들지 않는 아이도 엄연히 존재한다. 오히려 이런 사례가 풀어야 할 수수께끼다. 일종의 신경증일지도 모른다.「비행불능 신경증」이라고(하하하).

청소년비행과 성인범죄의 관계

청소년비행에 관해서는 대체로 파악했는데, 그렇다면 성인범죄자는 또 어떤 점이 다른가.

그에 관해서는 대단히 많은 오해가 널리 퍼져 있다.

먼저, 청소년비행에 비하면 성인범죄는 발생률이 현저하게 낮다. 교통사고를 빼면 인구 1천 명당 체포되는 비율이, 성인범죄는 청소년비행의 10분의 1에 불과하다. 미국의 도시지역에서는 당국의 선도대상에 들지 않는 경우를 포함하면 백인의 세 명 중 한 명, 유색인종 두 명 중 한 명이 비행이라고 한다. 일본에서도 사춘기 청소년 열 명 중 한 명은 비행아일 것이다. 이들이 전부 성인범죄자로 성장한다면 당해낼 재간이 없다.

물론 어른이 된 후에 처음으로 범죄를 저지르는 경우도 있긴 하지만, 대부분은 청소년 때 시작한 비행에서 졸업하지 못한 자들이다.

인격장애 진단기준인 DSM-Ⅲ(Ⅳ도 마찬가지다)에서 「반사회성 인격장애」는 18세 이상이 되어야 판정이 가능하다. 그러나 진단기준에는 15세까지 저지른 일탈행위도 반드시 명기하게 되어 있다. 또 국제질병분류 10판(ICD-10)에도 「특정한 인격장애」는 「보통 소아기 또는 청년기에 시작해 성인기에 들어서도 지속된다」고 규정되어 있다. 즉 이러쿵저러쿵 말들은 많지만 「나쁜 놈은 이전부터 나빴다」는 경험이 성립한다는 뜻이다. 덧붙이자면 이 말의 역은 참이 아니다. 「과거에 나빴다고 해서 지금 그리고 앞으로도 나쁜 놈이라고 말할 수는 없다」는 뜻이다.

다음으로 성인범죄자 대부분은 재산범, 그것도 사소한 절도범이라는 사실이다. 그런데도 신문기사나 추리소설에서는 살인이나 갱단 같은 강력범만 취급한다. 덕분에 일반인들은 범죄를 피비린내나는 것으로 생각한다. 오죽하면 「지금까지 사람을 가장 많이 죽인 기록은 정치지도자를 제외하면 추리작가가 갖고 있다」는 농담이 있겠는가.

여성범죄에 대해서도 오해가 있다. 범죄증가율만 강조하다 보니 여기에서도 남녀 기회균등 시대가 왔다는 오해가 퍼지고 있다. 그러나 현대에 들어서도 여성범죄는 남성의 몇 분의 일에 불과하며 그나마 구속수감되는 범죄는 마약단속법 위반이 대부분이다. 이는 야쿠자의 애인 등으로 나쁜 습관에 물든 여성들이 많다는 얘기다. 가해자라기보다는 오히려 피해자에 가깝다.

마지막으로, 같은 범죄자라도 살인·상해 같은 과격·강력범과 사기·뇌물수수 같은 지능범은 사람 됨됨이가 전혀 다르며, 나아가 정치범·확신범에 이르면 완전히 다른 세계의 인간이다. 또 폭력단과 극우파 총회꾼처럼 범죄의 종류는 달라도 기질은 서로 닮은 경우도 있다.

성인범죄자라도 일반인의 생각과는 달리 제각각이며, 기껏 공통점을 찾자면 취조실이나 교도소에 익숙해진다는 점뿐이다.

흠, 나 역시 범죄자라면 FBI가 추적하는 괴물 같은 이미지를 갖고 있었다.

FBI는 미국에서 주를 넘나드는 범죄·조직범죄·유괴, 그리고 테러나 연속살인 같은 것을 다루기 위해 만든 국가경찰조직이다. 대단히 특수한 흉악범들을 상대할 것이다. 그러나 미국에서도 역시 대부분의 범죄는, 그렇고 그런 불량배들이 저지르는 절도나 풍속사범이다. 카운티 경찰이나 시골의 보안관들이 처리한다. 흔해 빠진 이런 범죄는 재미가 없으므로 매스컴이나 문학에서는 변태나 사이코패스(psychopath:반사회적·폭력적 경향의 정신병질자)를 즐겨 다루고 있지만.

사이코패스란 무엇인가

사이코패스가 무슨 뜻인가.

최근 유행하는 용어이다.

아주 오래전부터 정신과의사들은 독일어로 프시코파트(psycho-path)라고 불러왔다. 번역하면 정신병질(精神病質). 독일의 슈나이더가 1920년대에 소개한 개념으로, 「성격 탓에 자신이 괴롭든가 사회를 괴롭히는」 사람들을 한데 묶어 「정신병질 인격」이라고 부른다. 이 중 「자신이 괴로운」 것뿐이라면 정신과의사나 치료사에게 찾아가 상담하면 되지만, 「사회가 괴로운」 상황이라면 무언가 처벌·감금 같은 조치가 필요하다.

그러나 일본에서 이 용어는 「차별」 또는 「보안관찰을 정당화한다」는 식으로 트집잡히기 알맞아 다들 사용을 기피하던 때가 있었다. 확실히 일본어로는 「정신병」과 혼동하기 쉬운 용어다. 차라리 의역하여 「성격병질」이라고 부르는 것이 낫다.

그런데 미국에서는 1970년대 이후 슈나이더를 재평가하려는 움직임과 동시에, 황당할 정도로 극단적인 선천적 변태성격자들이 잇따라 중대 사건을 일으키면서, 종래의 환경결정론을 배격하고 사이코패스라는 개념을 공공연히 사용하기에 이르렀다. 한때는 소시오패스(sociopath), 즉 「사회병질(사회의 산물인 동시에 사회에 피해를 주는 사회성 장애라는 의미도 포함한 듯하다)」이라는 어중간한 표현이 사용되기도 했지만 의미는 똑같다.

까놓고 요점만 말하자면 「사회에 해를 끼치기 위해 태어난 것처럼 보이는 팔불출」이라는 말이다.

그렇다면 사이코패스야말로 우리가 범죄자에 대해 갖고 있는 생각인데.

그러나 진짜 사이코패스는 범죄자의 극히 일부에 지나지 않는다. 형을 받고 있는 범죄자의 30퍼센트 정도로 보기도 한다. 물론 그밖의 범죄자를 가벼운 사이코패스로 취급할 수도 있겠지만.

나이가 들어서도 비행을 계속 저지르는 보통의 범죄자는 얼마든지 있다. 그들보다는 사이코패스에 대해 좀더 얘기해 달라.

이 문제는 간단하지는 않다. 전문가에 따라 개념의 범위와 방향이 모두 다르다.

예를 들면 미국에서 사이코패스라 하면 헤어가 만든 정신병질 체크리스트의 기준을 충족시키는 위험한 인물을 가리키는 경우가 많다. 1980년 발표한 리스트에는 겉보기에 인상이 좋다, 자기 중심적이고 자존심이 강하다, 싫증을 잘 낸다, 허풍이 세다, 불성실하다, 죄책감이 없다, 정서의 깊이가 얕다, 남에게 의존하는 생활태도를 갖고 있다, 이성관계가 문란하다, 충동적이다 등 22개 항목이 열거돼 있다. 과거 독일에서 말하던 「사회의 적」에 해당한다.

이에 비해 일본 정신과의학계 내부에서 프시코파트라고 부르는 것은 좀더 범위가 넓어서 「성격상의 편향성이 심해 주위를 괴롭히는 인물」이며, 사법 정신의학자들이 말하는 정신병질은 보통 슈나이더의 원전에 나오는 10가지 유형 중 어느 하나를 지칭한다.

슈나이더가 말하는 정신병질 인격은 발정(發情)·억울(抑鬱)·자기 불확실·광신·자기 현시·기분이변(氣分易變:기분이 수시로 바뀜)·폭발적 성격·정성(情性) 결핍·의지 결여·무기력 등의 증세를 말하며, 당연히 두세 가지가 복합적으로 나타나기도 한다(특히 의지 결여는 누범자에게 공통적으로 자주 나타나는 현상이다).

그 어느 것도 사회적응에 해가 되며, 대부분 매우 안 좋은 증세들이다. 보통의 정신장애보다 부적응의 정도가 훨씬 심한 경우도 포함돼 있다. 정신장애뿐이라면 상태가 나아지면 아무에게도 해를 끼치지 않는다. 그러나 정신병질은 대개 평생 계속되며 자신과 남을 끝까지 괴롭히기 마련이다.

그렇기 때문에 미국의 전문가가 「흉악범 중에서도 사이코패스는 겉으로 보면 더없이 사교적이고, 매력적이며, 말 잘하고, 유능하므로 자기도 모르게 빠져들게 된다」고 써놓은 것을 보고, 일본의 전문가는 「설마 그럴 리가」 라고 느낀다. 원래 슈나이더가 정한 10개 유형 중에서 세상과 원수가 될 만큼 흉악한 유형은 두세 개밖에 안 된다. 나머지는 극단적인 성격 탓에 부적응에서 헤어나지 못할 뿐이다. 물론 겉모습이나 화술도 평균 이하가 많다.

미국에서 말하는 사이코패스는 1941년 H.크렉크리가 지적하면서 중요하게 부각된 「정상인의 가면」을 쓴 괴물이라고 생각하면 된다. 말하자면 표면적으로는 멋지고 착실하지만 감추어진 심리나 소행은 오싹할 만큼 냉혹하고 잔인한 인간이다. 반드시 범죄자에 국한된 것도 아니어서, 지능이 높고 훌륭한 경력을 쌓은 고위관료·경영자·성직자 중에도 드물게 섞여 있다.

최근 일본어로 번역된 책으로는 융 학파의 구겐빌 크레이그가 쓴 『혼의 황야』와 헤어의 저서 『진단명 사이코패스』 등이 참고가 될 것이다.

사이코패스―혼의 황야

혼의 황야라, 꽤 문학적인 표현이군.

융 학파 분석가가 쓴 책이니 그럴 수 있다. 그렇지만 구겐빌은 결코 말장난이 섞인 문학적 해석은 하지 않는 사람이다. 예를 들어 사이코패스에는 분석이 불가능하고 도저히 치료할 수 없는 유형이 많다는 것을 솔직히 인정하며, 양육과정이나 부모 자식 관계로 인해 사이코패스가 된다고 보기 어렵다는 현실도 직시한다.

그가 지적한 것 중에서 흉악범이 모두 사이코패스는 아니라는 점, 정신병질자가 대체로 나이보다 늙어 보이는 것은 아니라는 점, 성생활에 문제가 있기는커녕 오히려 능숙하다는 점, 고뇌하지 않는 성격이지만 내면 정신세계가 황량하다는 점 등이 주목받고 있다. 마지막에 지적한 특징이 책의 제목이 됐다.

그렇지만 이런 위험한 유형은 실제로 접해보지 않고서는 좀처럼 이해하기 힘들다. 무엇보다 보통사람의 상상을 넘어서기 때문이다. 「같은 사람이니까 진실한 마음이 있을 것이다」「인간에게는 누구나 불심(佛心)이 잠재해 있다」고 말하는 사람은 이런 인간형도 있으리라고는 상상조차 못할 것이다. 그러나 분명히 존재한다. 게다가 아무리 봐도 인간임엔 틀림없다. 매력적인 미남미녀도 포함된다.

이들은 애완용 잉꼬새를 깔끔하게 목욕시킨 뒤, 지하실에 가두어 놓은 피해자를 산 채로 피부를 벗겨낸다든가 넓적다리 살을 먹는다든가 안구를 후벼판다든가 한다. 이 정도라면 미친 사람으로 보아넘길 수도 있겠지만 더욱 오싹한 특징이 있다. 애완동물을 돌볼 때와 무시무시한 만행을 저지를 때에, 표정은 말할 것도 없고 맥박수조차 거의 변화가 없다는 점이다. 냉정함이 미치지 않았다는 증거라면, 이들은 미쳐 있지 않다. 이쯤되면 생리적인 차원에서도 분명 이질적이다.

영화나 드라마에서는 흉악한 변태가, 과장되게 일그러진 표정과 몸짓으로 군침까지 흘려가며 흥분해서 피해자에게 다가가는 장면이 자주 나온다. 그러나 이는 작가나 연출자의 평범한 감성을 반영한 것에 지나지 않는다. 진짜 정신병질자는 무표정하고 사무적으로(게다가 동시에 팬티 속에서 사정까지 하며!) 「처리」할 뿐일지 모른다. 어쨌든 좋은 뜻에서건 나쁜 뜻에서건 「인간을 벗어난 냉정하고 무서운 자」가 가끔씩 세상에 태어난다.

헤어는 그의 저서에서 「어디에든 있다. 뉴욕이라면 십만 명은 있을 것이므로 당신 주변에도 출몰하고 있을 것이다. 조심하지 않으면 큰일을 당한다」고 경고한다. 어느 사회에서든 1퍼센트 가까운 발생률을 보이므로 만원 지하철 안에도 한두 명쯤은 타고 있다는 계산이다.

그렇다면 이들의 공통 특징은 무엇인가. 흉악범에도 성직자에도 이들이 포함되어 있다면, 최소한 범죄 행위의 종류나 유무를 특징으로 보아야 하지 않을까.

맞는 말이다. 이제까지 사이코패스로 규정된 자는 흉악범들뿐이었으므로 빙산의 일각에 지나지 않을지 모른다. 그리고 연구자가 그 중 일부로부터 사이코패스의 특징을 추출한 것이므로 그 안에는 사이코패스 고유의 본질 외에 과격한 공격성·일탈성·위법성도 끼여들었을 것이다. 비본질적인 불순 성분이 없는 사이코패스라면 유능한 경영자나 외과의사로서 표면적으로는 적응에 성공한 일생을 보낼 수도 있다.

오히려 이런 「감추어진 사이코패스」가 보다 순수한 유형이며, 무지막지한 연속살인범들은 「기본 플러스 가학성·발정 과다·행동력」 닷에 범행을 거듭하기에 이르렀다는 시각도 가능하다. 그렇지만 가학성·발정 과다·행동력은 각각 단독으로는 흉악범죄로 이어지기 어렵고, 세 요소가 합쳐진다고 해서 사이코패스가 되는 것도 아니다. 충동적이고 참을성이 부족한 탓에 끔찍한 범죄를 저지르는 정도일 테니까. 이에 비해 「기본」만이라든가 「기본 플러스 지적 관심」이라면 경찰서와는 무관한 우수한 공장주나 대학교수로서 평생을 지낼 수도 있다.

정서 결핍—왜 문제인가

「기본 플러스 위험한 충동」이면 흉악범죄가 되는가. 그렇다면 「기본」이란 무엇인가 하는 문제로 돌아가게 된다.

인간적인 정서·정조가 없는 상태가 아닐까.

ICD-10국제분류에서는 「이(異)사회적 인격장애(dissocial personality disorder)」가 사이코패스에 해당한다. 진단기준 6개 항목 가운데 「타인의 감정에 대한 냉담한 무관심」과 「죄책감을 느끼지 못함」이라는 두 항목이 포함돼 있다. 슈나이더의 분류로는 「정성(情性) 결여자」가 해당한다. 특히 동정·공감·친밀·연민·배려·격정 등 「인간끼리의 유대·공명 감각」에 기초한 매우 원초적인 정감들이 결핍된 상태다.

왜 원초적인가. 포유동물에게는 대개 이와 비슷한 감각들이 있기 때문이다. 예를 들어 원숭이는 말할 것도 없고 쥐에게도 동종의 동물이 괴로워하는 것을 보는 일은 상당한 스트레스인 것 같다.

우리도 설령 모르는 사람이라 할지라도 눈앞에서 구토를 하거나 한쪽 팔이 떨어져나가는 장면을 보면 보는 것만으로도 괴로워진다. 「안달루시아의 개」라는 실험영화에는 면도날로 안구를 도려내는 장면이 나오는데, 왠지 영화를 보는 자신의 눈까지 아픈 듯하고 기분이 나빠진다.

반대로 지구 반대편에 있는 농촌의 주민들이 풍작을 자축하며 기뻐하는 뉴스 화면을 본다고 하자. 이해관계가 없다면, 살며시 웃음을 머금고는 「잘됐군」이라는 흐뭇한 감정을 품게 된다. 즉 특별히 적대적이거나 이해 대립이 없는 한, 남의 고통은 내게도 고통이고 남의 기쁨은 나도 기분좋다는 공감의 원칙이 존재한다. 다소 부정확한 표현일지는 몰라도 「사랑과 불안」이라고 정리하면 될 것이다. 물론 사랑과 불안의 정도에는 개인차가 있지만, 지나치게 희박할 경우 「인간적 정서의 결핍」이 된다.

유능한 사이코패스는 어린 시절부터의 경험에 따라, 마치 인간적인 감성을 갖추고 있는 양 연기하는 법을 몸에 익히고 있을 것이다. 이것이야말로 「정상의 가면」이다. 아마 연기가 필요하지 않은 생활공간에서는 본성을 드러낼 것이다. 가족이나 부하직원들을 견디기 힘들 만큼 괴롭히는 경우도 많을 것이다.

그러나 그런 인간을 반사회적이라고 할 수는 없지 않은가.

충분히 현명하고 도착된 욕망이 치열하지만 않다면 그들도 의외로 「얌전한 사이코패스」로서 일생을 평온 무사하게 보낼 수 있을 것이다. 그들도 머리로는 규범을 이해하고 일탈행위의 위험성도 계산하고 있으니까. 잘하면 어느 누구로부터도 의심받지 않을 것이다. 그러나 이런 인물은 구태여 문제삼을 필요도 없다. 잘하는 일도 없고 해 끼치는 일도 없는 평범한 납세자 중 한 명일 뿐이다.

문제는 이러한 사이코패스의 기본적 요소에 불순한 야망·충동·낭비벽·성도착·공격성·나쁜 꾀 같은 다른 요소가 추가되는 경우이다. 그렇게 되면 원래 냉혹한 데다 인정이라고는 눈을 씻고 찾아봐도 없기 때문에 극히 위험한 반사회적 존재가 되고 만다. 마치 인간과 똑같은 모습의 에어리언처럼(하하하).

그런 상태야말로 「순수한 사악함」이 형태를 갖춘 격이군.

형이상학적인 사악함이라고나 할까.

그러나 한 가지 유의할 것이 있다. 이제까지 사이코패스의 기본요소로 알려진 공감성 부족이나 정서 결핍 같은 것이 그 자체로는 결코 사악하지 않다는 점이다. 색맹이나 난청과 마찬가지여서, 남에게 피해를 주지 않는 한, 본인에게 책임을 돌릴 수는 없다. 그들이 사회에 적응하려면 의식적으로 보통사람 이상의 노력을 기울여야 한다는 의미에서는 장애인과 똑같은 입장이다.

같은 맥락에서 얌전한 사이코패스로 살아가는 사람 중에는 지적으로 우수한 인물이 많다는 추론도 가능하다. 왜냐하면 「공감성을 전제로 한 사회화」가 되어 있지 않은 상태에서, 주변상황을 파악하고 자기 역할을 찾아 연기함으로써 결함을 드러내지 않는 고난도의 기술은 머리가 좋지 않고서는 불가능하기 때문이다.

단지 기본적 요소뿐이라면 냉담할지라도 냉혹하지는 않으며, 친절한 마음은 없더라도 친절한 언동은 가능하다. 그뿐 아니라 보통 사람처럼 정서나 기분에 이끌려 판단을 그르치는 일이 적으므로 적재적소에 배치하면 사회에 더할 나위 없이 기여할지도 모른다.

이런 광경을 상상해 보라.

유치원에서 사육하는 토끼를 세 어린이가 괴롭히고 있다. 주둥이에 진흙을 칠하고 수염을 뽑고 항문에는 막대기를 꽂고, 토끼는 괴로워서 신음소리를 낸다. 이를 목격한 교사가 "그러면 안 된다, 불쌍하지 않니. 너희들 입에 억지로 진흙을 넣고 엉덩이에 막대기를 찔러넣으면 어떻겠니"라고 야단친다.

한 어린이는 자기가 당하는 광경을 상상하고는 오싹해져서 「토끼가 몹시 괴롭겠구나」고 깨닫는다. 다른 한 어린이는 자신이 좋아하는 선생님으로부터 큰소리로 꾸중들은 데 충격받고 울기 시작한다. 마지막 한 어린이는 고개 숙인 채 마음속으로 「아, 이런 상태를 불쌍하다고 말하는 거구나. 외워두어야지. 그런데 괴로운 건 토끼지 나는 조금도 괴롭지 않은걸」이라고 생각한다.

당연히 세번째 어린이가 순수한 형태의 사이코패스일 가능성이 높지만, 이 어린이의 생각만은 가장 논리적이고 합리적이지 않은가. 그는 사랑과 불안이 결핍되어 있을 뿐이다. 논리와 이성을 흩뜨려놓는 최대의 요인 역시 사랑과 불안이지 않은가.

문제는 능력이 없어서 「공감성을 전제로 한 사회화」 부족을 메우지 못한다든가, 간신히 부족분을 채우더라도 다른 충동적인 요소를

더 많이 가진 탓에 사회인으로서의 궤도를 벗어나고 마는 사이코패
스들이다. 자신 이외의 다른 누군가를 파괴해야만 욕망이 채워지는
사람의 경우, 그가 사이코패스가 아니라면「예상되는 결과가 두렵
고, 상대의 기분도 고려해」위험한 욕망을 계속 억제할 것이다. 그
러나 사이코패스에게는 이런 정서적 제재 능력이 없기 때문에 담담
하게 실행에 옮길 것이다.

이렇게 생각하면 사이코패스란 사악한 것인지, 아니면 단지 기계
적일 뿐인지 헷갈린다. 티라노사우루스나 식인상어는 사악한가. 먹
이가 없으면 금방 자기들끼리 잡아먹기 시작하는 햄스터나 까마귀
는 사악한가.

형벌에 대하여 솔직해 보자

흐음, 왠지 기분이 으스스하군. 사이코패스도 식인상
어도 자기가 그렇게 되려고 한 것도 아닌데. 그러나 이렇게 되면 형
사정책이나 형벌론의 기반이 흔들리지 않을까. 형법체계는 범행이
무엇보다 자유의지로 이뤄진다는 전제를 깔고 있으니까.

사회학이든 법학이든 교육학이든, 원래「인간은 기본적으로 동일
하며 그 행위는 자유의지에 기초한다」는 전제를 채택하기 쉬운 구
조이다. 이 전제가 사실로서가 아니라 필요나 방편에 따른 가정이
라면 이론상으로 문제가 없다. 그러나 문제는 여기에서 차례차례

도출된 명제들이 입법이나 정책에 도입된다는 점이다. 적용대상이 평균적인 개인이나 집단이라면 유효하겠지만 그렇지 않을 경우엔 비효율적이다.

정신병만은 「한정책임능력」이라 해서 책임을 면제하고 입원조치·강제치료 처우를 하지만, 자유의지나 선악 시비를 가리는 능력이 정신병에 걸리는 순간 소멸되고, 정신병이 아니면 건재하다고 말할 수 있을까. 무엇보다 정신병이고 아니고를 가리는 경계 자체가 연속적이다.

정신병질자나 사이코패스는 물론 형사책임을 면제받지 못한다. 그러나 그들에게 범행 이외의 선택여지가 있었는지 아닌지는 누구도 알 수 없다. 하기야 우리도 지금 이 순간 이런 이야기를 하는 것 외에 선택여지가 있었는지를 알지 못하지만 말이다.

자유의지는 환상일 뿐이고 실제로는 숙명론이나 결정론이 옳다고 하더라도 그것이 형벌을 폐지하는 구실이 되지는 못한다. 「유전과 성장이력과 사회적 조건 때문에 그런 일을 저질렀습니다」고 해서 「아 그런가. 무리가 아니군. 그렇다면 무죄 석방」이라고 판결하는 일이 이 세상에선 성립할 리 없기 때문이다.

원래 형벌에는 응보주의·교육형(教育刑)주의·범죄억지기능 등의 관점이 있다. 이 중 응보주의는 일반인들이 납득하기 쉽고, 법학자들은 표면적으로 교육형주의를 강조하며, 정책실무자들은 억지기능에 기대를 건다. 그러나 응보주의는 감정적으로 분노를 발산하는 데 지나지 않고, 교육형은 현실과는 동떨어진 미사여구에 가까우며, 억지기능은 선량한 남녀에게 가장 강력하게 작용한다는(필요한

자에게는 효과가 없고 불필요한 자에게 효과를 발휘하는) 문제점이
있다.

나는 형벌이라는 것을 간단히 말해 「사회의 피해 정도와 재범 가
능성을 곱하여 형량을 정하는 자유형주의」라고 규정하면 되지 않을
까 생각한다.

자유형이란 무엇인가.

의외로 법률가가 아닌 사람들에게는 익숙하지 않은 말인가 보다.
「자유롭게 부과되는 형」이라는 뜻으로 들릴지도 모르겠다. 자유형
은 사회행동의 자유를 제한하는 처벌이다. 말하자면 금고나 징역,
옛날부터 있던 추방형이나 유배형도 자유형에 포함된다. 미래에는
무인 혹성에 유배되는 일이 생길지도 모르겠다.

당연히 형량을 합리적으로 하기 위해서는 사회의 피해 정도나 재
범 가능성을 되도록 정확히 추정할 수 있도록 관련학문이 발달하지
않으면 안 되는데, 이 점에서 아직은 미흡하다.

극단적인 예를 들어보겠다. 강간상해치사죄의 누범자 두 명이 있
다고 하자. 한 명은 20세, 다른 한 명은 50세다. 현행 일본형법으로
는 두 악을 평등하게 취급해 3년 아니면 길어야 10년형이 부과된
다. 30세가 되어 출소하는 쪽은 다시 범행을 저지를 가능성이 있다.
거세해 버리면 가장 좋겠지만 그렇게 되면 윤리적인 문제가 심각하
다(옛날에는 거세하고 석방될 것인지 장기복역할 것인지 선택하게
하는 제도가 있었다고 하지만). 이 경우 50세 범죄자는 10년, 20세
는 20~30년으로 형량을 차등부과해 「좀더 원숙해진 뒤」 출소하도

록 하면 세상이 좀더 살기 좋아질 것이다. 어쨌든 만기출소한 뒤 새로운 피해자가 발생할 위험은 줄어드니까.

사회는 항상 가해자의 인권보다는 피해자나 잠재적 피해자의 인권을 우선해야 한다. 사회 전체적으로「젊을 때 범죄를 접하지 말아야 한다」는 풍조가 확산되는 것이 좋다. 젊을 때 범죄를 멀리 하면 중년 이후 갑자기 범죄에 손대는 일이 거의 없기 때문이다.

어쨌든 재범 가능성을 중시해 형벌의 정도를 정하는 것은「범죄자의 인권」보다「사회방위」를 우선하는 일이다. 자유주의를 신봉하는 감상주의 입장에서는 비판을 하겠지만 현실적으로 유용한 방안이라고 생각한다. 미합중국 형법은 전통적으로 이같은 경향이 있고, 일본도 상습절도범(10년에 3회 이상)을 장기 수감하는 규정이 있다.

사형폐지론은 비인도적이다

농담처럼 들릴지 모르지만, 자유형이 좋다는 말은 사형이나 찢어 죽이는 형벌 같은 잔혹형에 반대한다는 뜻인가.

그렇지는 않다. 사회의 생산력이 낮아서 흉악범을 장기간 가두어두고 매일 세 끼씩 먹이기가 힘든 국가라면 목매다는 편이 경제적으로는 합리적이다. 옛날 미국 영화에는「저런 악당을 위해 재판이나 감방비용으로 몇십만 달러의 세금을 낭비하느니 10센트짜리 총

탄으로 결말짓는 게 낫다」며 현행범을 사살하는 경관이 등장한다. 변호사가 들었다면 격분할 것이다. 인권 운운하기 이전에 모처럼의 비즈니스 기회가 사라져버렸으니까(그래도 「부당한 총기 사용」이라 해서 지자체를 고소하는 비즈니스는 남겠지만).

그러나 현재 미국·유럽이나 일본은 사형수가 1천 명 이상이더라도 일생 먹여살리는 일이 국가경제에 그리 큰 부담은 아니다. 매 끼니 질 낮은 밥을 주면 그뿐이지 풀코스 정식으로 서비스할 것도 아니니까. 사정이 그렇다면 일부러 뒷맛도 개운치 않은 「국가에 의한 살인」 형벌 시행을 고집할 것만도 아니다. 일생 가두어둔다면 사실상 우리 선량한 시민들 입장에서는 사형이나 마찬가지 효과다. 사형반대론자들이 주장하는 것처럼 만의 하나 착오를 일으킬 가능성도 있으니까.

사형존속론이 내세우는 근거 중 하나는 극형을 유지함으로써 범죄억지효과를 얻을 수 있다는 것이다.

그러나 사형에 해당하는 흉악한 범죄를 저지르기 전에 자기가 받을 형벌에 대해 머릿속으로 생각하는 범죄자는 거의 없다. 게다가 일단 저지른 뒤에는 「어떻든 나는 사형이다」라고 깨달으므로 오히려 더 극단으로 치닫는다는 것이 사형반대론자의 논거다. 말하자면 "사형, 사형" 아무리 외쳐대도 두려워하는 쪽은 평생 흉악범죄와는 무관한 양민들이지, 무지막지한 자들은 혹시 기둥에 묶어놓고 불태우고 꼬챙이로 찔러 죽이는 형벌이 있더라도 저지를 때는 저지른다는 것이다.

그러고 보면 범죄자들은 아무리 경미한 범죄라도 자기가 붙잡혀

뜨끔한 맛을 볼 것이라고 예상하고 범행을 저지르는 사람은 없다. 발끈 해서 앞뒤 가리지 않거나, 「아마 걸리지는 않을 거야」라고 멋대로 낙천적으로 생각하거나, 어느 쪽이든 그런 감성이 생기는 게 범죄자의 특징이다. 비행청소년이든 범죄자든 자기 행동의 결과에 대한 상황예측은 극히 낙관적이거나 부정확하다.

그렇지만 휴머니즘을 배제한 사형폐지론이라니, 이상하지 않은가.

휴머니즘은 자기 과시나 자기 만족 외에는 쓸모가 없다.

나아가 사형이나 찢어 죽이는 것보다 종신금고형이 더 괴로운 형벌일는지 모른다. 작가이자 정신의학자인 가가 오토히코가(加賀乙彦)의 유명한 연구는 사형수는 조(躁:상쾌하고 흥분한 정신상태) 상태, 무기수는 무기력 상태가 되기 쉽다고 밝혀놓았다.

물론 사형수 쪽이 스트레스도 많고 살 수 있는 기간도 한정돼 있기 때문에, 쫓기듯 초조해진 나머지 어느 순간 실이 툭 끊어져서 「형장에 끌려가는 자가 일부러 노래를 부르는 것처럼」 자포자기하는 현상일 것이다. 정신분석학에서는 「조적 방위(躁的 防衛)」라고 부른다. 그러나 이런 반응이 일어나버리면 그 시점부터 심리적으로는 마비상태나 마찬가지이므로, 말하자면 「벌을 주는 보람」이 없어진다. 마취시켜 놓고 곤장을 치는 것이나 마찬가지다.

그 대신 은근하고 끈질기게 언제 끝날지도 모르는 수감생활을 강요하는 편이 자포자기도 예방하면서 마치 「솜으로 목을 조르는 것처럼」 효과적일 것이다.

결국 「조」 상태로 만드는 형벌보다는 우울한 기분을 일으키는 형벌이 응보적인 면에서 효율성이 높다. 일본의 관행으로는 무기라 하더라도 10여 년 지나면 가석방하는 경우가 많은데, 이보다는 미국처럼 「가석방 없는 금고 120년」이라는 식으로 판결하는 편이 바람직하다. 교도소 담장 이편의 대중에게는 옥사든 사형이든 실질적으로는 차이가 없으니까. 이상이 한 가지 관점이다.

다른 하나의 관점은 독방에 가두어 사회적인 자극을 박탈하는 형벌은, 얌전한 분열기질자나 혼자 틀어박혀 있기 좋아하는 자보다는 마시고 박수치고 쇼핑을 즐기는 방탕한 자, 범죄친화성 인격자에게 더한 고통을 준다는 원칙이다. 내향적인 성격에게는 사생활 보장이 전혀 안 되는 공동감방 생활이 가장 힘든 형벌일 것이다. 거꾸로 행동적이고 자극 지향적인 자에게는 독방이나 징벌방에 가두는 벌이 먹혀들 것이다.

이처럼 본인이 견디기 괴로운 환경에서 늙을 때까지, 아니면 사망할 때까지 살도록 강요하는 형벌이 어쩌면 사형보다 더 잔혹할지 모른다.

꽤 역설적이지 않은가. 죄 많은 존재를 단숨에 없애기보다 일생 가두어두는 게 더 심한 벌이라니.

교육형주의 입장에서 보더라도 사형은 교육 가능성마저 박탈해 버린다. 반대로 무기형은 선량한 쪽이든 악한 쪽이든 인격변화의 가능성을 남긴다. 그 사람이 수감되기 전의 생활과는 동떨어진 환경에서 장기간 하중을 가해 푹 절여둘 필요가 있다. 또 상식에 어긋나기는 하지만, 사회에 복귀할 가능성이 있는 것보다 없는 편이 인격변화에 더 박차를 가할 수 있다.

구치소에서 교도소로 이송되면 보통 죄수들은 석방까지 남은 날 수만 손꼽으며 지내기 때문에 스스로를 변혁시킬 여지도 적어진다. 나는 세상과 단절돼 벽을 바라보며 살 수밖에 없는 생활을 「강제내향화(forced introversion)」라고 이름붙인 적이 있다. 이를 통해 자기 성찰의 가능성이 생기기 시작하는 것이다. 무엇보다 대상자 대부분은 이렇게라도 하지 않으면 외부 지향적 · 환경반응적인 생활밖에 없는 줄 아는 조잡한 감성의 소유자들이니까.

예를 들어 사형수에 따라서는 감옥생활 몇년 만에 진심으로 반성하여(취조나 재판 중의 반성은 거의가 형량을 줄여보려는 인상조작에 불과하다) 시조나 수기 집필에 몰두하기도 한다. 이 사람이 만약 붙잡히지 않고 자극이 넘치는 바깥세상에서 계속 살았다면 평생 흐트러진 생활뿐, 감옥에서의 정신상태에는 도달하지 못했을 것이다. 이것이 강제내향화의 효과다.

무기수에게 이런 극적인 심경변화가 적은 것은, 물론 죽음과 맞닥뜨리는 실존적 계기가 주어지지 않은 데다 만성적인 가벼운 울(鬱) 상태로 지내기 쉽다는 점 때문일 것이다. 그러나 근본적으로는 역시 조금이라도 장래에 희망이 있는 한 「그때까지는 밀폐용기 속에서 얌전하게 있을 수밖에 없다」는 삶의 태도가 정착하기 때문이 아닐까 한다.

본인의 본성까지 바꿀 수 없는 바에는 사형 판결을 내린 뒤 형집행만 보류하는 방법도 생각해 볼 수 있다. 일본에서는 실제로 마음 약한 법무대신들이 몇 대에 걸쳐 그런 역할을 하고 있다. 그러나 사형수를 회개시키고 기뻐하는 사람들은 「저 세상」을 믿는 종교인들 정도다. 담장 이편의 일반인들로서는 죄수가 다시 사회로 돌아오지 않는 한 감옥에 있든 지옥에 있든 상관없다. 사면이나 특사 같은 것은 폐지하는 게 낫다. 그런 제도가 무슨 필요가 있는가.

갚을 수 있는 범죄, 갚을 수 없는 범죄

역시 일종의 실용주의를 주장하는군.

말하자면 그렇다. 우리 인간 다수가 공유할 수 있는 가치는 「실리」뿐이다. 심정적인 만족은 제각각 다르므로 최대공약수를 찾기는 극히 어렵다. 심정적으로는 「저런 악인은 사형에 처해야 한다」는 사람도 있고 「죄는 미워도 사람은 미워하지 말라」 「사형시켜 봤자 죽은 사람이 살아나는 것은 아니다」는 사람도 있다.

그러나 범인을 제외한 모두에게 통하는 공통분모는, 「저런 자는 두번 다시 보고 싶지 않다」는 것뿐이므로(열렬한 사형폐지론자라도 사형수와 동거하고 싶다거나 친구로 삼고 싶어하는 변태는 아닐 것이다) 무덤으로 보내든 일생 격리시키든 효과는 같을 것이다.

문제는 사형과 무기 여부에 그치지 않는다.

피해자나 검사는 보통 「죄에 비해 판결이 너무 가볍다」고 느낀다. 이는 일반 제삼자에게도 마찬가지여서, 상대에게 중상을 입히거나 죽인 범죄자가 어째서 5년 정도면 사회에 복귀할 수 있는지 납득하지 못한다. 그러나 그것은 그것대로 좋다. 복역 후 만기출소했을 때 「죄값을 치렀다」고 생각하는 것은 본인과 법률가뿐이지 세상은 그렇지 않다. 마음속으로 그렇게 생각하지 않기 때문에 전과자로서 차별하는 것이다.

본래 인간에게는 「죄 갚음」이 원리적으로 불가능하다. 범행 이전의 상태로 완전히 복구해 돌려놓는 것부터가 불가능하다. 따라서 판결이나 수형생활은 형벌 중 공적인 부분에 지나지 않는다. 그후에는 비공식적이랄까 세상의 벌이랄까 하는, 주위의 따돌림이나 소외 같은 초법규적인 제재가 남아 있는 것이다. 이 공식 · 비공식 양면을 합친 것을 실질적인 제재로 보아야 한다. 죄형법정주의는 제도로 정한 것에 불과하다. 세상은 녹록치 않다고 해야 할까, 잘돼 있다고 해야 할까.

단순한 휴머니즘으로 사형 반대나 교도소에서의 인도적인 처우를 주장하는 게 아니다.

중형에 반대하는 자유주의를 신봉하는 사람들의 심층심리에는 만의 하나 자기가 붙잡혔을 때에 대한 공포가 숨어 있다고 본다. 언제나 수형자의 인권만 강조할 뿐 피해자의 인권은 등한시하는 논객들이 많다. 물론 그런 논객들은 보통 소심하고 선량한 시민이자 일생 범죄와는 무관할 사람들이지만, 아마 마음속 깊은 곳에는 열정과 더불어 자기도 무언가 잘못돼 수감될지 모른다는 불안과 걱정이 잠재해 있지 않을까. 그 때문에 의식적으로는 수형자의 인도적 처우에 매달린다. 「내일은 내 차례」라는 식의 불안감 때문에 부자연스러울 만큼 형벌을 가볍게 하려는 논리를 펴는 것이다.

선량한 사람일수록 붙잡혔을 때를 걱정하고 범죄자일수록 걱정하지 않는 역설적인 원리가 여기에도 적용된다.

그에 비해 나는 형벌은 더욱 엄해져도 좋다고 생각한다. 아무리 엄해져도 범죄억지효과가 우범자에게는 미치지 않고 거꾸로 경찰이나 법이 없어도 나쁜 짓을 하지 못할 사람들만 두렵게 만들어서야 효과적이라고 할 수 없다. 따라서 형벌의 엄한 정도는 어느 만큼만 해두고 그 부족분을 비공식적인 「세상의 지탄」으로 보충하는 것이 좋다고 생각한다. 다행스럽게도 내가 굳이 주장할 필요도 없이 이는 옛날부터 시행되어 왔다.

세상 사람들은 「한번 나쁜 짓을 한 자는 또 한다」는 비관용적인 인간관을 견지하고 있다. 이는 확률적으로는 합리적인 추측이다. 영어에도 「Once a thief, always a thief」라는 표현이 있다. 한번 훔친 자는 앞으로도 훔친다는 의미다. 대단히 가혹한 인권침해·차별·편견처럼 들리고 실제로도 차별이나 예단에 해당한다. 그런데 이렇게 엄한 세상에서도 끊임없이 범죄를 저지르는 자들은 여전히 존재한다.

신용을 쌓는 데는 몇년 걸리지만 신용을 잃는 것은 한순간이랄까. 이제부터 법을 위반하려는 자들에게 「형기만으로 끝난다고 생각하지 말라」고 널리 알리고 싶다.

그렇다면 결국 범죄란 갚을 수 없는 것인가.

한번 저지른 범죄는 갚을 수 없는 구조를 만드는 것은 「건전한 세상」이다. 자기 마음대로 하는 자나 우둔한 자에게 불리한 시스템을 만들어가는 것이 건전한 사회다. 사회가 망하지 않으려면 그렇게 하는 수밖에 없다.

같은 비행범죄라도 일부는 갚을 수 있는 게 있다.

완전범죄란 수사가 미궁에 빠지는 경우인가.

아니다. 그건 범인의 재능이 뛰어나거나 수사가 미진한 탓이므로 개별적 · 우연적인 경우다.

보다 본질적으로는, 실제는 범죄 행위지만 그로 인해 주위의 많은 사람들에게 이익이 돌아가는 경우 법적 · 도덕적으로 추궁하기 어렵다. 아니, 오히려 사회로부터 좋은 평가를 받기도 한다.

예를 들어 군인이 수많은 적병을 살해한다든가 공인된 도박사업 같은 것이 그렇다. 어쩌면 우량한 기업이나 관공서도 그럴지 모른다(전에 어떤 공무원으로부터 오프 더 레코드로 들은 얘기인데, 설령 뇌물을 받더라도 주위나 부하들에게도 베풀면 절대 걸리지 않는다고 한다. 자기 혼자만 접대받거나 독차지할 경우 대개 밀고당한다는 것이다). 실제 행한 일이 다소 수상쩍더라도 다수가 요구하거나 기뻐하면 괜찮아진다는 말이다.

옛날 루소가 젊은 시절에 「장사는 사기다. 싸게 입수한 물건을 비싸게 파니까」라고 지적한 적이 있다. 지금도 이 논리를 반증하기는 어렵다. 물론 제 경비나 이윤을 얹어 파는 것은 당연하고 합법적이지만, 그 이유는 상품유통 덕분에 메이커 · 딜러 · 바이어 · 소비자, 즉 대중이 이익을 얻기 때문이다. 행위 자체가 사기든 강탈이든, 주변 사람이나 대중에게 이익이 돌아간다면 크게 보아 합법화되고,

때로는 칭찬받기도 한다.

이 이익이 사회나 개인에 장기적으로 공헌하는지는 별개 문제다. 마약을 팔면 구입해 사용한 사람은 수개월 뒤 피해를 보며, 화학공장을 지어 팔면 수년 뒤에는 공해문제가 발생할 수 있다. 그러나 최소한 파는 시점에서는 서로 합의하에 납득할 만한 비즈니스가 성립한 셈이고 주위도 덕을 본다.

따라서 이익이라기보다는 「필요에 부응한다」로 표현하는 편이 적절할지 모른다. 다수의 필요에 부응하는 활동이라면 다소 부정한 일이라도 민주주의 사회에서는 용인된다. 나아가 이윤을 올린다면 이는 「갚는」 활동이 된다. 성공한 범죄자집단은 성공한 기업과 마찬가지로 대중의 필요에 부응한다고 말할 수도 있다. 마약이든 매춘이든 도박이든 어쨌든 경제학적으로는 상품이다. 수요 없이 공급이 있을 리 없다.

생각해 보자. 과거 미국의 금주법은 취지 자체는 선이자 정의였지만, 대중에게 잠재적인 음주 수요가 있는 한 밀주를 공급하는 일은 성공적인 비즈니스였다. 이를 통해 오늘날 마피아의 「본원적 축적」 내지 기반구축 작업이 완성됐다. 생태학적 관점(돌고 돌면 어떻게 되는지에 관한 시스템적 관점) 없이 단순하게 정의나 선만 강조한 탓에 오히려 악을 살찌운 결과가 되고 만 역사의 교훈이다.

결국 사회적 활동이란 그 자체가 선이든 악이든 간에 주위에 환영하는 사람이 많다면 개인적으로 「갚을」 수 있으며 사회적으로도 승인받을 가능성이 높아진다. 그러니까 어떻게 해서든 악을 저지르고 싶다면 자기 만족만 취할 게 아니라 다른 많은 사람에게 이익이 돌아가도록 해야만 결과적으로 악행을 「갚을」 수 있다는 말이다.

그렇지만 그런 행위는 보통 악이라고 부르지 않는데.

그렇다. 갚을 수 있는 범죄란 자기 이외의 많은 다수를 기쁘게 하고 자신도 납득하는 활동을 말한다. 덕분에 사회는 그 행위를 범죄나 악이라고 부르지 않는다.

보통 자기만 만족하고 주위에는 피해만 안기는 것은 「악」이고, 나도 좋고 남도 좋으면 「성공」이며, 자신을 희생해 상대를 위하는 것은 「선」이라고 할 수 있겠지만, 무리하게 정의하려고 들지는 말자.

민주적인 사회에서는 이 원칙이 갈수록 철칙으로 작용한다. 많은 이를 기쁘게 하고 많은 이의 필요를 충족시켜 주는 사람일수록 성공한다. 이는 정치가나 기업가뿐 아니라 예술가나 탤런트 · 상점 주인 · 점원에 이르기까지 거의 예외가 없다. 어쨌든 자기 이외의 사람들을 기쁘게 할 선물을 얼마만큼 만들 수 있느냐가 승부의 분수령이다.

7

현명한 이기주의를 향하여

현명한 이기주의자는 알고 있다.
계율에 구애받지 않기 때문에 즐겁고,
이기적으로 간주되는 행위도 태연하게 실천하고,
마찬가지로 보답을 기대하지 않아도 되는 즐거운 이타적 행위를
담담하게 실천하는 것이 진정한 자유라는 것을.
진지하기만 한 이타주의와 어리석고 표피적인 이기주의의 양극을,
중도인 「현명한 이기주의」로 이끄는 것이 21세기 인류의 과제 중 하나가 아닐까.
반드시 그렇게 되기를 바란다.

본문 중에서

유전자는 역시 이기적

여기까지 고찰한 것만 보더라도 역시 선악의 문제라는 것은, 핵심 부분은 이기주의를 둘러싼 심리학적 주제라는 것을 알 수 있다.

이기주의가 지나쳐서 다른 사람을 침해하면 「악」이고, 노골적인 이기주의를 억제하고 이타적으로 행동함으로써 자존심·자기 만족이나 평판·신용·장기적 이득을 꾀하는 현명한 이기주의는 「선」이다. 혹은, 이기주의를 있는 그대로 표현하는 바보나 철면피, 배짱, 용감함은 「악」에 연결되고, 이기주의라는 본심을 겉으로 드러내지 않고 참는 소심한 사람, 적당주의자, 도덕주의자, 팔방미인 등은 「선」에 가깝다.

극단적으로 말하면 뻔뻔스런 이기주의자는 악인이고, 소심한 이기주의자는 착한 사람인지도 모른다.

세상에! 그렇다면 이기적이기는 어느 쪽이든 마찬가지가 아닌가.

한쪽은 자기의 직접적인 이익과 결부시켜 추구하고, 다른 한쪽은 위험 부담을 회피하거나 자기 만족을 확보하기 위해 주위 사람에게 이로움을 주는, 전술상의 차이만 있을 뿐이다. 양쪽 모두 본질은 이기적인 존재지만, 다만 악이라고 간주되는 쪽은 맛있는 것에 적극적으로 돌진하는 반면, 선이라고 간주되는 쪽은 맛없는 것을 피하는 것을 기본방침으로 할 뿐이다. 말하자면 어떤 금속으로 도금했느냐 하는 생존방식의 차이에 불과할 뿐 본바탕은 똑같은 이기주의가 아닐까 하는 의구심이 든다.

한 꺼풀 벗기면 모두 이기적이라는 생각이 드는 순간, 도킨스의 이기적 유전자설이 떠오른다. 이 경우 이기적(selfish)이란 것은 단순히 「자기와 같은 것을 복제해서 증식하는 것 외에는 안중에 없다」는 정도의 의미다. 이 이론을 그대로 개인이나 사회적 차원에 대입하면 분명 이상해질 것이다.

예를 들면 성격은 좋지만 먹고사는 데 급급해서 한가하게 즐길 시간이 없는 가난한 A씨에게는 여덟 명의 자녀가 있고, 교활하고 간교해서 자기밖에 모르는 부자 B씨에게는 자녀가 없을 뿐만 아니라 바람 피울 때도 장래에 청구될 교육비가 무서워서 피임을 거르는 일이 없다고 하자. 그렇다면 생물학적으로는 A씨의 유전자 쪽이 훨씬 더 이기적이다.

그렇지만 유전자가 오로지 자신의 복제품을 증식하는 데만 혈안이 되어 있다면 그 유전자의 운반체(vehicle)인 개체도 본질적으로는 스스로의 복제품을 증식하는 것밖에는 생각지 않을 것이다. 자신의 복제품을 증식할 확률을 높이려면(적어도 생식 가능한 연령이라면) 늘 자신의 생존 조건을 양호하게 유지해야 할 필요가 있다. 생식 장소나 배우자 역시 가급적이면 좋은 조건이길 바랄 것이다. 이는 생물이 가진 기본적인 이기성이다.

일개미나 일벌처럼 자신은 불임이라도 여왕개미나 여왕벌이 낳는 알이 자신과 동일한 유전자를 공유한다는 점에서 부모 자식이나 형제 이상으로 공통점이 있기에 여왕과 알을 위해 자기를 희생하는 행동 역시 이기적인 유전자에 조종되는 것이다.

그러나 사람을 포함해서(단 일란성 쌍둥이는 예외로 하고) 대부분의 동물들은 자기와 유전자를 50퍼센트 이상 공유할 가능성을 가진 존재는 없다(실제로, 전체적으로는 98퍼센트나 유전자를 공유하고 있다는 사람과 침팬지조차 특정 유전자 측면에서는 일란성 쌍둥이만이 자신과 동일할 가능성이 있다. 혈연적으로 가장 가까운 이는 공유율이 50퍼센트일 가능성을 가진 부모와 동복 형제뿐이다).

자기 자신은 100퍼센트 자신의 고유 유전자로 이루어져 있다. 그렇다면 당연히 「가장 아름다운 사람은 나 자신이다」라는 말이 성립한다.

인도의 고전 『우파니샤드』에 나와 있는 것처럼 「아내란 남편에게 있어 아내이기 때문에 사랑스러운 것이 아니라(남편 자신의) 아트만(atman:인도철학에서 호흡·자아, 혹은 물건의 본질, 신의 뜻을 의미하는 말)인 까닭에 사랑스러운 것이다(여기서 말하는 「아트만」은 보통은 「나」 혹은 「에고」란 뜻으로 이해되지만 오늘날에는 오히려 「유전자」라는 말을 대입하는 편이 적절할 것 같다)」, 「무릇, 자식이란 부모에게 있어 자식이기 때문에 사랑스러운 것이 아니라(부모 자신의) 유전자인 까닭에 사랑스러운 것이다」라는 식이다.

그러나 생식연령이 지나면 유전자는 더 이상 아등바등 욕심부리며 살고 싶어하지 않는다.

왜냐하면 이미 우수한 복제 유전자를 자손에게 전달했기 때문에, 쓸모 없는 늙은 몸을 언제까지고 살려둘 필요가 없기 때문이다. 오히려 자손을 위해 쓰여야 할 산소나 식료품 같은 자원이 늙은이 한 사람의 몫으로 쓰이기에는 너무도 아깝다. 그래서 폐기 처분해야 마땅한 늙은이의 몸 속에서는 노화와 자기 파괴 프로그램이 작동하기 시작한다(도이 히로후미, 『노화 ─DNA의 음모』, 이와나미쇼텐). 이와 동시에 심리적으로도 「용퇴(勇退) 욕구」와 「소멸 욕구」가 생긴다면 다행이지만……

그러나 사람의 경우, 지난 수백만 년 동안 대뇌가 지나치게 진화하고, 사회집단의 대규모화에 기반을 둔 「문화에 의한 상호 세뇌작용」덕분에, 내부 유전자의 속삭임을 듣기보다는 외부에서 우렁차게 들려오는 문화의 음성에 더 주의를 기울이게 됐다. 하긴, 대뇌나 사회집단이든 문화든, 근원을 따지자면 이기적 유전자에서 유래한 것이지만, 지나치게 방대한 정보량으로 잔뜩 부풀려져 있으므로 유전자에게 적합하지 않은 것까지 마구 뒤섞여 있다.

예를 들면 「일생불범 동정존중(一生不犯 童貞尊重)」 등의 문화요소(이는 도킨스가 말하는 「밈(meme:의전자(意傳子). 문화 전달을 담당하는 가공적인 유전자. 이 작용으로 인류는 뇌에서 뇌로, 사상이나 이론 등 비물질적인 문화를 유전시킨다. 도킨스가 만든 조어로 gene(유전자)에 대칭되는 말)」에 해당할 테지만)를 진심으로 받아들인 신부나 수도승 등은 자신의 복제품을 만들려 하지 않기 때문에 그들의 몸 속에 사는 이기적 유전자들은 분명 이를 갈면서 대뇌와 문화를 원망할 것이다. "봐라, 네가 이상한 관념에 집착하기 때문에 우리들이 복제품을 만들 수 없는 게 아니냐. 이 진화의 방해물 같으니"라고 소리치며 노발대발하고 있는 것은 아닐까. 그들의 유전자 공유도는 다소 낮겠지만 최소한 그들은 「세계 동포」를 위해 애쓰고 있으므로 참아야만 할 것 같다.

또 늙더라도(DNA가 「용도가 끝났으니 죽어라」고 명령했는데도 불구하고) 뇌만은 젊은 시절의 습관에서 벗어나지 못하고 자기 보존, 자기 확장에 급급해서 「자손을 위해 자리를 양보」하기는커녕 끝까지 자신의 욕심과 「현역」에 매달려 집착한다.

이것들은 모두 DNA의 입장에서 보면 엄청난 배신이다.

다행스럽게도 이 정도의 혼선에도 불구하고 내부의 이기적 유전자는 우리에게 「최소한 자신의 건강이나 재산, 지위나 가족을 보전하고, 가급적 그것을 증대시켜라」고 끊임없이 부르짖고 있으며, 우리들은 이 요청에 부응하도록 만들어져 있다.

그러나 그 목적은 단순히 번식에 있다는 점은 제대로 전달되지 못했다. 우리는 대체로 자식 하나를 더 만들기보다는 가처분 소득이나 사회적 지위 향상에 열심이다. 사회적 지위 역시 그것을 상승시키는 것이 배우자 획득에 유리하기 때문이 아니라 단순히 주관적인 만족을 위해서 이루어질 정도로 도착(倒錯)되어 있는 것 같다.

보라, 남녀를 불문하고 곁눈질 한번 하지 않고 사회계층을 거침없이 뛰어 올라가는 상승 지향의 「수완가」들이 이따금씩 눈에 띌 것이다. 그들은 자신의 충동으로 인해 초래될 일들을 알지 못하는 것은 아닐까. 옛날 같으면 하렘(harem:일부다처제하 이슬람교국 왕실의 후궁)

을 확보하거나 종마를 마음껏 골라잡을 수 있는 메리트를 위해 열심히 노력했을 테지만, 지금은 오로지 에고의 환상적인 팽창을 위해서만 일생을 허비하는 것 같다.

하지만 지위가 상승하거나 승부에서 이기거나 하면 혈액 속에 성욕이나 성적 능력을 지탱하는 남성 호르몬이 증가하는 현상만큼은 원시의 잔재로서 오늘날에도 여전히 증명되고 있으며, 이는 남녀 모두에게 공통된다.

이기적 존재의 무리 속에서

결국 우리 유전자로부터 우리 뇌와 행동까지의 거리가 지나치게 먼 것이다.

출발점에서 받은 명령은 「낳아라, 증식하라, 땅에 가득 채워라」이겠지만, 도중에 「그러기 위해서는 영양분과 영역과 배우자를 확보하라」로 변환되고(여기까지는 다른 동물도 마찬가지), 나아가 인간은 「그러려면 돈을 벌어라, 소유하라, 출세하라」는 명령까지 전달받는다. 「자기 복제품을 증식하라」는 기본적인 이기적 경향이 한 단계 올라가면 「자기의 생리적 조건을 양호하게 하라」는 이기성이 되고, 한 단계 더 올라가면 「자신의 사회적 조건을 유리하게 하라」는 이기주의로 바뀐다.

따라서 고차원적 신경활동 심리의 기저에는 유전자적인 이기성을 대신하는 사회적인 이기성이 각인되어 있다. 우리가 자각할 수 있는 것은 이 최종단계뿐이다. 이 때문에 필사적으로 돈을 벌고 소유하고 출세하고 사회적 조건을 유리하게 하다가, 어느덧 정신을 차리고 보니 자식 하나 없이 생식 연령만 훌쩍 넘겨버리고 말게 될지도 모른다.

맹자 시대부터 인간 내부의 이타성(성선설)을 증명하기 위해 내세우는 예로서 「순간적인 자기 희생적 구조」가 있다. 그러나 이는, 첫째 드문 일이고(물론 긴급사태 자체가 드문 일이니만큼 당연하겠지만), 둘째 반사적인 행동이므로 상당히 원시적이고 유래가 의심스러우며, 세째로 동일한 조건하에서 모두 그렇게 반응할 리는 없다는(개인차) 것 등을 감안하면, 성선설의 증거라기보다는 혈연집단에서 시작한 부족생활의 장구한 역사가 초래한 진화의 산물, 혹은 그 잔재 같은 것이라 할 수 있다.

R.H.프랭크는 『오디세우스의 쇠사슬』에서 간혹 남을 도우려다 살해당하는 선인의 행동도, 적응에 따른 것이며 이 역시 진화의 하나로 보아야 할 것 같다고 지적했다. 왜냐하면 그런 돌발사태마저 없으면 선인은 주위 사람들에게 환영받고 많은 이익을 누리면서 천수를 다할 것이기 때문이다. 또 돌발사태 시의 선량한 적응적 행동이 자연스럽게 행해지기 위해서는 「본질적인 선인」으로 태어나는 것이 가장 효율적인 듯하다.

그러나 결론적으로 볼 때, 그러한 자기 희생은 미담이긴 해도 반드시 바람직한 것은 아니다. 예를 들면 촉망받는 젊은이가 탁류에 빠진, 살 날도 얼마 남지 않고, 생산능력도 없는 노인을 구하려다 오히려 자신이 물에 휩쓸려버리는 경우다. 이는 아무래도 생물학적으로는 아까운 일이다. 일반적으로 원시 시대에서 유래한 본능적인 반사 행동 대부분은 오늘날에는 난센스일지 모른다.

하지만 이런 혼란이 있다 하더라도 기본적으로 우리들 개개인은 우선적으로 자기라는 구성 단위를 가장 소중히 여기도록 되어 있다. 그러고 나서 여유가 있으면 부모·형제·자녀·배우자를, 그 다음, 동기가 희박하긴 하지만 동료나 친분 있는 사람을 소중히 여기도록 프로그램 되어 있다. 아니, 사람은 몇백만 년 동안 혈연끼리 소집단 단위로 살아왔기 때문에 상대방이 인간의 형태를 하고 있으면 누구든 상관없이 반사적으로 「잘해 주려는 경향」이 마음속 어딘가에 잠재해 있는지도 모른다(이는 이타주의라기보다는 오히려 진화론적 성선설이지만). 물론 이 경향은 상대가 자신과 비슷할수록 강력하게 발휘될 것이다.

자기 자신만큼 자기와 닮은 사람은 없다. 우리가 주변에서 「멋진 내 몸」을 자랑하는 현상을(흔한 일이니까) 당연시하는 것도, 드물게 발생하는 「아무 이익도 없는 자기 희생」을(워낙 드문 일이니까) 귀중하게 여겨 표창하는 것도 모두 당연한 것이다.

물론 문화는 이 이기성의 원칙에 특별히 보태주는 것이 없다. 선천적인 경향이므로 일부러 보강하지 않더라도 강력하게 동기부여가 되어 있기 때문이다. 오히려 이런 선천적인 경향을 어느 정도까지 억제하려 든다. 노골적인 이기성을 방치하면 집단 운영상 좋지 않은 일이 발생할 수 있기 때문이다. 그래서 사회와 문화는 「사리 사욕과 편파성을 버리고 공익에 진력하는 것이 훌륭한 것이다」라고 각각의 구성원들에게 끊임없이 마인드콘트롤을 시킨다.

일부 사람들은 이것이 몸에 익숙지 않고, 대부분의 사람들은 어설프게 몸에 익히며, 나머지 일부는 지나치게 익숙해진다.

지나치게 익숙해지는 것은 유전자가 약하거나 에고가 희박하기 때문이라고 생각할 수도 있지만 결코 그렇지 않다. 이것 역시 「자신의 사회적 조건을 유리하게 하라」는 지령에 충실하기 때문이다. 그들 입장에서 자신이 유리해지기 위해서는 훌륭해 지지 않으면 안 된다. 훌륭해 지려면 「사리 사욕을 버리고 공익에 진력」해야 한다고 배우고 그것을 진실로 받아들이는 것이다(실제로 주위 사람들에게 충실하면 그들로부터 환영받고 높이 평가받기 마련이므로 반드시 졸렬한 전략이라고 단정할 수는 없다).

「자신의 사회적 조건을 유리하게 한다」는 것을 최우선으로 하면 때에 따라 생명이나 신체적 조건을 희생해야 하는 경우도 발생한다. 사회적 조건과 생리적 조건이 반드시 일치하는 것은 아니기 때문이다. 게다가 객관적인 유리함보다는 주관적 유리함이 우선되는 일조차 발생한다.

예를 들면 「신명을 바쳐 대의를 위해 죽는다」고 스스로를 납득시켜 완전히 도취의 경지에 이른 나머지 그로 인해 온갖 생리적, 세속적인 희생을 감수해야 하는 경우도 있다. 이런 것들은 어느 모로 보나 이기적으로는 보이지 않는다. 그러나 이 역시 「자기 만족을 위해」 자신을 희생하고 있는 것임에는 틀림없다.

표면적으로 이기적인 사람의 배후에는 물론 이기성밖에 없다. 표면적으로 이타적인 사람의 배후에도 역시 이기성밖에 없다. 결국 우리들은 각자 저마다의 방식으로 이기적이다.

이 이기적 존재들이 동분서주하는 곳이 바로 우리 사회라는 얘기다. 누구도 이 무대에 오르는 것을 거부할 수 없다. 아니, 철이 들었을 때에는 이미 아역으로 등장해 버린 후일 것이다.

이기적인 존재들뿐이라고 하는 것은 각자가 승부사로서 자기의 이익을 극대화하고 손실을 최소화하려고, 협소한 지구 위에서 게임을 하는 것으로 보일 수도 있다.

준수해야 할 기본 규칙은 대개 정해져 있지만 세부적인 규칙은 (지역적, 역사적으로) 상당히 유동적이다.

또 각 승부사마다 작전과 전략에 다양성이 있어 강경책을 쓰는 사람, 견실하고 신중한 사람, 변덕스러운 사람, 승부를 내켜하지 않은 사람 등 각양각색이다. 고립무원(孤立無援)의 승부사가 있는가 하면, 몇 사람씩 조를 짜서 승부하는 사람도 있고, 패가 나쁘면 즉시 그만둬버리는 사람이 있는가 하면, 사기를 쳐서라도 이기려는 사람, 승부를 가리기보다는 게임을 통해 친분을 돈독히 하려는 사람에 이르기까지 참으로 십인십색(十人十色), 백인백색(百人百色)이다.

이처럼 넓은 시각으로 보면, 이 세상은 초대형 경기장이나 위락시설처럼, 마치 육십억 인구가 직경 1만 킬로미터나 되는 탁자에 빙 둘러앉아 일제히 마작대회를 벌이는 것과 같다. 부모 자식 간에도 한편이 되거나 대립하면서 게임을 벌이고 있다. 하물며 형제간·부부간·사제간·노사간·동업자간·거래처·기타 누군가를 상대로, 어떤 때에는 화기애애하고, 어떤 때는 서로 충돌하면서 게임에 열중하고 있는 것이다.

이것을 개탄하려는 것은 아니다. 오히려 이 덕분에 독주하려는 심보 고약한 악인을 주위 사람들이 합세해 끌어내리는 정의(正義)가 기능하기 때문이다. 원래 눈에 띄는 이기주의가 싫은 것은 우리들 역시 크게 다를 바 없는 이기적인 존재이므로, 그것에 화가 나기 때문이다. 또 충실한 이타적 행위가 장려되는 것 역시 본인 이외의 주위 사람들이 이기적인 존재이기 때문이다. 원래(자기 이외의) 이기주의를 혐오하고, 이타주의를 환영하는 경향은 이기적 존재에게서밖에 발생하지 않는다.

이런 식으로 말하면 「뭐야, 모두 이기적이라면 다들 공범이잖아」라고 자기를 정당화하는 심보 고약한 이기주의자가 나올 것이다. 그러나 덧붙이건대, 분명 누구나 이기적 존재임에는 틀림없지만 완전히 동질적인 이기주의라는 말은 아니다. 이기주의에도 송죽매(松竹梅:상서로운 것의 상징으로 장식에 쓰며, 성적이나 상품의 등급을 매기는 데에 씀), 최고·최하·보통·상·특상의 차이가 있다. 결국 가장 좋은 기준은 주위에서 좋아하느냐 싫어하느냐일 것이다.

연애를 제외하면(그것은 호르몬의 작용이기 때문에 가부를 논할 수 없다) 주위로부터 인정받고 호감을 얻는 이기주의자는 역시 뭔가 바람직한 것을 주위에 퍼뜨리는 사람이다. 이기적이라고는 하지만 결과적으로는 주위 사람들의 기분을 상당히 즐겁게 하는 이타적인 측면을 가지고 있다.

이에 비해 주위로부터 미움을 사거나 정나미 떨어지게 하는 이기주의는 그만큼 업이 깊거나, 주위에 줄 만한 변변한 것을 갖고 있지 못하거나, 빼앗기만 한다고 할까. 그리고 으레 그런 사람은 대부분 자기 자신의 문제점은 깨닫지 못하고 주위 사람들 탓만 한다.

호감을 사거나 미움을 사는 것은 필시 사회의 기본적, 일차적인
상벌의 형태다. 보통은 이에 이어 보상과 제재라는 이차적인 상벌
이 추가되지만.

그렇다면, 범죄의 본질은 무엇인가

「범죄의 본질은 무엇인가」라는 질문에 대한 다양한 해
답 가운데 가장 재치 있는 답변으로 「단기적인 손익 비율이 최소인
행동」을 들 수 있다. 다시 말해 욕구 충족을 위한 가장 손쉬운 방법
이다.

이것은 다른 해답, 예를 들어 「법을 위반하는 것」 「자신 이외 누
군가의 생명과 재산에 손상을 주는 행동」 등과 같은 것에 비하면 확
실히 본질적이다. 왜냐하면 나중 것 같은 상식적인 해답은 대개 예
외가 많거나 다른 새로운 의문에 답할 수 없기 때문이다.

예를 들어, 살인은 다른 어떤 방법보다 더욱 직접적으로 증오를
해소시키고 방해자를 제거할 수 있다. 절도나 강탈은 단순히 눈앞
의 금품을 빼앗는 것뿐만 아니라 원하는 것을 획득할 수도 있다. 강
간은 설명할 필요도 없다. 사기 · 횡령 · 뇌물 · 문서나 지폐 위조 등
상당한 기술을 요하는 범죄도 다른 정당하고 합법적인 수단으로 목
적물을 입수하는 것보다는 훨씬 간단하고 빠른 방법이기 때문에 그
것을 선택하는 것이다. 밀수나 밀매 역시 공인된 상행위보다 훨씬
이윤이 크다. 범죄라고 하는 것은 심리와 결부시키기에 앞서, 우선

효율성과 연관된 문제다.

물론 공공 복리를 현저하게 해치지 않는다면 뭔가 대단히 효율적인 돈벌이 수단을 발명하더라도 범죄라고 취급하지는 않지만, 그런 경우에는(어쨌든 합법적인 데다 수익률이 높기 때문에) 순식간에 너도나도 따라하는 동업자가 나타나서 업계도 시장도 이내 포화상태가 되어 버릴 것이다. 이리하여 과다 경쟁으로 인한 가격 파괴와 박리다매가 진행되고 눈 깜짝할 새에 균형점에 도달하기 때문에 더 이상 「짭짤한 사업」이 아니다. 따라서 대단히 효율적인 돈벌이 수단으로 계속 남기 위해서는 역시 비합법적이지 않으면 안 된다.

마약조직을 분쇄하려면, 마약을 해금해 시판하기만 해도 가격 파괴가 진행되기 때문에, 마약상이 거래를 중단한다고 한다. 글쎄, 이런 식으로 이야기한다면 살인을 합법화하면 청부살인업자가 문을 닫는다든지, 매춘을 해금하면 자유시장에 의한 가격인하로 이어져 지금보다 더 손님을 확보해야 하기 때문에 결국 문을 닫는다는 얼토당토 않은 얘기가 되겠지만.

이런 일이 흔하게 일어나지 않는 것은 「공공 복리와 미풍양속을 현저하게 해칠 가능성」이 있는 사회 행동이 지속적으로 금지되어 왔기 때문이다. 그래도 무수한 악과 범죄가 완전히 근절되지 않는 것은 그것이 엄청난 위험 부담을 동반하는 것은 사실이지만 역시 일시적으로는 여전히 가장 손쉬운 해결법이기 때문이다. 그래서 범죄는 어느 시대나 뻔뻔스럽고 근시안적인 사람들에게 줄곧 커다란 유혹으로 존재한다.

그렇다면 도대체 「공공 복리와 미풍양속을 현저히 해치는」 해결법을 금하는 주체는 누구 혹은 무엇일까. 물론 사회와 문화이다. 그러나 사회와 문화 역시 실체가 없는 추상적 개념이며, 더욱 깊이 파고들면 일반 대중들의 최대공약수적인 총의(總意)이다.

어쨌든 「복리와 미풍양속을 현저히 해침」을 당하는 것은 우리들 최대 다수 중의 한 개인이므로, 이기적인 존재인 우리가 잠자코 있을 리 없다. 결국 **모두가 어느 정도는 참아야 한다는** 상호 규제의 합의 내용이다. 그래서 우리는 세상의 규칙에 따라 부자유스러운 생활을 하고 있다. 우리들 가운데 누군가가 이 규칙을 무시하고 자기만 이득을 보려고 앞질러나가는 행동은 허용되지 않는다. 「배급품을 타고 싶으면 새치기하지 말고 줄 뒤에 서라」는 이치다.

이 최대공약수적인 질투, 혹은 도덕 감각이 규정과 법을 떠받치고 있는 것이다.

여기서 「질투가 심한 신, 공정하게 노여워하는 신」으로서의 규칙이 완성된다. 「복수하는 것은 나이기에, 내가 그것을 징벌하노라」는 것으로, 규칙을 지키는 부자유스럽고 비효율적인 시민을 대신해서 뻔뻔스럽고 심보 고약한 일탈자들에게 모조리 천벌을 내리는 것이다. 검찰청이나 경찰청도 그런 징벌기구 중 하나로 등장했다. 즉 규칙에 따른 사회제도상의 벌칙 기능이 작동한 것이다. 어쨌든 상대방에게 물리적인 제한과 피해를 줄 수 있는 힘이 필요하고, 특히 상대가 논리가 통하지 않을 때 유효한 수단이라고는 이것밖에 없다.

「사람의 도리」와 「정론」으로 상대를 굴복시키거나 개심시키려는 정론 신자나 정의 신앙을 자주 볼 수 있다. 하지만 그런 것은 상대가 같은 무대에 올라와 있지 않으면 밀어내기조차 할 수 없다. 또한

「정에 호소한다」거나 「양심에 기대한다」는 감상주의도 우습기 짝이 없다. 최종적으로는 폭력 장치가 모든 것을 말하는 것으로, 그것을 갖추지 않은 규칙과 시스템 따위는 라이온스 클럽의 교통안전 포스터 이상의 것이 될 수 없다.

민주주의가 좋은 점은 그다지 많지 않지만 그렇다고 해서 그 이상의 정치 형태가 발명, 발견된 것도 아니다(W.처칠 역시 그렇게 말했다). 그러나 적어도 공인된 징벌이나 제재의 기준이 대다수의 구성원에게 받아들여지고 있다는 의미에서는 반드시 손을 놓고 있는 것도 아니다. 우리 사회가 부분적으로 부정한 부분도 있긴 하지만 군사력과 경찰력(즉 합법적인 폭력)을 배경으로 성립한, 대다수가 지지하는 사법 시스템이 큰 테두리로서 기능한다.

그러나 징벌이라고 하는 것은 일반적으로 악과 범죄가 드러나고, 게다가 장본인에게 불이익, 즉 처벌을 강제할 수 있는 조건이 갖춰진 후에 내려지는 것이므로 항상 「차후에 가해지는 사회로부터의 반작용」이라고 말할 수 있다. 악행을 저질러 「단물을 빨아먹는다」거나 「욕망을 채운다」거나 하는 것은 즉각적이지만 앙갚음은 조금 늦게 찾아온다.

강간을 하면 그 순간은 오르가슴을 느낄지도 모르지만 후일 몇년 동안 콩밥을 먹어야 한다. 두세 명을 죽이면 당장은 후련할지 모르지만 몇년 후에 자신의 목에 밧줄이 걸릴 것이다.

이 「지연된 형벌」을 감안하지 않은 행동 선택이야말로 비행·범죄자의 특징 중 하나이다. 장래의 형벌을 예측할 수 있으려면 신중하고 조심성 많은 상상력이 필요한데, 그들에겐 이 점이 빈약하다.

따라서 어떤 사회에서건 「단기적인 손익비율이 최소인 행동」은 범죄지만 「장기적으로 본 손익비율이 최소인 행동」은 지독한 악인도 똑부러진 선인도 아닌, 적당히 적응하는 평균적인 사람의 일상생활일 것이다. 왜냐하면 대다수의 건전한 보통사람이 역사적·개인적인 시행착오 끝에 최종적으로 수렴한 최적의 행동양식이, 바로 「적당히 적응한 일상생활」이기 때문이다.

정직한 사람은 왜 손해를 보는가

적응력이 있는 사람은 그 사회의 규칙을 지키고(단기적으로는) 부자유스러우면서 비효율적인 행동을 반복한다. 소위 착실하고 고지식한 생활이다.

그러나 이것은 반드시 다양한 규범을 금과옥조로서 묵묵히 지키는 융통성 없는 삶의 방식은 아니다. 평균적인 과반수의 적응자들은 규칙을 현저히 일탈하는 짓은 하지 않지만, 그렇다고 글자 하나하나까지 엄밀히 준수할 만큼 고지식한 사람은 아니다.

원래 규칙이란 우리들 각자에게 최소의 노력, 최대의 이익을 보장하기 위해 만들어진 것이 아니라 사회 운영을 효율적으로 하기 위해 각 구성원에게 모종의 금욕을 강제하는 본질을 갖고 있다. 이 규칙에서 다소 벗어나는 것이 개인에게는 유리하지만, 지나치면 앞서 예를 든 벌칙을 받게 된다. 따라서 유능하고 현명한 적응자라면 최적의 상태에서 살기 위한 허용 범위를 정확히 판단, 단념하지 않으면 안 된다. 이것이 이른바 융통성이다.

그렇지만 규칙 그 자체는「적당히 지키시오」라고 해서는 철저히 지켜지지 않기 때문에「반드시 지키시오」라고 사회 전체에 공포한다. 이를 문자 그대로 받아들여 마인드콘트롤한 일부 순진한 사람들은 규칙에 얽매인 채 사회생활을 할 수밖에 없다. 이는 큰 약점이 될 수 있다.

예를 들면 정직한 사람은「거짓말하면 안 된다」는 규칙에 지나치게 충실한 나머지 그 규칙에 양손을 묶인 채, 그 규칙을 지키지 않는(양손이 자유로운) 거짓말쟁이들을 상대로 게임을 하지 않으면 안 되는 사태가 발생한다. 이는 대단히 불리하다. 상대는 아무렇지도 않게 법으로 금지된 방법을 사용하는데 이쪽은 전혀 사용할 수 없다. 이래서는 손해 보는 일이 많은 게 당연하다.

합법적인 재판관과 비합법적인 악인들과의 싸움에서도 동일한 약점이 적용되는 경우가 있다.

경찰관과 검사는 법률에 얽매여 있는데 반해, 상대방인 범죄자는 원래 법을 무시하고도 천연덕스러운 부류가 아닌가. 타인의 생명, 재산이나 권리는 누워서 떡 먹듯이 유린하는 주제에, 자기의 신체나 인권을 조금이라도 침해하면 정색을 하며 목청 높여 권익을 주장하는 것이 그들이다(자신의 소행은 아예 제쳐놓는 것이 그들의 특징이다). 다행히 수사현장에서는 수사관들도 그들에게 대항하기 위해 비밀리에 규칙을 초월해서 혹독하게 상대를 문초한다. 세간의 여론도(위법보다 무법을 더욱 혐오하는 건전함 때문에) 수사관들의 그러한 강경한 대응책을 지지하기 때문에 사회는 악인들을 간신히 제압할 수 있다.

그런데 다양한 규칙에 양손을 묶인 착한 승부사들은 규칙을 무시하는 악인들로부터 「봉」 취급을 당하지만 주위의 평균적인 적응자들로부터는 사랑받고 환영받는다. 그 자체는 그들도 이 세상에서 살맛 나게 해주기 때문에 다행이긴 하지만 왜 환영을 받는지 곰곰이 생각해 볼 필요가 있다.

주위의 평균적 적응자(예를 들면 한 손만 묶인 승부사 같은 사람)들의 입장에서 보면 안심할 수 있기 때문이다. 행동도 예측할 수 있고 속을 염려도 없기 때문에 내심 얕보는 것이나 다름없다. 이렇게 되면 순진하면서도 정직하고 단순한 선인은 악인들의 입장에서 보면 속이기 쉽고, 보통사람들의 입장에서 보면 「다루기 쉬운 인물」로 보여 이용당하기 십상이다. 어느 쪽이든 손해를 볼 확률은 높다.

이것이 「정직한 사람이 손해를 보는」 구조이다.

실제로는 정직한 사람도 두 종류가 있다. 하나는 「거짓말을 안하는 사람」이고, 다른 하나는 「거짓말을 못하는 사람」이다.

손해를 보는 것은 대체로 후자이다. 「거짓말을 안한다」는 것은 주체적으로 삶의 방식을 선택한 것으로 「거짓말 하려고 마음먹으면 할 수도 있고 실제로 한 적도 있다」는 여유를 갖는다. 자기의 양손을 묶을 수도, 한 손만 묶을 수도 있고, 경우에 따라 양손을 자유로이 써가며 승부를 걸 수도 있다.

이에 대해 「거짓말을 못한다」는 것은 방침 선택이 제한돼 있음을 보여준다. 그는 이미지와 창작 능력이 빈곤하거나(지적 장애자에 많음), 규칙 위반에 대한 두려움이 지나치거나(소심하고 착실한 사람에 많음), 거짓말을 해본 경험이나 연습이 부족하다(과보호로 자라 세상물정을 알지 못하는 사람에 많음)는 이유로 자기가 알고 있는 것과 믿고 있는 것에 반하는 내용을 솔직하게 드러내는 것(즉 거짓말)이 불가능하다. 「하려고 해도 안 되고, 실제로 해본 적도 없는」 양손을(자기가 묶고 있는 것이 아니라 사회 규범과 능력의 한계에 의해 타율적으로) 묶인 채 살고 있는 것이 「거짓말을 못하는」 선인이다. 이는 이미 봉 그 자체이므로 당연히 주위에 우글거리는 「못된 사람」들이 요리하는 대로 휘둘리다 결국 「손해를 보는」 것이다.

매일 매일이 아마겟돈

언제부턴가 「아마겟돈」이란 단어가 전국적으로 유행하고 있는데, 이는(고토 쓰토무 씨의 저서나 오움진리교 소동 덕분일 테지만) 대개 인류 최후의 전쟁이란 의미로만 통용된다.

출전은 신약성서 요한계시록 제16장, 격조높은 문어체로 소개하면 「세 영령이 헤브루어로 하르마게돈(Harmagedon=Armagedon)이라고 칭하는 곳에 왕들을 소집했다」(16절)이다.

이 세 영령이란 용과 짐승과 거짓 예언자의 입에서 나온 개구리 귀신 같은 「더러운 영」「악귀의 영」으로, 그것이 「전능한 신의 위대한 전쟁을 위해」 전 세계 지도자를 하르마게돈이라는 전장에 소집한다는 데서 유래한 말이다.

아울러 어떤 책에 의하면 이는 지명으로 「메기도(megiddo:이스라

엘 북부 에스드랠론(Esdraelon) 평야에 있었던 고대 도시. 교통의 요충지로 많은 전투를 겪음)의 산(山)」이란 구체적인 의미라고 한다.

영어로는 맨앞의 H를 빼고 아마겟돈이라고 표기한다. 원래 헤브루어의 표기법은 그리스어나 라틴어와 일치하지 않고, 프랑스어와 스페인어에서는 H가 묵음이므로 어느 쪽이든 상관없다. 어쨌든 본래는 일대회전장(一大會戰場)이었던 것 같다. 하르마게돈이라고 하면 왠지 제3차, 제4차 세계대전 같은 이미지가 떠오르므로, 여기에서는 아마겟돈이라 하기로 한다.

그것은 전 인류가 눈에 보이지 않는 DNA나 문화로부터 송신된 어떤 메시지(즉, 영령 같은 것)에 이끌려 신의 어전에 결집해서 벌이는 시합이나 대혼전처럼 총력전을 반복하는 전장이라고 생각하자. 어떤 전쟁이냐 하면 요컨대 각자가 자신의 이익을 최대화하고 손실을 최소화하려는 인생 게임이다.

그렇다, 아마겟돈. 이것은 이미 틀림없는 지구이며 현세다. 아니, 실로 매일 매일이 아마겟돈이다.「여기는 아마겟돈, 돌격!」

보라, 앞서 예를 든 것처럼 인류가 총출동해서 벌이는 마작대회다. 이는 또한 앞장에서 소개한 액셀로드의 컴퓨터 내부 같은 것이기도 하다. 다양한 전략을 가진 프로그램끼리 득점과 생존을 걸고 상호 교섭하는 전쟁터이다. 끊임없이 악과 악이, 선과 선이, 그리고 선과 악이, 한쪽이 이기고 다른 한쪽이 지는 제로섬 게임(zero-sum game:승부사 사이의 득실의 합계가 항상 제로가 되는 게임. 한쪽은 손해를 보는 조건하에서 행하는 게임)과 양쪽 모두 이기든지 함께 망하는 비제로섬 게임을 하고 있다.

이렇게 말하면 살벌하기 그지없는 전쟁터에서 뻔뻔스럽고 교활하며 극악무도한 전략을 사용한 승부사가 약육강식 한 끝에 최후의 승리자로 남을 것이라고 생각할 수 있다. 그러나 액셀로드/요리후지의 시뮬레이션에서는 이상하게도 그렇게 되지 않았다. 긴 안목으로 내다본 최후의 승리자는 대개 악인도 선인도 아닌, 「당하면 되갚아준다」는 나이스파가 아니던가.

또 앞장에서 언급한 것처럼, 만일 악인이라도 눈앞의 이익만 좇기보다는 약간 머리를 써서 주위의 요청에 부응하여 메리트를 나눠갖는 아이디어를 짜낸다면 성공할 수 있을 것이다. 어쨌든 기브 앤드 테이크의 원칙을 지키며 「주지는 않고 받기만 하는」 것과 혼자만 이기려는 마음을 자제할 수 있다면 누구에게나 승산은 있다.

옛말에 「악이 번성한 전례는 없다」는 말이 있다. 물론 원래는 힘 없는 선인들을 위로하는 희망적인 관측에 지나지 않지만, 「긴 안목으로 보면」이란 조건을 붙이면 반드시 어긋난 말도 아니다. 어쨌든 지구는 아직 신에게 버림받은 것 같지는 않다.

왜 나이스 전략, 즉 상대에 맞는 적절한 대응 방법을 염두에 둔 행동방침과 성격으로 점수를 착실히 쌓아나갈 수 있는가 하면, 바로 성악(性惡)을 소외시킴으로써 같은 부류와도 잘해 나갈 수 있고, 자기보다 착한 선인이나 약자와도 잘해 나갈 수 있기 때문이다.

혹시라도 인류가 좀더 개량되려면 이 아마겟돈의 전쟁터에서 나이스 전략을 채용하는 사람이 더욱 많아지는 방법밖에 없다. 성악이 증가하면 성선을 몰아내고 성악이 함께 망하는 일이 더욱 많아지기 때문이며, 성선이 증가해도 성악의 먹이만을 제공할 뿐이기 때문이다. 이와 같이 생각하면 증식하는 것이 무조건 축복받는 경우는 나이스파뿐이라는 얘기다.

이런 이유에서라도 선심파를 나이스파로 끌어올리고 성악을 나이스파에 근접시키려는 노력이 우리의 문화 속에 포함되지 않으면 안 된다.

도덕교육－어떻게 할까

예의범절과 도덕교육이 지금까지 이렇다 할 성과를 올리지 못하고 있는 것은 많은 사람이 익히 아는 사실이다. 교육을 받든 못 받든 어찌된 이유에서인지 착한 사람은 착하게, 나쁜 사람은 나쁘게 자라난다는, 사회학자·심리학자·교육학자를 실망시키는 실례는 너무도 많아 일일이 헤아릴 수도 없다.

제2차 대전 이전에는 선인이건 악인이건 모두 교육칙어를 암기하고 똑같은 수신 교과서로 공부했다. 오늘날 화장실에서 차별적인 낙서를 하는 패거리들도 소학교 때부터 「인간」을 기본으로 한 차별금지·인권 교육을 받아온 사람들이고, 집단 따돌림이 빈번하게 발생하는 학교일수록 조례 때 교장이 열심히 훈화를 반복한다. 가정의 예절교육이나 지도라면 제2장에서 소개한 「가정교육의 역설」과 같은 역효과조차 인정된다.

교육을 하든 안하든 마찬가지라는 말이다.

대체 왜 이렇게 되었느냐고 하면 옛날에는 납득할 수 있는 좋은 공식이 있었다. 「전생의 인연」이라는 것이다. 전생은 아무도 확실한 것을 알 수 없으므로 말하고 싶은 대로 말하고, 믿고 싶은 대로 믿으면 된다.

분명 「전생에서 공덕을 많이 쌓았기 때문에, 혹은 악업을 쌓았기 때문」임에 틀림없다는 식으로 말하면 함부로 논리적인 반론을 제기하기가 곤란하다. 할 수 없이 「그래, 그렇다고 해두자」는 식으로 넘어간다. 이것의 장점은 최초에 황당무계한 전제를 둠으로써 그 이후에 대해서 무리하게 견강부회(牽强附會:자신에게 유리하도록 억지로 합리화시킴)할 필요가 없다는 점이다. 그러나 현대의 시각으로는 정말로 터무니없는 억지가 아닐 수 없다.

그러면 지금까지의 평범하고 일방적인 논리, 도덕적 학문, 지도요령, 인권 옹호 캠페인도 근본적으로 빗나간 것은 아닌지 의심해 보자. 그것은 이 책의 서두에서 예를 든 것처럼 자신이 나폴레옹이라고 믿는 과대망상증 환자에게 「당신은 나폴레옹입니까」라고 묻는 것이나 마찬가지다. 처음부터 기존의 가치체계를 통째로 받아들여 믿고 있는 학자나 전문가들에게 선악 연구를 의뢰해 봤자 변신론(辯神論)밖에 되지 않는다. 그것을 교육하려는 것이니 도덕교육이란 미사가 끝난 뒤의 주일학교나 다를 바 없지 않은가.

원래 도덕이나 윤리의 근원에 대해 의심도 음미도 해보지 않는 도덕가나, 반대로 전혀 믿지 않지만 문장의 표면적 의미만으로 도덕론을 토로하는 위선자가 자녀에게 근거도 제시하지 않은 채 수신인류를 가르친다고 해봤자 기껏해야 도덕 지식이 늘어나는 것뿐이다.

그런 도덕 지식이 현실의 행동과 거의 무관함은 이미 증명됐다

(결국 선인과 악인의 비율은 변하지 않은 채, 단지 악인의 일부를 효율적으로 위선자로 포장하는 정도의 성과밖에 거두지 못했다). 일방적인 도덕교육 따위는 위선자의 재생산밖에 안 된다. 실제, 일부 어린이들에게서 보이는 극단적인 자기 중심성은 보통의 예절교육으로는 평생 수정되지 않을 것이다.

그러나 본질은 변하지 않아도 표면적으로 다른 사람에 대한 배려와 친절의 관습을 포장하는 것은 가능할지 모른다. 그렇지만 이런 현실적이고 실용적인 발상의 「도덕교육」은 본 적이 없다.

콜버그 이론에 근거한 학급회의를 도입해서 다양한 도덕적 딜레마에 관해 토론하도록 한 교육 실험에서는 확실히 「사용 전과 사용 후」에 도덕성 점수는 상승할 것이다. 그러나 학생들은 보다 세련된 해답이 가능해진 것뿐인지 모른다. 즉 보다 많은 요인을 고려해서 답변을 구성할 수 있게 된 것뿐이다.

물론 도덕적 딜레마에 국한하지 않고 국어의 장문 독해를 활용하여 상황과 문맥의 파악에서부터 각각의 등장인물들의 내면을 추측하는 과제를 반복하다 보면 어쩌다가 「상대방의 마음을 이해한다/배려한다」란 의미로 동정심이 발달할 수 있을지도 모른다.

그러나 그것 역시 사이코패스나 그 친척에게 무기를 쥐어주는 꼴일 뿐이다. 정말로 「공정 존중이나 공감성이 늘어난」 것처럼 보여도 그것은 단순히 「독심술이 발달한」 정도일지도 모른다. 상대방의 마음을 읽을 수 있는 악인만큼 두려운 존재는 없지 않은가.

정서교육의 성공이란 과연 무엇인지는 기존에도, 지금도, 그리고 앞으로도 내내 불분명한 상태로 남아 있을 것이다.

악기를 가르치거나 음악을 들려주거나 그림을 그리게 하거나 미술품을 감상하게 하는 것은 심미감을 키울 기회를 준다. 그것은 그것대로 의미가 있다. 그러나 어디까지나 기회를 주는 것에 지나지 않는다. 개중에는 기회를 이용할 자질이 있는 아이도 있는가 하면, 하품만 하는 아이도 있다. 시험에 출제한다고 하면 열심히 암기하는 아이까지 나타날 것임에 틀림없다. 예술적 정서조차 이 모양이니 윤리적 정서는 미루어 짐작할 수 있다.

이처럼 정서교육이라고 해도 기껏해야 「좋은 씨앗을 뿌리는」 노력 이상은 될 수 없으며, 파종한 토양의 다양한 특성까지 좌우할 수 있는 것은 더더욱 아니다. 더구나 도덕이나 윤리 교육은 그 기초에 반드시 정서적 도덕교육이 필수로 자리잡고 있어야 하므로, 후천적으로 대폭적인 교육적 조작을 가하는 일은 처음부터 곤란한 것이 아닐까.

오히려 기존의 속 빈 강정처럼 형해화(刑骸化)한 획일적 가치 교육에 미련을 두기보다는 완전히 발상을 전환하는 편이 낫지 않을까. 다른 장에서 언급한 것처럼 같은 것을 가르쳐도 어린이들의 성질에 따라 마이동풍에서부터 두려워 어쩔 줄 모르고 자책하는 경우에 이르기까지 반응은 다양하다.

따라서 개선책은 개별적으로 상대방의 토양을 관찰하고 거기에 맞는 작물을 고르는 것이 아닐까. 습지대에는 갈대나 수초를 심어야 하고, 사막에는 선인장 묘목을, 그리고 황무지에는 척박한 땅에서도 잘 자라는 종자를 심는 식으로. 이는 차별이라기보다는 교육적 배려이고, 불합리한 평등을 버리고 「개성을 살리기」 위한 최종적이고 유일한 해결책이라고 생각한다.

예를 들어 지극히 양순함에도 불구하고 나쁜 짓을 일삼는 아이에게는 상대방의 마음이나 상황을 파악하는 훈련을, 사정을 알고도 냉혹함 때문에 나쁜 짓을 하는 아이에게는 결말예측 훈련에 의한 손익 계산을, 학습능력의 한계 때문에 품행이 방정하지 않은 아이에게는 간결하고 일관된 오페런트 교육(operant:어린이의 자발적인 행동에 상벌을 활용하며 바람직한 방향으로 발전시키는 교육 방법)을 통한 조건부 교육을 하는 것 등이다.

그렇지만 「나쁜 아이」의 대부분은 단순히 떼를 쓸 뿐이며, 그 역시 사춘기 이후에는 가라앉아버리므로 이런 교육은 특별히 「나쁜 아이」를 목표로 하는 것이 아니라 지극히 평범한 아이까지 포함시켜 시행해야만 한다. 이런 「보통아이」 중에서도 훗날 불량청소년이나 불량 성인이 많이 나타나기 때문이다.

따라서 어떤 아이든 잠재적으로 연대적 공감성이 결여된 아이, 상황 파악이나 결말을 전망하는 능력이 부족한 아이, 벌에 둔감하고 행동 통제가 곤란한 아이 등에 대해서는 각각의 유형을 구분하는 방법과 그들에 맞는 지도법을 좀더 개척할 필요가 있다. 예방적 차원에서 특별히 그들을 「교정, 치료」하려는 급진적인 발상이 아니어도 좋다.

눈이 나쁜 사람은 안경을 쓰고 다리가 불편한 사람은 목발을 짚듯이 공감성이 희박한 경우에는 지적 처리에 의한 보상을, 벌이나 수치심 불감증에는 격려와 칭찬에 의한 유도 등과 같은 방식으로, 그 부분에 아직 남아 있는 기능을 최대한 이용한 보완책이 현실적일 수도 있다.

한편, 악인을 나이스파로 바꾸는 것뿐만이 아니라 선심파를 나이스파로 끌어들이는 구제책도 필요하다. 그들이 정말로 선량한지는 모르지만, 「방치」하면 악인들의 영양공급원이 되고 말기 때문이다. 순수한 선은 결과적으로 악을 살찌운다. 그래서 고통스런 세계관과 인간관을 가르치고 악인의 상투적인 수법과 대항 방법을 가르치며, 조금 용기를 낼 수 있도록 도와주어 자기 방어를 위한 거짓말이나 요령을 훈련시켜야 한다. 간단히 말하면 「조금 더 나쁜 사람이 되도록」 유도해야만 한다.

선심파도 종류별로 구분해서 그 유형에 맞춘 최적의 방책을 적용해 보아야 한다. 악인이 한 종류가 아닌 것처럼 선심파도 원인별로 다양한 변화가 있는 법이므로(이 책을 숙독하는 것도 좋지 않을까, 「적선지가(積善之家)에 필유여경(必有余慶)이라 했으니 부디 꼭 한번 읽어보기를!」).

인정은 다른 사람을 위해 베푸는 것이 아니다

지금까지 고찰한 것처럼 「새로운 윤리」, 아니 좀더 충격적으로 말하면 「초(超)윤리」는, 혹시 인간이 본질적으로 이기적인 존재였다고 해도 납득할 수 있는 것이 아니면 안 된다. 물론 그것을 「원죄」나 「업」으로 파악하는, 스스로를 벌하는 발상에서 출발하는 것이 아니라, 「왜 이기적이면 안 되는가, 우리는 결국 이기적인 유

전자의 교통수단일 뿐이다. 불평은 DNA에게 하라」로부터 출발해
도 역시 성립이 가능한 체계일 필요가 있다. 그것은 완전한 이기주
의자에게도 철저한 허무주의자에게도 받아들여질 수 있는 것이 아
니면 안 된다.

　다행히 극단적인 악도 극단적인 선도(저 세상의 상벌이나 육도(六
道)윤회를 가정하지 않더라도) 장기적으로는 졸렬한 생활 전략임이
판명됐다. 최적의 답은 상대방에 따라 냉담하기도 하고 친절하기도
한 중용 전략임이 분명하다.

　문제는 어떤 조건하에서도 어떤 상대에 대해서도, 냉담하게 혹은
친절하게 하라는 것이 액셀로드의 원칙이므로 상대방의 성격이나
태도를 알면 그것으로 충분하다.

　그러나 만일 상대방이 어느 쪽도 아닌 경우나, 몇번 만난 적도 없
는 초면일 경우는 어떻게 하는 것이 정답일까. 전통적으로는 그런
상대에게도 친절하라고 권장하지만 이유도 근거도 빈약하다(그래
서 불문곡직하고 인정에 호소하며 눈물 작전으로 나가라고 권할 수
밖에 없었지만). 그렇다고 해서 냉정하게 대하는 것이 늘 옳다는 가
설도 증명할 수 없다.

　이 연습문제에 적당한 자료 중 하나로 「인정은 다른 사람을 위해
베푸는 것이 아니다」라는 격언이 있다. 이는 원래 타인에게 인정을
베풀고 친절하게 대하는 것은 타인을 위한다기보다 결국은 돌고 돌
아 자신을 위한 것이 된다는 의미였다. 물론 「자신을 위하는 것」이
목숨이 붙어 있는 동안인지 승천한 후인지는 따지지 않고 있지만,
공리적인 「친절 권유」라고 할 수 있다.

  그러나 이 말도 차츰 사용하는 노인이 줄어들고 언제부턴가 일부 젊은이들 사이에서는 글자의 표면적 의미 그대로 「인정은 상대방을 위하는 것이 아니다」라고 받아들이는 이들도 있는 것 같다. 이것은 오히려 「냉담함의 장려」로, 공리적이기보다 상대방에게 미치는 효과를 고려한 내용이다. 얄궂게도 친절은 자신의 실속을 계산하는 것이고, 냉담함은 상대방을 위하는 것이라고 생각하는 것이다(이는 경우에 따라서는 어느 쪽의 의미에서도 적절한 격언일 테지만).

  그래서 친절하게 할지, 냉담하게 할지를 결정할 때 고려해야 할 조건으로서 친절하기 위해 당사자가 물심양면으로 드는 비용, 거기에 상대방의 버릇과 처한 상황이란 두 요인이 부상한다.

  친절하기 위한 비용이 미미한 경우, 그저 친절하면 그것으로 족하다. 만일 잃는 것이 거의 없다면 주위 사람들에게 친절한 편이 더 좋은 결과를 기대할 수 있기 때문이다. 그것은 예전에 「선근(善根:공덕)이라고 일컫던 것으로 사후에 받을 복으로 여겼는데, 친절하게 대한 상대는 물론이고 주위의 제삼자로부터도 모종의 호의나 긍정적인 평가를 받는 현실적인 이익이 돌아오는 경우가 많다.

  게다가 한 술 더 떠서 천국행 티켓까지 차지하려 한다면 너무 뻔뻔하다. 또 일부러 냉담하게 해서 쓸데없는 원한을 사는 것은 바보짓이다. 무엇보다도 그 가운데에는 이쪽이 친절하게 하면 버릇없이 굴거나 만만하게 보고 또 다른 요구를 해오는 멍청이도 있지만, 그런 태도를 보일라치면 다음부터는 확실히 거절하기만 하면 된다(「부처 얼굴도 세 번」이라고 하듯이 네번째부터는 쌀쌀맞게 대해도 괜찮지 않을까).

그러나 친절을 베풀기 위해 상당한 비용이 드는, 즉 물심양면으로 무시할 수 없는 희생을 필요로 할 때는 상대의 버릇이나 처한 상황을 정확히 관찰하지 않으면 안 된다.

이쪽에서 엄청난 비용을 들여 인정을 베푸는 것이 서로에게 결과적으로 좋지 않은 경우는 상대방이 천성적으로 의존성이 높거나, 이쪽의 도움이 상대에게 노력을 하지 않도록 만드는 국면이다.

우리처럼 평범한 사람들은 상당한 출혈을 감수하고 친절을 베풀었을 때, 자신도 모르게 얼마간의 보상을 기대하는 법이다. 이「보상」이라는 것은 반드시 실리나 배당 같은 것일 필요는 없다. 그저 도와준 상대방이 다시 일어서는 것을 보는 것만으로도 심리적인 만족을 얻을 수 있다(이기적 유전자는 여유만 있으면 동료 돕기를 좋아하는 경향이 있다).

하지만 상대방이 의존성이 높아서 갈수록 양양거리기만 하고, 자신은 손가락 하나 까딱하지 않으려는 뻔뻔스런 사람이라면 우리는 허망함과 배신감을 절실히 느낀다. 현실적으로도 친절의 비용이라는 손실을 입을 뿐만 아니라 상대방을 더더욱 야무지지 못한 사람으로 만들어 버린다. 정말로「인정은 상대방을 위하는 것이 아니다」로 결말이 나버리는 것이다.

이상을 요약하면「부담 없는 일」이면 늘 친절하라, 그러나「출혈 서비스」를 해야 하면 적어도 스스로 노력하는「가망 있는 상대」에게만 베풀어라는 원칙이 성립한다. 마치 누구에게나 티슈 정도는 나눠주지만 대부(貸付) 기준을 따질 때는 갑자기 시끄러워지는 은행 업무 같은 것이다.

「인정이 남을 위한 것」인지의 여부는 상대에 따라 결정된다. 상대가 확실한 인간이라면 그럴수록 세상으로부터 보상받지 않으면 안 되고, 그런 인물에게는 얼마든지 친절해도 좋다. 그러나 상대가 「인간 쓰레기」라면 주위가 친절히 하면 할수록 본인에게나 주위 사람에게나 재앙을 준비하는 셈이다. 이것은 이기적인 견지에서 생각해도 이쪽의 친절을 무용지물로 만들어버리는 사람에게는 냉담해도 좋다. 반면에 친절하게 응할 만한(장래성 있는) 상대라면 친절은 헛되지 않는다는 얘기다.

참으로 상식적인 기준이다.

이 일이 도덕적이지도 종교적이지도 않고 단순히 「상식적·세속적」인 것은 분명 몇만 년의 시행착오를 거쳐 우리 인류가 다듬어 온 최적의 전략이기 때문이다.

우리들은 늘 「동료로서 어울리고 환영할 만한 상대」가 증식하고 번영하길 바란다. 기생충이나 인간 쓰레기의 응석을 받아주어 그들이 성공하고 번성하게 해서는 곤란하다. 이를 위해서도 우리는 상대를 관찰한 후 친절할지 냉담할지 대응 방침을 선택하지 않으면 안 된다.

이는 심리적, 동기론적으로는 타산적이고 이기적이지만, 결과론적으로는 세상을 위하고 다른 사람을 위하는 것이다. 당연히 우리가 지향해야 할 것은 동기가 이기적이든 타산적이든, 결과적으로는 많은 사람에게 이바지하고 환영받는 선택이어야 한다.

선인선과는 정말일까

상대만 잘못 판단하지 않는다면, 선행에 따라 직접적
인 보상 이외에 그 나름의 인과응보를 약속받을 수 있는 것일까. 그
렇지 않으면 자기 희생이나 봉사 정신이란 그저 심리적인 자학 취
미에만 근거를 둔 것일까. 이를 생각할 때 참고할 만한 경험칙이있
다. 정말로 선행에는 장기적인 이득 이외에도 미묘한 보상이 덤으
로 붙어 되돌아온다는 점이다.

한 예로, 공덕을 계속 쌓다 보면 인상도 좋아지고, 거꾸로 나쁜 카
르마(karma:산스크리스트어. 전생의 업, 윤회, 인과응보)를 각인해 가면
어딘지 모르게 인상도 나빠져서 흉악한 분위기를 자아낸다.

묘하게도, 선천적으로 흉악한 몰골로 태어났지만 선인인 사람을
주의 깊게 관찰하면 흉악하다기보다는 좀 이상할 뿐이라고 느껴지
니 불가사의한 일이다. 이와는 반대로 원래 아름다운 용모라도 심
술궂은 여자나 교활한 남자는 주의 깊게 응시하면 왠지 안 좋은 분
위기가 감돈다.

아마도 얼굴의 생김새보다는 희미한 표정의 변화가 내면에 전달
되기 때문일 것이다. 이것 또한 인과응보 중 하나임에 틀림없다. 선
행은 미용에 좋고, 악행은 미용에 나쁘다.

그렇지만 「내면의 광채가 용모를 근본적으로 개선한다」고 할 수
있을 만큼은 아니므로 사이비종교의 미학에 속아 넘어가서는 안 된
다. 역시 보기 흉한 것은 흉하고, 예쁜 것은 예쁘다. 다만 미추(美醜)
를 불문하고 공정한 삶을 영위하다 보면 주위 사람들에게 좋은 인

상을 준다는 점에서는 「인과응보」를 기대해도 좋다.

이외에 이따금씩 이타적인 행위를 베풀면 주위로부터 높은 평가도 곁들여져, 자기 이미지 쇄신을 기대할 수 있다. 자기상(自己像)은 상상보다 훨씬 중요한 것으로 우리가 태연하게 살 수 있는 것도 알량한 자기 이미지를 유지하기 때문이다. 이러한 자기 이미지 유지를 위해 가끔 사회적으로 칭송받을 만한 선행을 하려고 노력하는 것이 좋다.

하긴, 선행을 한다면 무조건 과다한 비용을 들이거나 투자를 해야 하는 것으로 생각하는데, 언제든지 맘만 먹으면 할 수 있는 작은 「선행 한 가지」씩을 베풀면 기분도 좋고 심신도 상쾌해진다. 일본선 박진흥회의 표어 같지만 심신 의학적인 원칙이기도 하다(요약하면 「선행은 건강에 좋다」는 말이다).

이상과 같이 선행은(그것이 무리하게 안간힘을 써야 하는 것이거나 부자연스러운 금욕이 아닌 한) 미용과 건강에 좋다는 현실적인 이익을 기대할 수 있다.

하지만 선도 악도 자신의 그릇에 맞는 정도가 아니면 우리들의 의식에 악영향을 미친다. 특히 「알량한 자기상을 유지하기」 위해 우리는 얼마만큼 의식을 왜곡하고 있는가.

인간은 상당히 질이 나쁜 소행을 반복하면서도 그것을 잊어버리거나 미화하거나, 그게 힘들면 변명거리를 잔뜩 준비해서 자기가 악인이 아님을 호소한다. 물론 호소해 봤자 주위 사람들은 그를 진정 선인이라고 간주할 수 있는 동기가 희박하기 때문에 현재 실제로 보이는 만큼의 인간이라고밖에 생각지 않는 경우가 대부분이다.

그러나 스스로를 선인으로 보이고 싶은 동기가 왕성하므로 적어도 자기 자신만큼은 속는다. 이렇게 해서 주위로부터는 따돌림을 당하면서도 그것을 전혀 깨닫지 못하거나 억지로 무시하고 자기만의 세계에 갇혀 자기 평가를 유지해 나가는 수밖에 없다. 정말로 한심하기 짝이 없는 추태이지만 본인은 전혀 깨닫지 못하는 경우가 많다(하긴 자기 평가나 자신감이란 것이 주위 사람이나 세간의 평가로 뒷받침되지 않는 한 심리적인 자기 만족에 지나지 않지만).

이와 반대로, 단순히 이타적인 행위를 베풀어도(본인은 이로써 세간도 자신을 「뛰어난 인물」로 평가해 줄 것이라고 기대한다) 의외로 「그저 단순히 좋은 사람이다」라든가 「있으나마나한 바보」라고 내심 경멸할지도 모른다. 세간의 평가가 두려운 것은 그것이 본인에게 직접 전달되지 않을 때가 많기 때문이다. 주관적으로 「나만 좋으면 된다」는 심리적 위안은 확보되지만 객관적으로는 「세간의 비웃음」에 가깝다.

더욱 고약한 것은 자신이 착하다는 것을 지나치게 트레이드마크로 내세우면 진짜 악인에게 이용당할지도 모른다는 점이다. 우리는 자기가 선인인 것을 자기 자신이나 세상 사람들이 믿어주기를 바라기 때문에 열심히 봉사하고 희생하며 노력하지만 그 중 일부가 악인의 호주머니에 들어가지 말란 보장도 없다. 그런 성악적인 수혜자일수록 선행을 열렬히 칭찬하므로 우리는 기뻐서 어쩔 줄을 모르고 점점 더 적극적으로 희생한다. 그러나 정작 상대방은 내심 우리들을 어리석은 단골손님 정도로밖에는 생각지 않는다.

「사랑은 맹목적」이란 말이 있듯이 마찬가지로 「선은 맹목적」이 아닐까.

다시 말해서 반성하지 않는 악행과 자기 만족을 위한 선행은 세계와 자신을 보는 눈을 왜곡한다.

역시 「자신은 기본적으로는 친절한 사람이지만 그들에게 이용당할 만큼 좋은 사람은 아니고, 자신에 대한 처사는 단호하고 그에 상응하는 대가를 지불할 재능도 있다」고 주위 사람들로부터 인정받을 만큼 분별력과 박력을 갖지 않으면 안 된다.

「말이 그렇지, 상대방이 워낙 실력이 막강한 거물이면 보복은 도저히 불가능하다」며 소심한 선인은 꽁무니를 뺄 테지만, 무선 전화나 매스컴에 정보를 제공하거나 괴문서의 팩스 배포 등 연구만 하면 방법은 얼마든지 있다. 게다가 이 방법은 상대방이 사회적 지위가 높을수록 피해도 크다. 실제로 실행에 옮기라는 것은 아니지만 적어도 자신을 바보 취급하는 사람은 장관이든 깡패 두목이든 간에 반드시 대가를 치르게 해주겠다는 정도의 기개를 보이지 않으면 이 세상에서 밥 벌어먹고 살기 어렵다.

결국 「저 사람과는 공정한 교섭을 하는 수밖에 없다. 어설프게 사기치려 했다가는 호된 보복을 당할 것이다」라고 한 수 위로 여기게 하는 동시에, 「그러나 이쪽에서 확실히 성의 표시를 하면 결코 신뢰를 저버리지 않을 사람이다」라는 신용을 얻는 것이 주안점이다.

요컨대 주위 사람들이나 상대방에게 「나는 바르고 참된 액셀로드 교도(敎徒)다」라고 광고해 두는 것이 중요하다. 이 경우만이 장기적인 안목으로 내다봤을 때 이타적인 행위가 확률적으로 충분히 제값을 할 수 있는 전략이다.

여러번 말했지만, 이 철칙을 철저하게 마음에 새기기를 싫어하고 두려워하는 사람은 자학적인 자아 도취자이거나 상대방의 소박한 선의를 이용하려는 악인이라고밖에 할 수 없다. 왜냐하면 공정하고 건전한 상식을 가진 주체적인 사람이라면 이러한 풍조나 가치관의 보급으로 인해 유리해질지언정 어떠한 손실도 입지 않을 것이기 때문이다.

정신건강으로서의 도덕―어찌할 것인가

그러나 문제는 아직 남는다.

이만큼 논리를 갖춘 「초윤리」가 통용된 경우 고전적인, 즉 정에 약하고 감상적인 심정적 만족이 어느 정도 상쇄되는 희생을 각오해야 하기 때문이다. 개중에는 숭고한 인류의 원칙을 마치 경제 논리 같은 것으로 대체한 것처럼 느낀 나머지 감정적으로 거부반응을 나타내는 사람도 있을 것이다. 그런 감정을 느끼는 사람이 잘못된 것은 아니다.

지금까지의 이론, 즉 「초윤리」는 우리 뇌 밑바닥에 자리잡은 「도덕률」, 골수와 DNA에서 부상한 「격률(格律:행위의 준칙, 규준)」을 준수할 때 갖는 안도감과 만족감은 주지 못한다. 기껏해야 마음의 수지결산 대차대조표를 보면서 결산의 결과가 맞고 흑자인 것을 기뻐하는 회계사류의 만족을 얻는 게 고작이다. 요컨대 「정신건강으로서의 도덕」을 대신할 수는 없다.

정신건강으로서의 도덕은 무엇인가. 「가치의 종교적 측면」이다.

평소에 우리는 자신의 마음속에 스며들어 자리잡은 가치나 전통을 잊고 살기 쉽지만, 그것은 일상생활에도 마치 감칠맛처럼 작용한다. 어떤 계기를 맞으면 문득 떠오르기도 하고 위급할 때에 그것에 매달리기도 한다. 무서운 악몽에 가위 눌려서 눈을 떴을 때, 라틴계 사람이라면 반사적으로 앞가슴에 십자가를 그을 것이고, 일본인이라면 나무아미타불이 입에서 술술 흘러나올지도 모른다. 그 사람이 하이테크 엔지니어건 소박한 농부건 상관없이.

선악에 관해서도 마찬가지다. 어린이들이 할아버지·할머니 등으로부터 신불은 어디나 있다는 얘기와 24시간 우리를 감시한다는 것, 게다가 사후 심판과 인과응보 등에 관한 얘기를 들으면 이러한 관념이나 표상은 뇌의 심층에 스며든다. 이는 논리도 과학도 아니고 유아기의 문화적 각인현상이자 마인드콘트롤 같은 것이다.

특히 경험적으로나 뇌 생리학적으로도, 공포에 의한 조건부여는 쉽고 단단하게 정착한다. 예를 들면 조부모로부터 지옥과 극락에 대한 이야기를 듣고 자랐다면, 성인이 된 후까지 더욱 강렬하고 심각하게 영향을 미치는 것은 지옥의 이미지다(사교집단의 마인드콘트롤에서도 불안과 공포를 이용한 심리적 협박이 예외없이 애용되고 있다). 얼마나 쉽게 정착하느냐에는 개인차가 크지만 평균 이상으로 신경질적인 어린이들의 대부분은 장기간(보통은 일생 동안)「악의 보복」을 두려워하는 경향을 나타낸다.

따라서 그러한 원형으로서의 가치에 따라 살면 왠지 안심이 되고, 거기에 저촉되면 공연히 불안해 진다. 이렇게 되면 비용/이익이 있는 것도 아니고, 그렇다고 손해/득실이 있는 것도 아니므로 어쨌든 토속적인 가치의 틀 안에서 생활하는 편이 훨씬 심리적으로도 안정된다.

대체로 자신의 심리적 토대에 기반을 둔 규범과 가치관에 입각해 사는 것은 정신위생에 좋다는 원칙이 있다. 원래 전통적 가치가 정착해 있고 도덕적 감성도 겸비한 젊은이가 머릿속의 논리에 이끌려 불법을 저지르면, 대개는 정신적으로 곧 불안정해지고 머잖아 자신의 소행과 「내부에서 들리는 양심의 소리」가 서로 각축을 벌이다가 파탄에 이르는 경우도 있다. 이른바 라스콜리니코프 증후군(도스토예프스키의 『죄와 벌』에서)이다.

이에 대해 전통적인 도덕 규범에 따른 행위는 그런 갈등을 조장하기 어려울 뿐만 아니라 까닭 없이 평온한 기분에 젖어들게 해준다(물론 사람에 따라서 다르겠지만). 「일일일선」은 의외로 편안한 잠을 위한 요령인지도 모른다.

이것은 물론 문화적 주박(呪縛:주술의 힘으로 꼼짝 못하게 함)이고 미신에 사로잡힌 것이나 다름없지만, 그렇다고 해서 실제로 받는 영향을 무시할 수는 없다. 십자가를 긋거나 나무아미타불을 외거나 해서 액막이가 된다면 크게 비용이 드는 일도 아니므로 미신을 믿어도 실제로는 해가 없다. 현실적으로 효과가 없다고 해도 마음에 안정을 찾을 수 있다면 싸게 먹히는 셈이다.

그러나 전통적 가치관에 따르기 위해 심신 양면으로 부담해야 할 비용이 클 경우, 혹은 그로 인해 삶과 행동의 선택 폭이 크게 제한될 경우에는 비합리적인 안심을 얻을지, 합리적인 실리를 취할지 딜레마에 빠진다. 전통적 가치의 종교에 귀의해서 현세의 불이익을 감수할 것인가, 아니면 자신의 지력과 합리성을 우선하여 전통에서 유래하는 비합리적인 감정 논리를 억제할 것인가.

그러나 이에 관해서는 개개인의 선택에 달린 일인 만큼 자유를 보장받아야 한다. 「악」은 감시되고 견제되고 대가를 지불할 필요가 있지만, 「악」 이외의 것은 선택의 폭이 다양해도 된다. 인정에 끌리는 사람이건 합리주의자건 개의치 말자. 감상주의자도 냉담한 사람도 좋다. 손해를 각오하고 무언가를 시도해서 나름대로 심정적인 만족을 얻는다면 그 사람의 수지타산은 맞아 떨어지는 것이다.

생명보다 소중한 가치는?

그런데 지금까지는 모든 덕목과 삶의 방식을, 어디까지나 쾌락주의적인 가치로 환원시킨다는 입장으로 일관해 왔는데 과연 이것으로 만사형통일까.

쾌락주의(「히더니즘(hedonism)」)는 향락주의와 혼동해서는 안 되는 것으로 당사자의 최대 쾌락, 최소 불쾌를 추구하는 경향을 용인하는 입장이다. 따라서 그리스 시대의 쾌락주의인 에피쿠르스 학파가 이상으로 삼은 경지는 주지육림(酒池肉林)은커녕 은둔자 같은 생활, 즉 「아타락시아(ataraxia: 마음이 평정 부동한 상태)」였다.

예를 들어, 몇주 동안 계속해서 단식 중인 수행자와 닥치는 대로 걸신들린 듯이 먹어치우는 대식증 환자가 있다고 하자. 얼핏 봐서는 아무래도 수행자 쪽은 금욕적으로 보이고, 환자 쪽은 쾌락적으로 보이겠지만, 실은 수행자 쪽이 쾌락주의고 환자는 뇌 질환이다. 왜냐하면 수행자에게는 절식하는 불쾌함보다 고행의 성과(해탈과 다이어트)가 가져다주는 쾌락이 더 크기 때문에 이것은 단순한 쾌락주의다.

그러나 이것이 생명과 연관된 일이라면 어떨까.

틀림없이 「무슨 일이 있어도 우선은 목숨을 부지하고 볼 일」이므로 자기 생명을 내던져 무엇인가에 매진한다는 것은 쾌락주의의 범위를 넘는 것이다. 쾌락주의가 거기까지를 망라할 수 있을까. 물론 자손과 가문을 위해 목숨을 던진다면 유전자의 이기성으로 설명이 가능하겠지만 개중에는 자손도 끊기고 가문에 누를 끼칠 것을 알면서도 「절개를 지키기 위해 죽는다」는 고결한 사람이 간혹 출현한다. 이것을 어떻게 이해할 것인가.

생사가 걸리면 쾌락이나 불쾌는 뒷전으로 밀리는 법이다.

그러나 여기에서도 유전자에서 뇌까지의 거리가 작용한다. 뇌는 문화적 영향으로 독자적인 쾌락주의를 구성할 수 있는 유일한 장기다. 뇌는 우리의 토대인 자연적인 본능이나 유전자의 지상명령과는 동떨어진 구축물이므로, 때로는 자체적으로 가치판단을 내리기도 한다. 게다가 우리의 자아와 오체(五體)는 반란군이 된 뇌에 의해 지배당한다.

그런 뇌는 자신이 완벽하게 제어해서 해결하는 것을 최상의 결정이라고 믿거나, 혹은 같은 말이긴 하지만 염치없이 수치스럽게 사는 것은 죽음보다 고통스럽다고 생각할 수 있다. 사람은 그런 「유전자나 동물적 본능으로부터 자유」를 이미 어느 정도는 진화시켜 왔다(물론 일부 인간에게만 해당되는 얘기지만). 여기에서 생명(즉 자기 보존, 종족 보존)보다 우선시 되는 주관적인 쾌락과 불쾌로 행동 결정이 이루어질 여지가 발생한다. 즉 쾌락주의의 범위를 개인적인 뇌의 반응에까지 적용하면 납득 못할 현상은 아닌 것이다.

그러면 생명은 우리 개개인에게 어떤 의미를 갖는 것일까.

그것은 아무런 노력도 없이, 정신을 차리고 보니 누구나 각자에게 하나씩 주어진 것이라고나 할까. 이만큼 평등한 것은 달리 또 없다. 그러나 「목숨」이나 수명은 마치 얼음 덩어리와 같다. 애지중지하며 끌어안고 있어도 어느새 녹아내려 소멸하고 만다. 오히려 얼음이 남아 있는 동안에 잘게 깨서 머리의 열을 식히거나 음료수에 띄워 먹는 등의 방법으로 가급적 최대한 활용하는 편이 현명하지 않을까. 최대한 활용해도 수십 년, 그냥 소중히 끌어안고만 있어도 수십 년 이내에 형체도 없이 사라져버리고 만다.

가급적 오래 보관하려고, 문자 그대로 냉동고에 넣어 보존한다는 발상도 있긴 하지만, 콜드 슬립(cold sleep:동면)이나 인공 동면으로 수명이 3백 년으로 늘어난다고 해도 진정한 의미에서 「살 수 있는 시간」은 마찬가지다. 어차피, 의식과 실감(實感)을 갖고 생기 발랄하게 생활할 수 있는 기간은 기껏해야 1백 년을 크게 넘지 못하기 때문이다.

알다시피, 만일 수명이 팔십 년이라고 해도 그 중 잠들어 있는 시간이 3분의 1, 이리저리 바빠서 살아 있다는 것조차 실감하지 못하는 시간이 3분의 1이라고 한다면, 우리가 「정말로 살아 있다」고 할 수 있는 시간은 기껏해야 이삼십 년에 불과하지 않을까.

의학에서는 생명과 생존 자체를 최고의 가치처럼 가르치지만 그것은 의사들이 생명을 경시하기 시작하면 위험한 일이 발생할 수 있기 때문에 생긴 일종의 직업적 금기일 뿐이다. 의사가 터무니없는 일을 못하도록 사회나 문화가 의학 윤리로서 맹목적인 생존지고 신앙을 만들어 제동을 거는 것이다.

그래도 최근에는 QOL, 즉「생활의 질(Quality of life)」, 단순히 살아 있는 것만이 아니라 삶의 질까지 주목하게 됐다. 그러나 QOL은 어디까지나 고통 없이 생기 발랄하게 사는 것이라는 조건에만 주목하고,「목숨」을 어디에 사용할까 하는 목적성까지는 관여하지 않는다(과학은 분명 사는 목적이라는 각 개인의 고유 과제까지는 언급할 수 없다).

과학은 과학 자체로 충분하다.

그러나 우리는 이미 철들기 이전부터 하나의「목숨」을 얻었고, 그것이 시시각각 줄어드는, 햇빛에 내놓은 얼음 같은 존재라면 녹아 없어질 때까지 그「목숨」을 어떤 곳에 사용할지 방향을 결정하지 않으면 안 된다. 과학이 가르쳐주지 않고, 종교도 결국은 호교적(護敎的)이라 천편일률적인 대답만 갖고 있다면 우리들 각자가 자신에게 걸맞는「수명의 용도」를 찾아내지 않으면 안 된다.

따라서「세 끼 밥보다 좋아하는 일」이나「목숨을 걸고서라도 이룩하고 싶은 일」을 나름대로 발견한 사람은 그야말로 축복받은 사람이다. 그러한 인생의 목적이 역사에서, 또 우주에서 얼마나 의미 있는 것인지를 묻는 사람은 정말 뭘 모르는 사람이다.

어쨌든 자신의 「생명보다 소중한」 가치나 지침을 갖는다면 우리의 정신은 활성화된다. 그것이 환상이든 오해나 미신이든 우리의 심신에 바람직한 방향으로 작용한다.

개인적인 망상인 줄은 알지만 그런 「생명보다 소중한 가치」를 직접 구성한 정력가는 칭찬해 줘도 좋다. 그 사람이 자기 이외의 생명을 경시하거나 함부로 하지 않는다는 조건에 한해서. 제 이상에 따라 죽는 것은 제 마음이라고 해도 타인의 생사까지 좌지우지하는 것은 참을 수 없다. 이것은 가치나 윤리 차원의 문제라기보다는 최소한 「현재 살아 있는 존재로서의 에티켓」 같은 것이다.

인간은 무엇을 생각하든 무슨 일을 저지르든 모두 자신의 심정적 만족을 추구하려는 이기적인 반응으로밖에 표현하지 못하는 생물이다. 그러므로 최소한 자기 이외의 사람에게 과대한 폐를 끼치지 않도록 배려해야 한다.

아무리 훌륭한 목적을 가진 일일지라도 그것에 협력하지 않는 사람들에게 피해를 끼쳐서는 정당화될 수 없다. 그 「훌륭한 목적」도 결국은 말을 꺼내는 개인의 심리적 상황에 근거한 쾌락주의와 다름없기 때문이다.

목적이 「사람들을 구제하기 위해서」라고 해도 동기는 「구제하고 싶다」는 자기 자신의 욕망을 만족시키거나 「구세주」라는 자기상을 확인하고 싶은 것이므로 이 역시 자기 만족을 추구하는 행위다. 남을 돕는 것을 위시한 다양한 이타 행위가 취미나 도락이라면 그것으로 충분하다. 그렇다면 그렇게 뻐기면서 세간의 유형 무형의 보상을 기대하는 짓 따위는 그만두라고 말하고 싶다.

사람에게는 자기에게 피해가 미치지 않는 한, 다른 사람의 사상, 취미, 삶의 보람, 정신건강적 노력에 대해 참견할 권리는 없다. 우리에게 허용된 것은 단순히 「이렇게 하면 이렇게 된다. 저렇게 하면 저렇게 된다」는 것을 제시한 뒤 「자, 당신은 어떻게 할 것인가」라고 묻는 것뿐인 듯하다.

현명한 이기주의를 향하여

이제 우리는 별반 근거도 없이 그저 「이기주의는 나쁘다」라고 말할 수 없는 단계에까지 이르렀다. 한편 「이기주의는 좋다」고 정색을 하고 말한다면 물론 당사자 마음이겠지만 나름의 사고과정과 각오는 있을 터이다. 어리석은, 그러니까 표피적이고 근시안적인 이기주의는 언젠가 반드시 상응하는 보상을 받는다.

이타주의라고 해도 본인의 취미에 불과하다면 그뿐이지만, 너무 마음씨가 좋은 나머지 「악」을 이롭게 하는 이악(利惡)주의로 통한다면 피해는 비단 본인으로 끝나지 않는다. 「악」의 먹이가 되는 것은 자유이지만 그로 인해 「악」의 생명을 연장하고 증식한다면 엄청난 「사회적 병폐」가 되기 때문이다. 피해자가 되지 않도록 가급적 조심하는 것이 선량한 시민의 의무일지도 모른다.

「정의」는 이미 제4장(정의는 얼마만큼 도덕적인가)에서 다룬 것처럼 심리학적으로는 수상하고 괴이한 것이지만 「독으로 독을 다스린다」는 의미에서 당분간은 활약하도록 내버려두자. 하긴, 이 세상에서 악이 소탕되는 날에는 할 일 없는 정의파는 무료해서 곤혹스럽겠지만.

왜 이처럼 종래의 양식에서 벗어난 결론이 도출되는지에 대해서는 대략 다음과 같은 요인을 생각할 수 있다.

기존의 인간관은 지나치게 낙관적이거나 희망적 관측이었고, 게다가 그것을 바탕으로 허황된 인생 교훈이 유포되어 온 면이 있다. 또 반대로 비관적인 인간관을 바탕으로 회의적, 또는 허무적인 인생관이 제공되기도 했다.

현실적으로 보면 단지「다양한 유형의 이기적 존재가 우글거리는 것이 현세」일 뿐이다. 그 속을 헤엄쳐 건너가는 데는 이상주의, 시니시즘(cynicism:냉소주의), 이타행동 삼매경, 노골적인 에고이즘(이기주의) 등 양극단은 그다지 유효하지 않다. 우리에게는 현실과 동떨어진「허울 좋은 말」도, 반대로 세상을 비꼬는「부당한 말」도 무용지물이 아닌가.

자신의 일밖에 생각지 않는「악」이 소외되고 적발되는 것도「다양한 유형의 이기적 존재가 우글거리는 곳이 현세」이기 때문이고, 허울 좋은 말을 진실로 받아들이는 착한 사람들이 손해를 보는 것도「다양한 유형의 이기적 존재가 우글거리는 곳이 현세」인 탓이다. 따라서 그러한 기초 조건을 일단 인정하고, 이 아수라장 같은 현세에서 어떻게 생존해 나갈지 결정하는 것이야말로 우리에게 주어진 궁극의 과제다(약간 진지해진 것 같긴 하지만).

어떠한 초월적인 단계도 믿지 말고, 희망적이고 자위적인 공상도 하지 않은 채, 있는 그대로의 세계에서 생존하기 위해 여기서 장려

하는 것이 바로「현명한 이기주의」다.

간단히 말해, 어쨌든 어떤 의미에서는 모든 사람이 이기주의자라면 적어도 현명한 이기주의자가 되라는 얘기다.

지금까지 이기주의는 매우 나쁜 것으로 일컬어져 왔기 때문에 따지기 좋아하는 진지한 유형의 사람들일수록 조금 망설일지도 모른다. 원래 이기주의 자체가 나쁜 것은 아니다. 이를 오해한 어리석은 이기주의만이 옆 사람에게 폐를 끼치고, 미움받는 사람 본연의 특색을 발휘해서 세상 사람들의 지탄을 받아온 것은 아닐까. 그런 인간 쓰레기와 여기서 말하는「현명한 이기주의」는 엄연히 다르다.

현명한 이기주의자는「다양한 유형의 이기적 존재가 우글거리는 곳이 현세다」라는 현실 인식하에 거기서 생존하는 최적의 전략을 몸에 익힌「선택받은」사람들이다. 그들은 결코「독주」를 노리지 않는다. 주위에 피해자와 패자를 만들지 않도록 각별히 조심한다.

자기 혼자 독주하고 출세하려는 것은 어리석고 표피적인 이기주의이므로 주위의 질시나 원한을 산다. 운이 나쁘면 몰매고, 잘돼 봤자 타인으로부터 견제받을 위험을 감수해야 한다

현명한 이기주의자는 반드시 이익이나 이득의 분배에 유의한다. 이것은 말하자면 큰어른의 인품이나 리더의 그릇 같은 것으로, 대체로 심취한 사람이나 추종자, 팬이나 동조자를 만들기 때문에(물론 그 가운데에는 남은 국물이라도 얻어먹어 볼까 해서 따라다니는 사람도 섞여 있겠지만, 썩은 나무도 산에 활기를 더하는 법이다) 자기 진영을 보강하고 자신의 의향을 존중받기 마련이다.

현명한 이기주의자는「다양한 부류의 이기적 존재가 우글거리는

곳이 현세」라는 인식을 견뎌낼 수 있을 만큼 강한 정신력의 소유자이다. 그와 동시에 주위 사람에게 나눠줄 수 있는 도량과 선심도 있고 주위 사람의 기쁨을 자신의 기쁨으로 삼는 공감적 정서도 갖추고 있다. 그렇다고 대단한 인격자인가 하면, 천만의 말씀. 아버지는 월급을 가족에게 건네주고 어머니는 감기 기운이 있어도 가족의 저녁식사를 준비하듯이, **누구든 약간만 신경쓰면 현명한 이기주의자가 될 수 있다.**

그러나 현명한 이기주의자는 「주지는 않고 받기만 하는 사람」이나 일방적으로 의존하는 사람은 상대하지 않는다. 그들이 진정으로 상대하는 사람은 공정하고 기브 앤드 테이크의 규칙을 준수하는 사람에 한한다. 물론 현명한 이기주의자 역시 일방적인 보시나 봉사를 하기도 하지만, 그것은 여유가 있거나 「세금 내는 것보다는 낫기」 때문인 것에 불과하다.

아무리 현명한 이기주의자라도 행운과 불운은 늘 붙어다니기 마련이다. 이 중 불운은 자신이 끌어들이는 것이 아니므로 우연의 확률 이상은 되지 못한다. 그래도 그들은 불운을 그냥 당하고 있지 않을 만큼 강인함을 갖추고 있다. 그들은 행운에 빠져 헤어나지 못하는 일도 없고, 불운도 지렛대로 삼을 수 있는, 「넘어져도 무언가 집어들고 일어나는」 사람들이다.

마지막으로, 현명한 이기주의자는 얼핏보면 이타주의자처럼 행동하는 경우도 있을 것이다. 「자기 일밖에 생각지 않는」 것처럼 보이는 삶의 방식은 너무도 졸렬한 생활 전략이다. 그렇다고 해서 자기희생을 치르면서 진심으로 「타인을 위해 힘쓰는」 것도 세간의 갈채,

신불의 포상, 사후의 우대 등을 담보로 한, 이를테면 「잡지도 않은 너구리의 가죽값을 치르는」 것에 불과하다.

현명한 이기주의자는 이와 달리, 주위 사람들이 잘되라고 애쓰는 것이 좋아서(혹은 재미있어서) 그렇게 하는 것뿐이다. 이 「선행」과 종래의 선행의 차이점은 전자가 전통과 계율에 따라 강제되는 것이 아니라는 점과 선행을 행한 그때, 그 장소에서 심정적인 만족을 얻기 때문에 수지타산이 맞아떨어진다는 점이다.

표면적으로는 「어떤 보답도 없는」 것처럼 보여도, 본인은 말하자면 취미로 하는 선행이므로 괴롭지도 않고 부수입도 기대하지 않는다. 그것은 거의 대부분 아마추어 스포츠와 같은 선행이므로 자신을 향상시키기 위한 수행, 고행으로서의 이타 행위도 아니다. 이런 순수한 취미로서의 선행이 가능한 것도 현명한 이기주의자뿐이 아니겠는가.

현명한 이기주의자는 알고 있다. 계율에 구애받지 않기 때문에 즐겁고, 이기적으로 간주되는 행위도 태연하게 실천하고, 마찬가지로 보답을 기대하지 않아도 되는 즐거운 이타적 행위를 담담하게 실천하는 것이 진정한 자유라는 것을.

진지하기만 한 이타주의와 어리석고 표피적인 이기주의의 양극을, 중도인 「현명한 이기주의」로 이끄는 것이 21세기 인류의 과제 중 하나가 아닐까. 반드시 그렇게 되기를 바란다.

이것은 단순한 구호나 캠페인으로 충족될 일은 아니다. 종래와 같은 범사회적 마인드콘트롤이 아니라, 현세의 리얼리티가 있는 정보를 가능한 한(마치 천연식품처럼 가공하지 않고) 널리 유통시킬 수 있는 방법의 연구와 기술적 뒷받침도 필요하다.

현 단계에서 모든 미디어를 통해 「옳다」 「그르다」는 취사선택을 배제하고, 어쨌든 있는 그대로의 생생한 정보를 차근차근 접해 나간다면 우리 대부분은 「선심파의 이타주의」와 「어리석은 이기주의」에서 졸업할 수 있을 것이다. 우리의 선의를 이용하는 어두운 음모와 우리가 자칫 나태해지기 쉬운 눈앞의 유혹에 저항력을 길러 견실한 「현명한 이기주의」를 지향하는 운동에 합류할 것이다.

이러한 「현명한 이기주의를 향한 위치 이동」이 곤란하거나 또는 불가능하다면 현명함/어리석음이나 이기적/이타적 경향은 천성이므로 인간은 바꿀 수 없는 존재라는 얘기가 된다. 이 경우에는 「목숨이 아깝도다」라고 하늘을 우러러 탄식하는 수밖에 없다.

인류는 여전히 어리석은 이타주의와 어리석은 이기주의가 교차하는 가운데 헛되이 무수한 아마겟돈을 지속해 나갈 수밖에 없는 것인가.

마무리하는 글

칸트는 타인을 「수단」으로 보아선 안 되며, 모든 타인을 「목적」으로 취급하는 것이 지상의 실천이성이라고 주장했다. 그러나 이것은 무리한 주장이다.

왜냐하면 우리 개개인에게 있어 자기 이외의 존재는 모두 자신을 기쁘게 하기 위한, 괴롭게 하지 않기 위한 「수단」으로서의 가능성에 지나지 않기 때문이다. 우리 각자의 반응 선택은(만약 그것이 봉사든 자기 희생이든 간에) 당사자의 심리적인, 좀더 나아가서는 뇌 생리적인 「기본적 이기성」에 기반을 둔 것 같다.

예를 들면 다른 사람을 돕고 싶어서 애가 타는 사람은 반드시 어딘가에서 「불쌍한 사람」을 발견해 내는데, 이 역시 다른 사람을 도우려는 자신의 욕구를 충족시키는 수단으로서 대상을 물색하는 것이다. 이 경우는 당사자 쌍방에 만족을 가져오기 때문에 비난할 필요는 없다. 일의 시비를 가리는 것과는 별개의 문제다. 단지 구조나 형식으로 봤을 때 손쉽게 돈을 벌려는 인물이 마음 착한 봉을 발견한 것과 마찬가지다.

우리는 무엇인가 하고 싶어지면 대부분의 경우에 상대역이 필요하고 그 상대역을 「수단」으로 삼아 「무엇인가」를 성취한다. 우리에게 있어 「목적」은 이 「성취」이기 때문에 상대역은 언제나 「수단」에 지나지 않는다. 행복한 결혼생활을 열망하는 젊은이들에게 배우자는 행복한 결혼 생활을 가능하게 해주는 수단이고, 도구이며, 조건 중 하나이다.

물론, 우리는 그렇게 배우지는 않았다. 일부의 정서 장애자를 제외하면 그렇게 느끼는 것조차 불가능하다. 그러나 상대가 부모든 자식이든 친구든 간에 결국은 「자기에게 무엇」이라는 수단으로서의 존재다. 모든 것이 수단으로서의 존재이기 때문에 눈앞의 음식이 탐날 때는 자신의 팔이나 손가락조차 음식을 손에 들고 입까지 운반하는 수단이고, 음식도 물론 허기를 채우기 위한 수단에 지나지 않는다. 어쩌면 위장조차 식욕을 채우기 위한 수단이다(이렇게 점점 소급해 가면 목적의 본존(本尊:주동자)인 「자기」는 속 빈 강정이란 것을 알게 된다).

손님은 매입한 가격 이상으로 팔아먹기 위한 수단, 애인은 쾌락을 제공해 주는 수단, 학생은 자기가 교사 생활을 계속할 수 있도록 하는 수단, 어쨌든 우리 개개인의 입장에서 보면 세계의 모든 것은 수단으로 이용하기 위해 존재하는 것 같다. 이기적 생리에 기반을 둔 세계관에서는 이 세계의 존재나 현상은 자신이 생존하기 위한 수단에 불과하다. 물론 수단의 활용에 성공할지 실패할지는 당사자의 운과 이용하는 방법에 달린 것이지만.

이것을 불쾌하게 느끼거나, 어떻게든 은폐하려고 핑곗거리를 만들어낼 필요는 없다. 우리는(다른 모든 생물과 마찬가지로) 그렇게 만들어져 있고, 그것 자체는 선악을 초월한 단순한 「구조」이다. 게다가 우리 역시 다른 만물이 삶을 영위하는 데 필요한 수단이므로 피장파장이다.

인간은 죽은 소나 돼지를 먹지만 죽은 인간도 구더기나 박테리아 등에게 먹이가 된다(그게 싫다고 화장하기도 하지만 그것은 아까운 일이다). 상호간에 서로 이용한다는 것은 서로가 서로를 지탱한다는 것과 마찬가지다. 이것은 극히 자연스럽고 당연한 것이므로 주저할 필요가 없다. 속옷 속에 감춰진 것이 성기라고 해서 괴로워해 봤자 소용없는 일이다. 우리가 문제삼아야 할 것은 눈이 두 개인 것이나 입이 하나밖에 없는 것이 아니라, 눈으로 무엇을 볼지, 입으로 무엇을 먹고, 무엇을 말할지를 문제삼아야 한다.

만일, 나 이외의 모든 것이 수단으로서의 존재에 지나지 않는다면 다음 과제는 내가 목적을 어떻게 구성하느냐이며 그 목적 달성을 위한 수단을 어떻게 이용할까 하는 것이다.

이 「목적 구성」과 「수단 이용」의 본질이야말로 선악을 구분짓는 것이라고 생각한다.

목적 구성은 파괴적이지 않은 것이 바람직하다. 여기서 「파괴적」이란 누군가를 또는 무엇인가를 괴멸·붕괴시키는 것을 지향한다는 의미로, 종종 이런 공격적인 목적 구성에서는 무책임하게도 「뒷일」이 등한시 되기 마련이다.

만약 이상적인 사회 건설을 위해 현 체제를 해체한다고 하는 대의 명분이 있다고 해도 대부분의 경우 「마음에 안 드는 현 체제를 부수는 것」이 주체고, 「뒷일」은 기껏해야 자기들에게 유리한 전제정치 체제로 개조하고 싶은 것뿐 아닌가. 적어도 지금까지의 역사는 거의 예외 없이 이런 과정을 증명하고 있다. 그만큼 엉뚱한 일은 아니더라도, 예를 들면 누군가를 파멸로 내몰고 싶다든가 끌어내리고 싶은 기분(그 자체는 인간이면 품을 수 있는 당연한 감정이다) 등을 삶의 목적으로 삼아서는 안 된다.

본래 세계나 상대방을 일부러 파괴할 필요는 없다. 혹시 파괴할 필요가 있다고 느낀다면 그것은 그 사람의 정신병리나 권력 지향에서 비롯한 것이다.

오히려 단순한 분풀이로서의 파괴나 후계자 자리를 노린 분쇄는 「목적으로서의 악」으로 정의해도 좋다. 우리들에게 특별히 세계 건설이나 세계 발전에 대한 의무까지 있는 것은 아니지만, 다른 많은 생물이 필요로 하는 세계나 자연을 파괴하는 목적은 사악하다(원래 일상적인 「악」은 남에게 폐가 되는 이기주의일 뿐, 세계나 사회 파괴까지 예상한 것은 아닐 것이다).

보통, 우리가 사는 목적은 「자아실현」이라 할 수 있다. 자신의 내부에 싹터 온 것을 사회적으로 구현하는 것은 그것대로 훌륭한 삶의 목적이 될 수 있다. 사회적으로 바람직한 것인지 아닌지는 별개로 하고, 또 그것을 성공리에 완수할 수 있는지의 여부도 제쳐두고, 적어도 우리는 그것을 목표로 살아가면 된다. 아니 그보다는 그렇게 살 수밖에 없는지도 모른다.

그러나 옛부터 믿어온 것처럼 「자아실현」이 사회통념으로 봤을 때 이상적인 결과를 지향하는 것인지의 여부는 의문이다. 어떤 사람의 자아실현은 공을 세워 이름을 떨치는 세속적인 성공일 수도 있고, 또 다른 사람에게는 집 없이 떠돌다가 들판에서 허망하게 죽는 것일 수도 있다. 그 어떤 것도 모두 훌륭한 자아실현이라는 것에 유의하자.

일상적인 「악」은 대부분 수단 이용의 문제다.

어떤 인물이 자기 이외의 모든 존재를 수단으로 삼아(의식적인지의 여부는 별개로 하고) 활용하는 것을 비난할 수는 없다. 만약 그/그녀가 누군가를, 무엇인가를 사랑한다고 해도 그 누구, 그 무엇은 그/그녀의 「사랑하고 싶은」 동기를 실현시켜 주는 수단으로서 관여하는 것이다.

아무리 발버둥쳐도 세계는 우리 각자에게 수단일 뿐이다. 그래서 그 수단들을 괴롭히거나 혹은 수단들의 자아실현을 방해하면서까지나 자신의 자아실현을 밀고나가도 좋은지에 대한 문제가 발생한다. 물론 이쪽에 특권이나 완력, 교활한 꾀(즉 파워)가 있다면 보통은 그렇게 해버린다. 그러나 이는 완곡하게 표현하더라도 「좋지 않은 일」 아닌가.

적어도 미리 수단인 상대방에게도 환영받을 법한 이용 방법을 모색하는 정도의 선의와 호의를 보여야 마땅하지 않겠는가. 상대가 무기물이라면 어쩔 수 없는 일이지만 생물이나 하물며 같은 사람이라면 싫어하는지 기뻐하는지 정도는 알아야 하는 법이다.

주위 사람을 울리지 않고는 도저히 자아실현이 불가능하다면 그것 역시 상당히 불운한 인생 목적을 선택한 것이다. 남에게 폐를 끼치는 목적에는 「정의」나 「성실」이란 것도 있다.

예를 들면 「정의를 위해」 소동을 일으켜서 정말로 정의는 실현되었지만 주위에 온갖 피해를 입혔다든지, 「스스로에게 성실하기」 위해 배우자를 버렸다든지, 이럴 거라면 차라리 처음부터 정의를 포기하고 청탁병탄(淸濁竝呑:도량이 넓어서 누구나 받아들임)의 평화를 받아들이거나 평생 자기에게 불성실하게 살면서 상대방의 행복을 위해 끝까지 속아주는 편이 우는 사람을 덜 만든다.

결국 「목적」이란 개인적 취미와 유전자의 이기성의 영역이므로 주위를 끌어들이는 「수단」을 정당화하지는 못한다.

우리는 자기 목적의 자의성과 이기성을 늘 자각하고, 수단의 이용에 대해 일말의 가책을 느낄 만큼 윤리적이었으면 좋겠다.

현명한 이기주의
디지털 시대의 새로운 가치관

펴낸날 | 2001년 3월 20일 1판 1쇄
2006년 6월 15일 1판 5쇄

지은이 | 요리후지 가츠히로
옮긴이 | 노재현
펴낸이 | 김혜숙

펴낸곳 | 도서출판 참솔
등록번호 | 제8-244호
등록일 | 1998년 5월 13일
주소 | 121-718 서울시 마포구 공덕동 404 풍림빌딩 521호
대표전화 | 3273-6323
팩시밀리 | 3273-6329
e -mail | charmsoul @ charmsoul.com

ISBN 89-88430-15-8 03190

값 9,700원